阅读推广的理论与创新研究

朱波莉　何雨蓉　左　娅◎著

吉林文史出版社

图书在版编目（ＣＩＰ）数据

阅读推广的理论与创新研究 / 朱波莉，何雨蓉，左娅著． -- 长春：吉林文史出版社，2023.7
ISBN 978-7-5472-9581-6

Ⅰ．①阅… Ⅱ．①朱… ②何… ③左… Ⅲ．①图书馆—读书活动—研究 Ⅳ．① G252.17

中国国家版本馆 CIP 数据核字（2023）第 140768 号

YUEDU TUIGUANG DE LILUN YU CHUANGXIN YANJIU

书　　名	阅读推广的理论与创新研究
作　　者	朱波莉　何雨蓉　左　娅
责任编辑	陈　昊　张　蕊
出版发行	吉林文史出版社有限责任公司
地　　址	长春市福祉大路 5788 号
印　　刷	北京四海锦诚印刷技术有限公司
开　　本	787mm×1092mm　1⁄16
印　　张	8.25
字　　数	185 千字
版　　次	2023 年 7 月第 1 版　2023 年 7 月第 1 次印刷
定　　价	52.00 元
书　　号	ISBN 978-7-5472-9581-6

前　言

　　书籍是人类精神的营养品，是社会进步的催化剂。读书，对人类发展的重要性不言而喻。纵观世界，凡是崇尚读书的民族，大多是生命力顽强的民族。"窃惟古来世运之明晦，人才之盛衰，其表在政，其里在学。"读书不仅能够提高个人的文化水平，更能铸就一个民族的灵魂，支撑一个国家的强盛。阅读是人所特有的一种精神活动，是汲取精神营养、丰富自我的一种途径和手段。通过阅读，个人可以学习知识，利用知识丰富自我、提升自我并完善自我，把自己培养成为真正有知识的人。一个民族的精神境界取决于这个民族的文化素养，而文化素养在很大程度上取决于全民族的阅读水平。开展阅读推广活动，提高国民阅读量和阅读水平，对改善国民阅读状况、创建学习型社会大有裨益。通过阅读推广，能让不同层次的人都参与到阅读中来。吸引缺乏阅读意愿、不喜欢读书的人参与阅读，指引他们走上读书之路；对普通阅读者，阅读推广者可采取各种推广策略和活动，引导他们多读书、读好书，帮助他们不断提高自身阅读水平和文献利用能力；而对需要系统查阅文献或利用文献知识单元的深入阅读者，须为其提供丰富的文献资源和便利的文献检索平台及利用途径。

　　进入新时代以来，伴随着信息技术的飞速发展，社会在不断进步，新媒体应运而生，人们迎来了真正意义上的"全媒体时代"，传统的阅读习惯被打破，阅读形式也发生了翻天覆地的变化。新时代下的阅读推广必须融入社会，敞开大门，走进社会，开展多方合作，实现资源共享，将全民阅读行为覆盖到社会中的每个公民，将阅读活动推广到各个角落，发挥阅读推广的真正作用，打造飞翔的翅膀，让读者在阅读的天空中更加自由地翱翔。本书即是基于此展开的分析。

　　本书属于阅读推广理论与创新方面的著作，主要阐述了阅读的内涵与价值、阅读动机与阅读能力、阅读推广的起源及界定、阅读推广的理论依据等相关基础知识，对阅读推广方式与工作机制进行了解读，以发展的眼光透视阅读推广的媒介，重点探究阅读推广的读物建设、场所建设以及队伍建设，基于儿童、老年人以及残障群体探讨特殊人群的阅读推广与创新，同时还研究了阅读推广实践的创新领域，主要包括家庭阅读推广、绘本阅读推广、经典阅读推广、数字阅读推广、智慧阅读推广。全书结构严谨，内容翔实，论述清晰，客观实用，力求达到理论与实践相结合，具有时代性、实用性等特点，有助于实务工作者进一步思考和探讨相关知识在日常工作中的应用。

　　本书在写作过程中，参考了诸多学术著作与论文，在此向著作者表示由衷的感谢；同时，对于本书中基于种种原因存在的一些问题，希望各位专家与读者给予批评指正。

作者

2022 年 8 月

目　录

第一章　阅读推广的基本知识……………………………………… 1

　　第一节　阅读的内涵与价值…………………………………… 1

　　第二节　阅读动机与阅读能力………………………………… 7

　　第三节　阅读推广的起源及界定……………………………… 13

　　第四节　阅读推广的理论依据………………………………… 22

第二章　阅读推广方式与工作机制………………………………… 27

　　第一节　阅读推广的常见方式………………………………… 27

　　第二节　阅读推广的组织与保障……………………………… 37

　　第三节　阅读推广的过程与评估……………………………… 41

第三章　阅读推广的媒介分析……………………………………… 46

　　第一节　传统阅读推广媒介…………………………………… 46

　　第二节　电子阅读推广媒介…………………………………… 51

　　第三节　设施阅读推广媒介…………………………………… 53

　　第四节　网络阅读推广媒介…………………………………… 57

第四章　阅读推广的体系建设……………………………………… 62

　　第一节　阅读推广的读物建设………………………………… 62

　　第二节　阅读推广的场所建设………………………………… 66

　　第三节　阅读推广的队伍建设………………………………… 72

第五章　特殊人群的阅读推广与创新……………………………… 86

　　第一节　面向儿童的阅读推广………………………………… 86

　　第二节　面向老年群体的阅读推广…………………………… 91

　　第三节　面向残障群体的阅读推广…………………………… 94

第六章　阅读推广实践的创新领域……………………………………… **101**

　　第一节　家庭阅读推广……………………………………… 101

　　第二节　绘本阅读推广……………………………………… 104

　　第三节　经典阅读推广……………………………………… 108

　　第四节　数字阅读推广……………………………………… 111

　　第五节　智慧阅读推广……………………………………… 116

参考文献……………………………………………………… **125**

第一章　阅读推广的基本知识

　　阅读是人类获取知识、增长智慧的重要方式，是一个国家、一个民族精神培育、文明传承的重要途径。中华民族有着优良的读书传统，崇尚读书、诗书继世之风绵延数千年。全民阅读、阅读推广，是立足中国文化、提高中华民族素质与竞争力的重要举措。开展全民阅读活动是一项社会文化系统工程，需要集合全社会的力量推行。图书馆承担着传承社会文明、传播知识信息的重要职责，尤其是在推动全民阅读、提高人民群众思想道德素质和科学文化素质、推动社会进步中发挥着重要作用。图书馆肩负开展阅读推广工作的职责由来已久，提供阅读场所和读本的图书馆自诞生之日起就以阅读推广为自身的天然使命。为了深入推进新时代图书馆阅读推广工作，我们首先就阅读推广的一系列基本问题进行探讨。

第一节　阅读的内涵与价值

　　"阅读"这个词语对人们来说再熟悉不过了，自从世界上出现了有记录的信息，人类的阅读活动就开始了。阅读是文明的象征，它贯穿世界文明发展的全过程，在整个人类发展的过程中起着不可替代的作用。作为一种普遍的社会现象，几乎所有识字的人或多或少都有阅读行为。

　　新时代的我们面临的是一个信息社会、一个学习型社会，阅读的重要作用更加凸显和强化。由于阅读活动在社会的各个层面都展现着无穷魅力，人们便纷纷尝试从不同层面揭示"阅读"的含义。

一、阅读的内涵

　　阅读之于心灵，犹如运动之于身体，是人类所特有的一种社会活动，是人类认识世界从而改造世界的重要手段。阿尔维托·曼古埃尔在其著名的《阅读史》一书中写道："阅读，就如同呼吸一般，是我们的基本功能。"我国古人早就说过"忠厚传家久，诗书继世长"。那么，究竟什么是阅读呢？我们如何理解人类的阅读行为呢？

（一）"阅读"一词的由来

　　词源学为我们探清"阅读"一词的初始含义提供了基本方法。根据词源学的要求，研究一个词的词源，必须查明在它的旁系语言中这个词的词义和词形是什么，并据此构拟出它最初始的形式和意义。汉代许慎的《说文解字》对此做出了翔实的研究。

　　"阅（閱）"的本义是在门里清点东西，《说文解字》的解释是"阅，具数于门中也"，引申为"阅览"，如韩愈《秋怀诗十一首》："归还阅书史，文字浩千万。""读（讀）"的本义是朗诵书文，即用嘴出声念诵，《说文解字》的解释是"读，诵书也"，引申为"观看"，如《孟子·万章下》："颂其诗，读其书，不知其人，可乎？"后世把"阅"和"读"加以结合，作为复合词，专指人们观看并理解文字的行为，包括"目治"和"口诵"在内。《汉语大辞典》的解释是："阅读：看（书、报、文件等），并领会其内容。"宋代曾巩在《徐禧给事中制》一文中说："惟精敏不懈，可以周阅读；惟忠实不挠，可以司论驳。"叶圣陶在《中学国文学习法》一文中说："阅读总得'读'，出声念诵固然是读，不出声默诵也是读，乃至口腔喉舌都不运动，只用眼睛在纸上面巡行，如古人所谓'目治'，也是读。"

（二）对"阅读"概念的两种理解

由于阅读活动深入、广泛地联系、渗透于人类生活的各个层面和角落，人们自然而然地会用自己的理解来阐释"阅读"，提出一些个性化的含义。无论这些阐释是理性的、现实的，还是感性的、浪漫的，都体现了对"阅读"活动的多方位研究。根据张怀涛的总结，这些个性化的理解主要有如下两种情况：

一种理解是将阅读推及人类的一切视觉行为，认为但凡人们用眼睛看到的、用心去体会的，都是阅读。例如，加拿大学者阿尔维托·曼古埃尔就认为阅读是一个极其宽泛的概念："阅读书页上的字母只是阅读的诸多面相之一，此外还包括天文学家阅读星象图，动物学家阅读动物的臭迹，玩纸牌者阅读伙伴的手势，观众阅读舞者的动作，父母阅读婴儿的表情，算命者阅读龟甲上的标记，情人阅读爱人的身体，渔夫阅读海流，农夫阅读天气，等等。"美国学者唐宁和莱昂也认为阅读具有更为广阔的范围，因为在实际生活中，人们不但阅读文字、图画、图表等，而且看手相的人能够阅读人们手上的线条，老农能够阅读天象，打猎的人能够阅读野兽的足迹……不过，这种类型的阅读活动并不限于视觉的范围，如对点字的阅读就不是通过视觉来进行的。所以，他们认为可以把这种广义的阅读定义为：对标记的解释。

另一种理解是将阅读推及人类的一切认识活动，认为但凡人们认识社会、理解社会的活动，都是阅读。例如，法国哲学家笛卡儿就主张"阅读世界这部大书"。卢梭也认为："社会就是书，事实就是教材。"无数作家更是反复强调"用自己的眼睛去读世间这一部活书"，从而观察人生，读懂生活。我国的学者也有类似的看法，如清代文学家廖燕说："无字书者，天地万物是也。"文献学家张舜徽先生说："天地间有两种书：一是有字书，二是无字书。有字书，即白纸黑字的书本；无字书，便是万事万物之理，以及自然界和社会上的许多实际知识。除书本外，还应多读'无字书'，以扩大求知领域。"还有人做过充满诗意的表述："生活是无字的书，眼光敏锐的人看得见精彩的词句。书是有字的生活，感情丰富的人才能深刻领会。"过犹不及，如果对"阅读"的含义无限宽泛地拓展，无疑会影响对"阅读"含义的聚焦。首先，文学描述毕竟不同于学术探索，所谓的"阅读海洋""阅读蓝天""阅读世界""阅读社会"，是人们在特定语境中一种生动的、充满诗意的情感表达，如果完全将其移入学术领域进行探索，势必会给"阅读"含义的表述蒙上一层朦胧的面纱。其次，"阅读"只是人们视觉行为的一种情形，即对记录信息产生的视觉行为，并非人们所有的视觉行为；"阅读"只是人们认知活动的一种方式，即对记录信息产生的认知活动，并非人们所有的认知活动。如果混淆其间的界限，势必不利于探索阅读这种人类特有活动中的特殊规律。

（三）阅读的学术定义

人们从来就不满足于仅从字面上理解阅读，更希望从最本质的意义上来认识和解释阅读过程。学术领域对阅读的定义有一个逐渐深入的过程。

在 20 世纪初，阅读通常被认为是一种对文字的识读行为。1910—1925 年，阅读的含义扩展为不仅能识读文字，还能流畅地理解意思。但很快人们就发现了这一定义的局限，它不利于人们从自然与社会层面去理解这一概念所蕴含的意义。也即，阅读者在阅读的过程中，会对内容做出反应，这种反应表明阅读的过程。

从 1940 年开始，阅读概念的外延进一步扩大，即阅读过程与阅读者的心灵、经验和知识有关，阅读的意义远远大于印刷品本身，是读者对生活意义理解的改写过程。随着现代心理学的发展，人们对阅读的认识又被赋予了一个新的角度——阅读被认为是一种从书面语言中获得意义的心理过程，这意味着阅读也是一种智力技能。

当今，学术界关于"阅读"比较有代表性的定义主要有以下不同说法：

"阅读乃是从文本中提取意义的过程。"（吉布森）

"阅读是理解图文、阐释意义、产生共鸣或启发思想的复杂的脑力活动。"（约翰·凯里）

"阅读是一个积极的过程，阅读是读者与文章（或作者）的交流过程，成功的阅读是一个创造过程，读者和阅读材料相互交流创造意义。"（维德森）

"阅读是个体从印刷文字、图画、图解、图表等书面材料中获取信息或意义的过程。个体在阅读时，通过把文字等符号的视觉信息与头脑中已有的知识经验不断进行比较、预测、判断、推理和整合，从而理解文字等符号所表达的意义。"（杨治良）

"阅读是指一个从书面语言和其他书面符号中获得意义的社会行为、实践活动和心理过程。阅读首先是作为一种特殊的交际方式而存在的社会现象，具有行为的社会性。它是以书面材料作为社会交际的中介的。作者—文本—读者是构成一个完整的书面交际过程的三个基本要素。"（徐雁、王余光）

"阅读是读者从书面材料中提取意义并影响其非智力因素的过程。"（沈小丁、郑辉）

"阅读是从信息符号中获取意义的一种复杂的智力活动。这种活动是人类所特有的，它不仅需要各种智力因素，如观察记忆、思维、想象等的积极参与，而且各种非智力因素，如动机、兴趣、意志、性格等，在阅读中也有着重要的作用。"（胡继武）

综观以上定义，我们不难发现，不同学者对阅读的定义基本上是在吉布森的定义基础上发展而成的。吉布森是 20 世纪著名的发展心理学家，主要从事婴儿的知觉发展、儿童阅读技巧发展和动物行为的研究。她对阅读的定义言简意赅，因具有综合性而被广为接受。人们普遍认为阅读是一个心理过程，通过这一过程，人们可以获得信息、知识。

不过吉布森的定义也有其局限性，随着时代的进步、环境的变迁，人类阅读的文本也发生了巨大的变化。当今社会已是知识经济时代，网络技术、通信技术广泛应用于社会各方面，社会变得更加丰富多彩，阅读的概念也变得更为宽泛。从这个角度来看，胡继武在《现代阅读学》中对"阅读"所下的定义，即"阅读是从信息符号中获取意义的一种复杂的智力活动"更符合当前的实际。

在对"阅读"进行研究时，张怀涛认为应该对以下几方面有明确的认识：

1.从阅读本体看：在初始含义中，"阅读"主要指个人行为；而在学术含义中，"阅读"既是一项个人行为，也应是一种社会实践活动。在这个严密而灵动的社会活动系统中，涉及作者—文本—读者三个方面。作者为了交流产生文本，文本承载着信息而进入交流领域，读者通过文本接受和处理信息。也就是说，阅读以文本（对作者而言是作品，对读者而言是读物）为社会交流的中介物，可以使作者与读者达到交流信息的目的。

2.从阅读主体看：在初始含义中，"阅读"主要指人们目阅、口读的简单行为；而在学术含义中，"阅读"则深化为包括获取、理解、吸收、应用等一系列认知环节在内的复杂的行为过程和心理过程，阅读是一种深层的心理活动，不仅是辨认单字，还要理解书面文字所蕴含的意义，读者先前的经验和知识背景在阅读过程中扮演了不可忽视的角色。由于每个人对文本的理解不同，甚至和作者也未必相同，不同的读者会将不同的意义带到文本中来，所以，阅读不只是个人单纯的内在心路历程，借由群体的沟通与讨论的社会性活动，读者可以获得更多的体验。在阅读的感官上，人们也不只依靠视觉，还可以通过听觉、触觉（如视障读者阅读盲文图书）等实现阅读。

3.从阅读客体看：在初始含义中，阅读对象就是以文字记录为主的书面材料；而在学术含义中，阅读对象则拓展为记载有各种信息的文本；从记录形式看，包括文字、符号、公式、图表、音频、视频等；从载体形式看，包括刻写型、印刷型、视听型、机读型、网络型、移动型等。

4.从阅读环境看：在初始含义中，并未涉及人们在阅读活动中需要借助、利用的条件因素；而在学术含义中，则相应出现了人们在阅读活动中必须借助、利用的环境条件，包括社会环境（如文化、政治、经济、社交等因素）、信息环境（如信息的集散、传递、评价等因素）、物理环境（如地理、空间、设施等因素）、语言环境（如地区、时代、心态等因素）等。

综上所述，阅读就是人们利用一定的环境认知记录信息的过程与活动。也就是说，人们只有在和记录信息有效接触，并在允许的阅读环境中，阅读这一行为才能发生。

二、阅读的价值

为什么要阅读？阅读的意义何在？阅读的重要性表现在哪些方面？对阅读这些问题的认识是建立在对阅读价值的认知基础之上的，这是阅读的一个根本性问题。所谓阅读的价值，就是指阅读对人所产生的有利于其生存与发展的正面影响。这种影响从人的全面发展来看，具体包括以下内容。

（一）获取知识

作为物质形式的书籍既是人类知识的系统化保存，也是人们获取知识的主要途径，是人们阅读的主要媒介之一。因此，书籍不仅是让大家阅读的，而且是让人无数次阅读的。正如法国文学社会学家罗贝尔·埃斯卡皮（R.Escarpit）所说："书籍，无论是手抄、印刷，还是影印，其目的都是让说的话重复无数次，也是为了让说的话保存下去。"从某种意义上说，书籍是人体的延伸，是人类大脑和五官功能的外化。美籍德国学者卡普通过有关美国和德国护林人用的斧子的对比研究得出如下结论：人类使用的工具是人类自身功能的外化物，从而延伸了他的身体。因此，技术的发明和使用减轻了人类的精神负担，提高了人类的能力。书籍也不例外：它减轻了人的记忆负担，极大地增强和扩展了人的记忆能力。阅读书籍既可以了解前人的知觉世界，也是进一步扩展人类知识系统的重要途径。更重要的是，书籍促成了人类知识的独特传承形式和两种不同的阅读方式（文字阅读和图的阅读），进而创造了一种重要的文化模式——阅读的艺术。文字阅读是一种以词组为基础、以句子为中心、以篇章为系统的阅读方式。其中，句子是表达完整意义的基本单位和形式。它的文本形态是线形的，即由多个词按照线的运动方向组成。因此，句子在形态上具有方向的特性。句子的方向既是人们阅读句子时视线的运动方向，也是句子书写的方向。图的阅读与文字阅读的线性方式不同，图的阅读是一种以形态和色彩为基础的整体性（视知觉）阅读方式。所谓整体性的阅读方式，就是人们通过视知觉经验，瞬间组织图中的各部分材料，形成概括性的结论。

通过以上两种阅读方式获取知识，是古今中外人们获取新知识的最常规的途径。原因很简单，由文字和图形所构成的文献所承载的人类知识无所不包，是人类知识的宝库。通过阅读，文献中的知识就会传递给阅读者。虽然阅读不是人们获取知识的唯一途径，但这种途径的优越性是非常明显的，中国现代阅读学的奠基人之一夏丏尊如是说："要求知识，最普通、最经济的方法还是读书。学习的方法各式各样，有时须用实验的方法，有时须用观察的方法，有时须用演习的方法，并不一定都依靠书。只因为书是由文字写成的，文字是最便利的东西，可把世间一切的事情、一切的道理都记载下来，印成了书，随时随地可以翻看，所以书就成了求知最重要的工具，值得大众来阅读了。"

尽管人们获取知识的途径除了阅读书本之外还有很多，但研究表明，一个人的知识建构，从实践中学习与积累的不足 20%，通过阅读获得的知识达到 80%。可见，阅读尽管不是获取知识的唯一途径，但却是最主要的途径。无疑，阅读可以使我们广泛地、大量地获取知识，增长见识、开阔眼界。

（二）开发智力

心理学将智力概括为个体观察、记忆、思维、想象、注意、言语、操作等各种能力的综合体，智力不仅体现在人掌握知识的过程方面，更体现在人运用知识、创造性地解决实际问题的能力方面。智力是人类发展的基点。阅读尤其是早期阅读，能够极大地开发智力。

1. 阅读有利于促进大脑的发育、成熟

从幼儿教育的角度来看，早期阅读更有利于促进儿童大脑的发育成熟。科学研究成果表明：大脑的信息约八成是通过视觉获得的，0～6岁是儿童智力发展的关键期，因而，视觉刺激对幼儿早期神经网络的发展至关重要。研究还发现，语言理解区域的发育比口语表达中枢要早。这一结果可以理解为：正因为阅读提供了积极的视觉刺激，给儿童展现了图文并茂的视觉材料，才加快了儿童大脑神经组织的发育和成熟，促进了儿童思维的发展。

2. 阅读有利于智力的发展

心理学研究表明，知识是智力发展的基础。一个人所拥有的知识决定了其智力水平，如果一个人还能不断吸收新的知识，则其智力水平还将不断发展。智力发展需要知识去触发。智力开发遵循轰击原理，在大量信息和知识的碰撞、轰击之下，人的智力潜能能够被激发出来。也许正因为认识到这一点，我国西汉目录学家刘向说："书犹药也，善读之可以医愚。"俄国文学家托尔斯泰说："理想的书籍是智慧的钥匙。"如前所述，阅读是获取知识的最有效途径之一，因而阅读一定会有利于人的智力的发展。

3. 阅读能够训练思维

阅读的过程，是不断地思索、想象、判断和推理的过程，人们既要领悟字词的含义，又要理解语句的含义，还要思考或怀疑文本中的观点，更要将出现在书本中的新知与大脑中的旧知进行比较与联系。经常性地进行这一系列的思维活动，能使人的大脑经常接受这样的训练，这对智力发展必然有益。

（三）修身养性

我们常用"修养"一词来描述一个人的品性、情趣、学识等所呈现出的状态。

日本儒学者佐藤一斋说："凡活物不养即死，心乃存于我身之一大活物，最需以养。"用读书不断提供"修"和"养"所需要的营养，能够实现修炼心灵、滋养品性和情操、在精神上得到放松和宽慰的修身养性的目的，阅读的修身养性价值表现在这样几方面：一是阅读具有潜移默化的教化作用，引导人们不断向好、向善。二是阅读能提升人的审美能力、审美情趣，使人趣味高雅。如文学作品的美，绚丽多彩、变幻莫测，让人心动神驰，人们感受美、分享美。从《岳阳楼记》《滕王阁序》到《济南的冬天》，从《洛神赋》到《雨巷》，无论时光如何流转，人们依旧会被其中所描述的美深深打动。阅读的原始动机和最后归属在于满足读者的审美需要。三是阅读能陶冶人的情操，因为阅读的过程是对人的世界观、人生观、价值观、道德观不断追问与审视的过程，这种追问与审视有助于人们不断以普世价值观和好善恶恶的道德观去修正自己。四是阅读能培养人的高雅气质。古人讲"腹有诗书气自华"，读书能够使人拥有迷人的"书卷气"，一个外表平平甚至偏下的人会因读书而变得富有魅力，让人仰慕。正如作家曹文轩所说："读书人与不读书的人就是不一样，这从气质上便可看出，读书人的气质是由连绵不断的阅

读潜移默化养就的。有些人，就造物主创造了他们这些毛坯而言，是毫无魅力的，甚至可以说是很不完美的。然而，读书生涯居然使他们由内到外获得了新生。依然是从前的身材与面孔，却有了一种比身材、面孔贵重得多的叫'气质'的东西。"

字里乾坤大，书中日月长。一卷在握心有所系，与智者交流，其中的思考与联想是精神、情感升华的过程。不同领域有不同的典籍新知，在阅读中不断优化知识结构，开启思维，提供动力。这个过程有愉悦，也有艰辛。面对好书，专注阅读，含英咀华，温润心灵，必使精神境界日臻完善，"宁静以致远"。阅读堪称人生最美的修行。一行清秀的短文，或许就能调整生命的航向；一首洗练的诗歌，或许就能唤醒对美好的向往；一幅淡然的水墨，或许就能驱赶心灵的彷徨。虔诚的阅读摒弃世俗功利，钟情的解读足以启人心智，或纯美娴雅，或铿锵豪迈。阅读浸润着悠然时光，过滤着日复一日的繁复与辛劳，琐碎与阅读相互交融，琐碎因阅读而温馨，阅读因琐碎而精彩。一个醉心于阅读的智者，终会超越世俗的层面，进入精神的家园，朝夕与心灵沟通，日月与心灵对话。在人生的十字路口，总会流露出智慧的光芒，引导我们迈向光明的彼岸。

（四）丰富人生

人们常常说：一本好书改变人的一生。阅读对一个人的一生确实有着十分重要的影响。清代张潮在《幽梦影》中关于读书有这样一段话："少年读书如隙中窥月，中年如庭中望月，老年读书如台上玩月；皆以阅历之浅深，为所得之浅深耳。"意思是说，年少时读书就如同在门缝里看月亮，空间如此小，月亮大而远，又有点神秘；人到中年时读书就如同在庭院中散步赏月，对月亮感到特别熟悉和亲切；老年时读书就如同人站在高台上玩月，和月亮特别接近，一切尽在掌握之中；而人生阅历的丰富与否，决定了阅读之所得。因此，一个人少年的时候，应将时间集中用于读书；中年的时候，要分一部分时间用于继续学习；老年的时候，更要把阅读作为和谐自己的心灵、丰沛自己的精神家园的一种手段，这样的人生才会很圆满、很充实。所以我们说阅读是让人汲取他人的智慧，让人生插上知识和学识的翅膀，在有限的百年时间里获得相对无限的发展空间，这就是阅读的本质意义。

社会的进步离不开知识，人的全面发展离不开阅读。好的阅读，是学习知识的愉悦，是感受心灵的碰撞，是实现自我的超越。为何阅读，阅读什么，怎样阅读，其实代表一种思想高度，折射一种人生境界。读书是缓解焦虑情绪的一剂良方，尤其是在当今快节奏的社会生活中，读书可以滋养人的心灵，这不失为一种明智的选择。养成读书的习惯，你会加入慢生活的行列，你会发现其实读书与生活、工作、交际和处事能力的提升息息相关，通过读书，你会暂时忘却现实的残酷、日子的窘迫，你会理解高尔基的那句话"我扑在书上，就像饥饿的人扑在面包上"；你会珍惜拥有，不再为曾经盲目比较后巨大的心理落差而心绪起伏动荡；读书让人们学会不以物喜，不以己悲，波澜不惊，宠辱皆忘。

通过读书，你会发现古今中外的人彼此可以或友善或犀利地展开对话，但有一点很关键，那就是彼此的心灵是平等的、坦诚的，没有半点藏污纳垢和尔虞我诈。读书让人们认识到哪怕是政见不同的人，彼此也可以成为良师净友。

通过读书，你会领悟到，那一个个响彻天宇的名字的背后，也或多或少地隐藏着不足为外人道的辛酸和无奈。在不可抗拒的大时代面前，哪怕是伟人、名人、大师，也同样显得那么渺小，如沧海一粟、宇宙之沙。

阿根廷诗人博尔赫斯有诗云："我心里一直都在暗暗设想，天堂应该是图书馆的模样。"恐怕爱书之人对读书带来的幸福感都心照不宣，在互联网时代，每天有太多的信息扑面而来，人们似乎每天都在读着一些文字，但快餐式的浅阅读以及未经过挑选的文字虽然占用了大量时间，对读者而言却如流沙过指，所得甚少。在快节奏的生活中，我们不仅需要阅读，更需要用心选择一本好书，在读书的过程中提高、深思、内省并体验生命之美。

人生的高度得益于阅读的广度。阅读可以教会人们如何从现代生活中获取心灵快乐，找到人生的坐标，更好地面对生活、面对人生。

第二节 阅读动机与阅读能力

一、阅读动机

（一）阅读动机的含义与特性

阅读动机是反映阅读需要、引起阅读行为、满足阅读愿望的内部动力。简单地说，阅读动机就是读者从事一定目的的阅读活动的一种内部动力。它和阅读目的一起构成一条"因果链"，但阅读动机是比阅读目的"更为内在，更为隐蔽，更为直接推动人去行动的因素"，它反映出读者为什么要阅读，以及读什么，如何阅读的主观原因。阅读动机包括愉悦、减缓紧张、交流、增强社会意识、获取关于生活的信息。这些动机受时间、地点、情绪、记忆、经验、愿望、读书兴趣的影响。因此，阅读可以被看作一项活动，它被读者的许多内在变量所影响。一切事物都有自己的特性，因而阅读动机也有它自己的规律性，概括起来包括以下几方面：

1. 客观性

心理学家指出，动机产生于人的需要。阅读动机，实际上是人们对知识的一种需要，这种需要是客观需要在读者头脑里的反映，它表现为阅读的意向或愿望的形式，从而对阅读起着推动作用。此外，阅读动机的产生是有生理机制的，与饥欲食、渴欲饮一样，当读者缺乏某种知识时，在其头脑中就会引起一种伴随着应激状态的需要，这种伴随着应激状态的需要就能激发读者的行动，从而成为有效的阅读动机。

2. 时间性

从阅读动机的动力来源和起作用时间的长短来看，有的可能在很长时间起作用，有的可能只在某段时间内起作用。这就是所谓的间接的远景性阅读动机和直接的近景性阅读动机。间接的远景性阅读动机是与阅读活动本身没有直接联系的动机，是与比较长远的活动结果相联系的动机。如大学生为了个人将来出路和职业生涯提升而进行大量阅读。这类动机反映了社会和家庭的要求，是与大学生对学习目的的认识、是否有远大志向以及他们的世界观等有密切联系的，是一种比较深刻的阅读动机，一旦形成就具有较强的稳定性和持久性，能在较长的时间内起作用。直接的近景性阅读动机是与阅读活动直接相联系的动机。如一个人为了制作一套家具，他就阅读家具方面的书籍，当家具制作完之后，他阅读这种书籍的动机也就不存在了。

3. 迁移性

某种阅读动机一旦形成之后，除了成为这种阅读的动力外，在一定条件下可能还会引发出另一种阅读动机。如有一位读者特别喜欢欣赏图画，常到图书馆去看画，由于经常看画，他就产生了画画的念头，于是看画的动机就迁移到阅读如何画画的图书的动机上，他以后不仅会看画，而且会阅读如何画画的书籍，去钻研画画。

4. 隐蔽性

阅读动机的隐蔽性有两方面的含义：一是指在有些情况下，一个读者可能有多种阅读动机交织在一起，每一种阅读动机的界限又划得不是特别清楚；二是指很难区分一个阅读动机是正确的还是错误的。如为了提高专业知识而去阅读，就有可能是两种截然不同的阅读动机：一是为祖国的繁荣昌盛贡献力量，二是为了个人将来赚大钱。到底是哪一种阅读动机很不易辨别，因此说，阅读动机有时具有很大的隐蔽性。

（二）阅读动机的类型

倘若探究每个人每次阅读的心理动因，肯定会是林林总总、五花八门的。按起作用时间的长短，阅读动机可分为近期阅读动机与长远阅读动机；按性质的不同，阅读动机可分为正确与不正确的两种。这里我们根据阅读动机产生的基础——人的需要，将阅读动机分为如下几种类型：

1. 专业提升型

读者为满足掌握专业基础知识、提高专业理论的需要而产生的阅读动机，称为专业提升型阅读动机。为了完成学业和应对考试，在校学生的阅读需求和范围虽然随着学业的进步会逐步扩大，小学、中学、大学会有明显的变化，但其共同点在很大程度上都是要受教材、教学大纲和考试指南的制约。成年人应对职称和职场的考试，其需求范围大体与专业相关。由于教学内容讲究循序渐进，各种考试又总会到期举行，用于课外阅读的时间和精力非常有限，故此类读者的阅读心态可用一个"急"字概括：希望快捷地找到对口文献，迅速地查到既易于理解又便于记忆的简明答案。急，有其利，亦有其弊。谓其有利，是因为它可以促使读者勤于开卷，合理安排时间，提高阅读效率，养成良好的阅读习惯，并且将会终身受益；谓其有弊，则是因为急易致躁，从而易"浮"，阻碍深入思考，影响阅读效果。因此，在校学生尤其是中小学生的阅读，宜在教师的指导下进行，从小养成良好的阅读心态和阅读习惯。

其特点是：指向明确、具体；相对比较稳定，但也有阶段性；读者层次广泛，高、中、低各层次都有。

2. 启迪智力型

读者为了获取知识、陶冶情操、启迪智力从而产生的阅读动机，称为启迪智力型阅读动机。为这一动机驱使而开展阅读活动的人数甚为庞大，这也恰恰证明了阅读是终身学习的一种重要方式和手段。阅读不仅可以获得知识，而且可以通过感觉的刺激启迪智力。

其特点是：具有较强的目的性和很大的灵活性，指向不单一，读者范围广泛。

3. 研究探索型

读者为了满足研究新问题、解决疑难问题、创造新成果、开拓新领域的需要而产生的阅读动机，称为研究探索型阅读动机。此类读者大多具有较为广博的科学文化知识和相对高深的专业技术水平，他们通常都是业务骨干，是科技创新的开路人。他们总是带着特定的任务来翻检文献，目标明确。其阅读心态可用一个"专"字概括：一是精力专注，朝着既定的目标使劲；二是需求文献专深；三是追求目标专一。所以这类读者一方面希望对相关课题、技术的历史和现状有较全面、透彻的了解，另一方面对新知识、新技术、新信息充满着渴求。

其将点是：目标单一、指向明确；时间性强；层次高、难度大；读者多具有中、高层知识结构，少部分具有低层知识结构。

4. 消遣娱乐型

读者为满足消遣娱乐的需要而产生的阅读动机，称为消遣娱乐型阅读动机。本杰明·富兰克林说："读书是我唯一的娱乐，我从不把时间浪费于酒吧、赌博或任何一种恶劣的游戏上。"受这一动机驱使而开展阅读活动的，无论古今中外，都是一个庞大的人群，其中，儿童是最容易把阅读当成娱乐的群体，听故事、看故事对他们有很大的吸引力。除儿童外，老年人也相对愿意以阅读为娱乐方式，他们获取新知的需求已经大大降低，但长期养成的阅读习惯使他们仍然喜欢阅读。在这种情况下，阅读往往成为一种精神享受。虽然这个群体的情况极为复杂，但有一点是共同的，他们都选择将阅读作为个人休闲和消遣的方式之一。其阅读心态可用一个"随"字概括：因为没有特定的目的，他们会随时随地地翻阅书刊，对阅读内容不做刻意的选择。因此，我们说阅读乃文化休闲的一种重要方式，研究阅读时不能忽略此类读者。

其特点是：具有很大的随意性和灵活性；指向不单一；目的性不明显，读者范围广泛。

5. 生活常识型

读者为满足日常生活需要而产生的阅读动机，称为生活常识型阅读动机。如读者为布置居室而阅读室内装饰书刊；为吃到可口的菜肴而阅读菜谱；为保存衣物、食品而阅读衣物、食品贮藏方法的书刊等。

其特点是：目标单一，指向明确，时间短暂；各种层次、知识结构的读者均有。

二、阅读能力

阅读主体的能力水平是阅读活动能否有效扎实开展的基础，因为阅读主体需要选取阅读环境、明确阅读需求、驾驭阅读内容的载体，同时需要对阅读内容进行加工提炼与应用，这就需要阅读能力。阅读能力不仅是语文学科能力中的一项核心能力，而且是语文学科学习中学业成就的重要组成部分，往往通过学生内隐的阅读思维过程和外显的阅读行为表现出来。阅读能力也是现代社会个体发展所必需的一种基本能力，在现代社会，无论是个体发展还是国家进步，都与阅读能力紧密相关。

（一）阅读能力的含义

要理解阅读能力的含义，首先要弄清楚能力的含义。长时间以来，人们多从心理学的角度去观察、研究人的能力。国内外学者对"能力"的概念有着不同的表述。李孝忠在《能力心理学》一书中称："能力是符合活动要求、影响活动效果的个性心理样征的综合。它同知识、技能既有联系，又有区别，可分为智力、专门能力和创造力三种。"《辞海》对能力的诠释则更为通俗和简明：能力通常指完成一定活动的本领，包括完成一定活动的具体方式，以及顺利完成一定活动所必需的心理特征；进而指出：各种活动所必需的心理特征在每个人身上的发展程度和结合方式是不同的，因而能力特征也是各不相同的。能力是在人的生理素质的基础上，经过教育和培养，并在实践活动中吸取人民群众的智慧和经验而形成和发展起来的。将能力与活动紧密相连，承认人的能力在活动实践中可以变化、发展和提升，完全符合辩证唯物主义观点，从而摒弃了唯心主义成分。阅读能力是读者进行阅读时表现出来的心理特征和行为特征，包括对阅读材料的有效感知、正确理解、个性化鉴赏、批判性反思以及实际应用等。阅读能力具有双重特征：一方面，读者对阅读内容的摄入是一种心理活动，他对阅读内容的理解、鉴赏、思考等蕴藏于心底；另一方面，读者对阅读物的准确把握有时会有外在的行为表现，深深地沉浸其中，阅读物中的人物属性有时能够使读者心潮澎湃，对正面、正义人物予以赞誉与崇拜，同时对乱臣贼子等负面人物予以抨击。如司马迁的"发愤著书"说、韩愈的"不平则鸣"说、欧阳修的"诗穷而后工"说等引起了

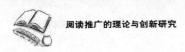

古今文人骚客的共鸣。

（二）阅读能力的作用

阅读能力虽然看不见、摸不着，但它却活跃于阅读过程的始终，且无时不在发挥其支配作用。

1. 阅读能力对个体的作用

阅读是人们获取新知、拓宽视野的重要手段，也为其智力发展提供了源源不断的资源和能量。阅读能力对个体的发展意义重大。苏联教育学家苏霍姆林斯基曾提出："三十年的经验使我深信，学生的智力取决于良好的阅读能力。"一切学习都离不开阅读，都需要阅读能力。首先，阅读能力决定了阅读活动持续时间的长短。为什么有的人终生爱书、乐此不疲，有的人疏于开卷、浅尝辄止，有的人则一生不与书本打交道。除了志趣之外，阅读能力的高下也起着重要作用。能力往往是萌发、催生、强化志趣的温床和土壤。其次，阅读能力决定了阅读效率的高低。一个具有较强阅读能力的人，必然能在阅读过程的各个环节上节省时间，从而提高其阅读速度，更快达到获取知识信息的预期目的。比如，较为熟练地掌握查检技巧，就可避免漫无边际的搜索；文献选择得当，亦可少走弯路；阅读方法正确，可收到事半功倍的效果；思维敏捷，可加深理解。最后，阅读能力决定了阅读效果的优劣。优化阅读效果，历来是一切读书人的希冀，有多种因素在起作用。其中，读者个人阅读能力的强弱无疑与阅读效果之优劣、强弱成正比。古人常有"善于读"之说，这个"善"字之含义，其因是指阅读能力，其果是指阅读效益。基于此，必须重视阅读能力的培养。阅读能力的培养可以使人更富有智慧，也更具创造力。除此之外，阅读还能丰富人的精神生活。精神生活需要精神食粮的滋养，而阅读是获取精神食粮的重要途径。人们可以通过阅读实现与大师的对话，在阅读过程中与他们进行思想的交流和碰撞、情感的沟通。人们也可以通过阅读陶冶情操、净化心灵、提升境界。类型多样的读物可以满足人们不同层次、不同内容的精神生活的需要。朱永新教授认为，"一个人的精神发育史就是阅读史"，阅读可以帮助人跨越世俗生活的牵绊，建立起一个强大、丰富的精神世界，使生活更加丰富、生命更富有意义。因此，培养阅读能力是为学生的一生打基础。

2. 阅读能力对民族和国家的作用

阅读能力的提高不仅是个人的事情，也关系民族的发展、国家的进步。阅读与国民素质密切相关，而国民素质决定着一个国家的软实力和国际竞争力。一个民族的精神境界取决于这个民族的阅读水平。1995年，联合国教科文组织将4月23日定为"世界阅读日"（又称"世界读书日"），旨在让各国政府与公众更加重视图书这一传播知识、表达观念和交流信息的形式，并希望借此鼓励人们尤其是年轻人去发现阅读的乐趣、提高阅读的能力、增强版权的保护意识。随着知识经济时代的到来，越来越多的国家已经认识到阅读对国家发展的重要作用，将国民阅读置于国家战略发展的高度，组织和开展各种形式的全民阅读活动。

（三）阅读能力的构成

阅读能力是一种综合能力，由相关的能力要素构成。在我国，自20世纪80年代以来，阅读能力一直被作为语文教学研究的重要问题而受到关注。研究者运用不同的研究方法，从不同视角提出了阅读能力的结构要素。韩雪屏提出，阅读能力的结构要素包括对书面语的感知和理解；对书面语言的分析和鉴赏；读后的记忆效果；一定的阅读速度；多种阅读技能。武永明指出，阅读能力的结构要素包括认读能力、理解能力、评价能力和创造能力。刘福增指出，阅读能力的结构要素包括感知能力、识记能力、理解能力和评价能力。王松泉指出，阅读能力的结构要素包括认读能力、理解能力、评赏能力和借鉴能力。

胡宗健等指出，阅读能力的结构要素包括阅读选择力、阅读感知力、阅读理解力、阅读想象力、阅读思考能力、阅读评判力和阅读表述力。莫雷指出，阅读能力的结构要素包括语言解码能力、组织连贯能力、模式辨别能力、筛选贮存能力、评价能力、语感能力和阅读迁移能力。祝新华指出，阅读能力的结构要素包括认读能力、理解能力、吸收能力、速读能力、语感、鉴赏能力。夏正江指出，阅读能力的结构要素包括知识性阅读能力、理解性阅读能力、探索性阅读能力、自动化阅读能力、朗读与默读能力、浏览检索能力、查阅工具书的能力、摘录和制作卡片的能力、写内容提要和读书笔记的能力。上述关于阅读能力要素的分析，是基于不同的研究方法和视角提出的。有的采用定量的方法，有的采用定性的方法。有的是站在语文学科教学论的视角看待这一问题，有的则是从认知心理学的角度进行分析，还有的是从大脑功能的角度进行考察。姚林群尝试从阅读的速度（快速获取信息的能力）、广度（拓展阅读的能力）、深度（认读、理解、评价、鉴赏、运用能力）以及方法（朗读与默读的能力、做读书笔记的能力、查阅工具书的能力、选择读物的能力）四个维度探讨了阅读能力的结构要素。赵俊玲等认为阅读能力由选择文献的能力、理解内容的能力、阐释能力和批判分析创新能力构成。以往的研究从某些方面揭示了阅读能力的要素组成。

综合各方的观点，我们借鉴了赵纪彬对此问题的最新研究成果：阅读能力由阅读内容的甄选、阅读方法的选用、阅读内容的理解和阅读内容的运用构成，下面分别阐述。

第一，阅读内容的甄选。读者的阅读活动是在阅读内容极为丰富的环境中进行的，尤其是在"信息爆炸"时代，海量信息喷涌而出，然而这些信息不可能都符合读者的阅读需求，它们也不可能都进入读者的阅读视野，因此读者需要对阅读内容加以甄选。此外，就读者个人而言，其时间、精力、能力都有限，阅读需求是多方面的，所面对的阅读内容也极为丰富，这就需要对阅读内容加以甄选，选择自身最急需、最有价值的内容。如人类进步过程中所积累的典籍浩如烟海，难以穷尽，因此应加以合理选择。对阅读内容的甄选极为必要，与此相应的是，阅读内容甄选能力的培养亦极为重要。

赵纪彬认为阅读内容甄选能力的形成有多条途径：一是读者对自身所需的阅读内容必须有明确的认识，必须认识到自身最急迫、对自身最有价值的阅读需求；二是提升自身的语言文字水平，阅读内容的表现形式多为语言文字，因此，自身的语言文字水平会直接或间接地影响到对阅读内容的理解，进而影响到对阅读内容的甄选；三是对自身最急需、最有价值的阅读内容的构成、侧重点与范围等必须有准确的认识，以便在甄选阅读内容时获得事半功倍的效果；四是掌握科学的阅读方法，因为它是甄选阅读内容的重要技术支撑；五是不断提升阅读内容的摄入量，以取得"见多识广"的效果，读者的"见多识广"必然有利于对阅读内容的甄选；六是对阅读内容的载体必须科学选择，阅读内容与其载体没有必然联系，同一项阅读内容可以有多个载体，同一个载体也可以有多项阅读内容，如文学作品既可以文字的形式呈现，也可以影视剧、图画的形式呈现。再如，古人的器皿上，既可以雕刻文字，也可以雕刻图画等。简而言之，对阅读内容的有效甄选，是阅读能力的重要组成部分，必须对此加以重视，从而提高阅读效率。

第二，阅读方法的选用。阅读活动能否收到预期的效果，不仅与阅读内容的甄选有关，而且在很大程度上取决于读者能否选用科学有效的阅读方法。选用科学的阅读方法，准确灵活地运用阅读技能，是阅读活动顺利开展的重要保证。赵纪彬认为，阅读方法的选用受多个因素的影响，一方面，阅读方法是阅读活动的组成部分之一，它与阅读内容的属性、阅读者自身的实际情况、阅读内容的载体、阅读环境等因素密切相关，因此在选用阅读方法时，必须将其放置于阅读活动的整体环境中，并结合阅读者、阅读类型、阅读动机、阅读内容等因素通盘考虑；另一方面，对每种阅读方法的特性必须有科学的认知。现存的阅读方法极为丰富，可谓浩如烟海，然而每种阅读方法皆有自身的特性，有自身所使用的阅读场景。

要坚持从阅读速度和阅读效果这两个方面选用科学阅读方法的标准出发，对阅读方法进行科学的把握与全面的认识，从而为阅读方法的科学选择奠定基础。

赵纪彬总结了以下阅读方法可供选择和使用，具体包括：①快速阅读法。②带题阅读法（带着问题进行阅读，是为了解决问题而阅读）。③"透视"读书法（由数学家华罗庚提出，也即对阅读不仅要知其然，而且要知其所以然）。④Q3R阅读法（概览—问题—阅读—复述—复习）。⑤整体阅读法（从阅读内容的整体入手—分解阅读内容—回归整体阅读内容）。⑥三步阅读法（简要认识读物的内容—深入钻研重点内容，以便真正领会—融会贯通阅读内容）。⑦钩玄提要法（由韩愈所提，也即对于精辟而简明的主要阅读内容，在阅读时要善于提取精要）。⑧厚书读薄法（对阅读内容要善于分层次逐步总结，阅读内容逐渐被压缩在一张纸上）。⑨全读分读法（读者对自己所熟知的或浅显易懂的阅读内容则全读，对于较为陌生、深奥难懂的阅读内容，宜采取计划定量的方式逐步阅读）。⑩"出入"读书法（由宋代学者陈善所提，也即对阅读内容必须有全面准确的认知，同时能够对阅读内容加以运用，用以检验阅读成果）。⑪未读先思法、口诵笔述法（由杨贤江先生所提，其大意是向他人讲述所阅读的内容，对其加以记述，在记述的过程中融入自己的思想）。其中，未读先思法是先思考阅读内容的题目及其章节标题，再细读原文，同时对比、印证自己所推想的内容，加强对阅读内容的进一步理解。⑫掩卷凝思法（在读完阅读物之后，合上阅读物的载体，继续凝神思索，复现阅读物，或默默回味其中的深意，或探究解决问题的途径。它倡导阅读的持续性与延续性）。

第三，阅读内容的理解。阅读活动开展的最终走向是读者对阅读内容的获取，而衡量读者获取阅读内容的主要标准则是对阅读内容的理解。所谓阅读内容的理解能力，是指在感知材料的基础上利用已有的知识与经验，通过概括与分析、归纳与演绎、分类与比较、联想与想象等思维活动，了解阅读对象的思想内容和语言形式。读者对阅读内容的理解程度受多种因素的影响，包括阅读内容的甄选、阅读方法的选取、阅读内容载体的语言和形式、读者自身的因素等。鉴于影响读者对阅读内容理解因素的多重性，读者理解阅读内容能力的形成并非一蹴而就，而是与其知识素养密切相关。读者的知识基础越扎实、知识素养越深厚，其对阅读内容的理解就越好，阅读效果也就越好，反之亦然。当然，读者知识素养的提升与对阅读内容的理解也密切相关，二者相辅相成，相互促进。

第四，阅读内容的运用。这是阅读活动中的最后一个环节，读者获取阅读内容的最终目的，是对阅读内容的运用。"读以致用"是阅读活动的最高追求，是阅读需求得以满足的重要表现，也是阅读活动成功和结束的重要标准；同时，也预示着下一个阅读活动的开始，因为人类对提高自身素质的要求是无限的，在日常生活、学习、工作中所遇到的问题层出不穷，必须通过对阅读内容的运用来加以解决。赵纪彬认为，读者对阅读内容的运用主要体现在两个方面：一方面，提升自身的素质，即把不断获取的新知识和自己所掌握的知识相融合，把新的知识纳入自己的知识体系中，使它变为自身知识体系的有机组成部分，从而不断扩大自己的知识面。例如，通过对人文社科知识的学习来提升自身的人文素养，如阅读文学作品来提升自身的文学素养，阅读历史典籍来丰富自身的史学修养等。另一方面，解决问题，通过获取阅读内容来解决读者自身在日常生活、工作、学习中所遇到的问题。读者对阅读内容运用的时效不同，有的会立即运用，有的则会有间隔，如科研工作者对阅读内容的运用相对快一些，更容易转化成生产力，产生的效果更为明显。此外，对于以提升自身素质为目标的阅读，读者对阅读内容的运用是一个潜移默化的过程。

第三节 阅读推广的起源及界定

一、阅读推广的起源与发展

（一）古代阅读活动

自从语言诞生后，人们就开始了表达与交流的活动，而当语言化作文字出现时，人类文明史上的一项重要活动——阅读，也随之产生。在古代中国，无论在官方还是民间，阅读活动一直贯穿精神史的长河之中，装点着中华民族五千年文明的璀璨星空。

1. 阅读的产生

（1）文字的出现

阅读活动离不开书籍，而书籍的基本组成单位就是文字。在文字产生以前，古人为了帮助记忆，探索过多种方法，其中使用较多的就是结绳和契刻。对于结绳，《周易·系辞下传》记载："上古结绳而治，后世圣人易之以书契。"汉朝郑玄在其《周易注》中说："古者无文字，结绳为约，事大大结其绳，事小小结其绳。"李鼎祚《周易集解》引《九家易》也说："古者无文字，其有约誓之事。事大，大其绳，事小，小其绳，结之多少，随物众寡，各执以相考。"到宋朝时，南方部分地区还有使用结绳记事的。相比结绳的记事功能，契刻则多用来计数。汉朝刘熙在《释名·释书契》中说："契，刻也，刻识其数也。"其清楚地说明契就是刻，契刻的目的是帮助记忆数目。因为人们订立契约关系时数目是最重要的，也是最容易引起争端的因素，于是人们就用契刻的方法将数目用一定的线条作为符号，刻在竹片或木片上作为双方的契约，这就是古时的契。后来人们把契从中间分开，分作两半，双方各执一半以二者吻合为凭。

从上述史料记载中我们可以看出，无论是结绳记事，还是契刻计数，都只是简单记载事情数与量的一种概念，是一种表意形式，它只是用来帮助记忆，不具备语言记录和思想交流的功能属性，无法演变成文字，只是文字产生前的一个孕育阶段。为了能够表达、交流思想，并且在更大范围内精准地帮助记忆，人们不断地探索其他的方式，比如图画。唐兰先生在《中国文字学》中说："文字的产生本是很自然的。几万年前旧石器时代的人类已经有很好的绘画，这些画大抵是动物和人像，这是文字的前驱。"然而，图画发挥文字的作用，转变成文字，只有在有了较普通、较广泛的语言之后才有可能。比如，只有在这时有人画了一只虎，大家见了才会叫它为"虎"；画了一头象，大家见了才会叫它为"象"。久而久之，大家约定俗成，类似上面说的"虎"和"象"这样的图画就介于图画和文字之间。随着时间的推移，这样的图画越来越多，画得也就不那么逼真了，这样的图画逐渐向文字方向偏移，最终使其从图画中分离出来，这样图画就分了家，分成原有的逼真的图画和变成为文字符号的图画文字，图画文字不像图画需要绘画的技巧，它更接近于书写，只须大致把特点写出来，使人认识就够了。于是图画文字就进一步发展为象形文字，直至后来的甲骨文、古文、篆、隶、楷、行、草，到现如今的各种印刷字体。

关于文字的产生，还有一些传说，比如"仓颉作书"。传说仓颉奉黄帝之命造字，他观察各种事物的特征，将其画下，根据图画造出各种象形字。另《荀子·解蔽》中说："好书者众矣，而仓颉独传者，一也。"《吕氏春秋·君守篇》说："奚仲作车，仓颉作书……"当然，传说都未经证实，不足为据。但其中的内涵和文字的来源是一致的，即绘画促使文字的产生。从历史唯物主义的角度看，"文字是人类社会某一发展阶段上的必然产物，是原始人类在长期生产实践中逐渐形成演变而来的"。

（2）阅读的雏形

文字的产生使语言可以被记录和保存下来，进而出现了传承文明的载体——书籍。当然，从现有出土的商代文物中看，最初的文字还是刻画于龟甲或兽骨之上的，其内容也以占卜和记事为主，即"卜辞"和"记事辞"。由于其载体形式和记录的内容均有很大的局限，因此我们一般称其为书的雏形。而我国真正意义上的书籍，是从写本书开始的。写本书是相对于印本书而言的，顾名思义，即用手写的方式将文字书写于一定载体上的书籍。按照我国古代书籍的形式，主要有简牍、帛书和纸写本。造纸术发明之前，书籍以简牍和帛书为主，我们在现如今诸多描写汉代及以前的古装影视作品中经常可以看到简牍，而帛是一种很贵重的丝织品，一般人都用不起，所以较少出现。

在东周以前，神权与世俗权力往往是联系在一起的，统治阶级占据权力的顶端，垄断着国家文化，包括甲骨在内，简牍、帛书基本被使用并流传于统治阶级内部及部分贵族之中，用来记载他们的律令等文字，如夏朝的奴隶制法典。同时，由于简牍材质的特殊性及帛的昂贵性，而且普通人生活又以解决温饱为主，因此对简帛的阅读，基本只存在于小范围人群——统治阶级与奴隶主之中。正是在这样的一小部分人中，出现了我国最初的阅读活动。商朝的开国君主商汤非常重视子孙的教育，尊商朝的第一大臣伊尹为老师，相传在商汤去世后，其长孙太甲不遵守商汤的治国方针，为教育太甲，伊尹著《伊训》《肆后》《徂后》等训词，讲述如何为政、如何辨别是非等，督促太甲认真研读，太甲守桐宫（商汤陵寝）三年，不断学习，终继承商汤遗志。可见，对帝王教育的重视，在很大程度上也促进了统治阶级内部阅读活动的开展。

（3）阅读的扩大

在奴隶社会，书籍的不易获得和统治阶级的独占性使得阅读活动仅仅存在于一小部分特定人群之中，这种局面在奴隶社会与封建社会的交替时期——春秋战国时期发生了改变，这也是我国历史上第一次知识、思想大爆炸的时期。随着东周王室的衰落，各路诸侯国逐渐发展起来，而东周的大臣官员们也都散落到各诸侯国，带去了私人的藏书和知识。各诸侯国在发展军事、经济的同时，也非常注重文化的发展，重视吸引和培养人才，广开言论，正是在这样的背景下，私学兴起，涌现出诸子百家，各家纷纷著书立说，呈现出百家争鸣的文化大繁荣景象。私家藏书的不断扩大和以孔子为代表的知识分子的讲学使真正较大规模的阅读活动得以出现。

这时的阅读活动呈现出两个特点：第一，阅读内容变得宽泛。春秋战国时期之前的奴隶社会时期，占据文化统治地位的帝王家族，其阅读内容以维护其统治的相关书籍为主。而私家立言著书使阅读的内容不仅局限于维护王权，还包括了为人处世的哲理、读书学习的方法、治国安邦的言论以及社会生活等方面，扩展了阅读的广度。第二，阅读人群开始扩大。知识不再被王权、神权绝对垄断，孔子提出了"有教无类"思想，其弟子三千，来自不同国度，打破"官学"，无论王公贵族还是普通百姓，都有受教育、学知识的权利，阅读的受众群开始扩大，阅读活动真正在普通人中开展起来，这也是我国历史上阅读活动的第一次革命性变化。

2."劝学"与阅读

从宏观角度看，阅读也是一种社会行为。社会政治和经济的发展、社会意识形态的变化都与人们的阅读紧密相关。而从微观层面上看，阅读属于个人行为，无论是提高个人的修养和精神境界，还是在读书中找到"黄金屋"和"颜如玉"，阅读对于个体而言都是有益的。所以在我国古代，无论是皇家帝王还是著名的知识分子，都通过不同的方式来倡导人们进行阅读和学习，其中又以他们的"劝学"言论为典型代表。

（1）皇家帝王的"劝学"

在我国的阅读史上，封建帝王——特别是注重"文治"的统治者，对阅读、学习的倡导是浓墨重彩的一笔。虽然今人的著作中对这方面的内容较少提及，但也不应忽视历代皇帝对古代阅读活动的影响。注重文化建设的帝王，其重要措施之一就是积极倡导读书学习。

中华民族"耕读传家"的优良传统在一定程度上与历代皇帝积极倡导读书学习分不开。如宋真宗，除了那篇妇孺皆知的《劝学文·五经勤向窗前读》以外，还有一篇《劝学谕》："为学好，不学不好。学者如禾如稻，不学如蒿如草。如禾如稻兮，国之精粮，世之大宝；如蒿如草兮，耕者憎嫌，锄者烦恼。他日面墙，悔之已老。"其子宋仁宗也有一篇《劝学谕》，且倡导读书学习的口吻更为急切："朕观无学人，无物堪比伦。若比于草木，草有灵芝木有椿。若比于禽兽，禽有鸾凤兽有麟。若比于粪土，粪滋五谷土养民。世间无限物，无比无学人。"这种自上而下的推动力，从国家层面促进了阅读活动的发展。

（2）知识分子的"劝学"

如果说历代帝王的"劝学"是从宏观角度勉励人们读书学习的话，那么对于个体来讲，阅读终归是个人行为，与个人利益无不相关，若无法影响个人利益，想必任谁如何提倡，也很难真正推广开来。所以古代贤哲多能从切身利益出发，强调读书学习的重要性。

儒家的代表人物孔子、孟子、荀子都将《诗》《书》《礼》《乐》《易》《春秋》这"六经"作为其推崇的阅读书籍。孔子认为，认真研读诗书是非常必要的，他说："好仁不好学，其蔽也愚；好知不好学，其蔽也荡；好信不好学，其蔽也贼；好直不好学，其蔽也绞；好勇不好学，其蔽也乱；好刚不好学，其蔽也狂。"这就是说，即使具有"好仁""好知""好信""好直""好勇""好刚"等优良品性，如果不能"好学"——主要指研读"六经"，则难免形成"愚""荡""贼""绞""乱""狂"的六蔽。荀子的《劝学篇》开头就表明了思想，"学不可以已"，这与如今提倡的终身学习是一脉相承的。在《劝学篇》中，荀子除了鼓励读书学习，还系统地论述了读书学习的重要性及其理论和方法，可谓儒家学派"劝学"的代表之作。可见，无论是帝王将相，还是古代大儒，在提倡阅读这件事上，都秉持着十分积极的态度。

3. 官方与民间的阅读活动

（1）统治阶级的阅读活动

我国古代的统治阶级，凭借其权势和地位，拥有得天独厚的资源。因为皇权世袭和世卿世禄等，其身上承载着延续统治的使命，故而从小就接受了良好的教育，同时在拥有书籍的数量和阅读条件方面，较之普通人也有显著的优越性，从而形成"官守其书""学在官府"的局面。官方藏书机构的建设和曝书会是统治阶级从事的与书籍、阅读相关的主要活动，其中又以清朝七大藏书阁和宋代馆阁曝书会为代表。

清朝的《四库全书》可谓我国官藏图书典籍的高峰，是乾隆皇帝在位期间耗时10多年编纂而成的，书籍的来源以地方官员的"采进本"、私人藏书家的"进献本"、宫中的贮藏本、清朝各皇帝下令编纂的"敕撰本"以及明《永乐大典》为主。为保存《四库全书》，乾隆皇帝共下令修建七处藏书阁，分别是北京故宫文渊阁、承德避暑山庄文津阁、沈阳故宫文溯阁、圆明园文源阁、扬州大观堂旁文汇阁、镇江金山寺文宗阁和杭州圣因寺的文澜阁。前四者统称"内廷四库"，因都在北方，又称"北四阁"；后三者统称"江浙三阁"，因都在南方，又称"南三阁"。由于战乱，"七阁"如今只剩文渊、文津、文溯、文澜四阁，部分藏书也已失散或损毁。官方藏书阁将大量的阅读资源垄断集中起来，客观上推动了统治阶级阅读活动的发展。

为防止图书霉变生虫，我国古代很早就有秋初晒书的活动。从西晋汲郡战国魏襄王墓中发现的《穆天子传》卷五记载："仲秋甲戌，天子东游，次于雀梁，曝蠹书于羽陵。"郭璞注："暴书中蠹虫，因云蠹书也。"此后更有七月七日曝衣物图书的节令性风俗风尚。曝书的风俗被一直延续下来，到了宋朝，随着印刷术的发明，无论官方藏书与私人藏书，其数量都急剧增长，宋朝的国家藏书机构——馆阁，至真宗朝，其藏书不包括副本在内，达到 2227 部，计 39 142 卷，是宋初的 3 倍。为防止图书受潮霉变，馆阁也承袭了前代曝书的做法。《续资治通鉴长编》卷七三"大中祥符三年六月辛未条纪事"载："雍熙中 (984—987)，(邢) 昺献《礼选》二十卷，上 (真宗) 尝因内阁暴书，览而称善，召昺同观，作《礼选赞》赐之。"《神宗正史·职官志》则明确称馆阁"岁于仲夏暴书"，将曝书作为一项官方制度执行 (方建新，2005)。在馆阁进行曝书会期间，官员士大夫们争相阅览图书、欣赏字画，一睹平日难得见到的书画珍品，其间互相交流学习，使曝书会成为当时的"读书节"——图书、书画的展览盛会和大型文化交流活动，同时也促进了官方阅读文化的形成。此外，私人藏书、书院藏书、地方藏书等民间藏书机构也会举行曝书会。

(2) 民间的阅读活动

春秋时期，以孔子等为代表的教育家、哲学家、思想家通过大量的文化活动将"学在民间"的理念传播到寻常百姓家，普通平民也开始拥有读书学习的权利，这是我国阅读发展史上的一大转折。其后，造纸术和印刷术的诞生使图书变得容易获得，私人藏书也开始发展起来，历经唐宋时期的文化兴盛，最后在清朝达到鼎盛，其中，以常熟瞿氏铁琴铜剑楼、聊城杨氏海源阁、钱塘丁氏八千卷楼、归安陆氏皕宋楼这"晚清四大藏书楼"最负盛名。四大藏书楼的主人多为书香世家，喜爱读书，好于收藏古籍善本，并且十分注重藏书的保护和传承，虽历经战乱，但还是千方百计使大部分藏书流传至今，很多存于后来的图书馆中。在利用方面，除海源阁奉行"关门主义"外，其他三家均不同程度地对外开放。著名学者甚至普通百姓，都可在书楼内饱览群书，同时他们还提供代抄、刻书、影印等服务，使这些复本广为传布，这在很大程度上推动了民众阅读活动的发展，无形中使阅读得到了推广。

在我国古代的文化发展历程中，唐宋时期这个文化高峰，产生了众多文人骚客，对于读书及其相关活动的描写在其作品中都能窥得一二。杜甫《杜工部集·奉赠韦左丞相二十二韵》诗："甫昔少年日，早充观园宾。读书破万卷，下笔有如神。"诗中杜甫直言阅读与写作的直接关系，提出只要多读书，就能写出好文章的观点。陆游《秋夜读书》诗："门前客三千，帐下兵十万。人生可意事，随手风雨散。不如一编书，相伴过昏旦。岂惟洗贫病，亦足捍患难。"又《读书》诗："束发论交一世豪，暮年憔悴困蓬蒿。文辞博士书驴券，职事参军判马曹。病里犹须看《周易》，醉中亦复读《离骚》。若为可奈功名念，试觅并州快剪刀。"欧阳修《读书》诗："吾生本寒儒，老尚把书卷。眼力虽已疲，心意殊未倦……前时可喜事，闭眼不欲见。惟寻旧读书，简编多朽断。古人重温故，官事幸有间。乃知读书勤，其乐固无限……何时乞残骸，万一免罪谴。买书载舟归，筑室颍水岸。"可见陆游与欧阳修更将读书作为人生之归宿。对于古代文人，阅读伴其一生，可谓活到老，读到老。

从隋朝开始实行的科举制度，使以寒门学子为代表的普通百姓能够通过读书学习走上仕途之路，"万般皆下品，唯有读书高"成为整个社会的价值取向。无论山野乡村，还是市井人家，都充满了浓厚的读书风气，可谓"茅茨陋巷，弦诵相闻，蔚然有文雅之风"。科举制度极大地激发了人们的读书热情，使整个社会的读书观念有了很大的变化，这从客观上提升了全社会的学习氛围，促进了大众阅读的发展。

（二）近现代阅读推广

古代中国，虽然由于科举制度等的影响，阅读也延伸到了普通民众，但就整个社会而言，阅读活动还只是存在于一小部分人群之中，并没有深入普及到普通大众，且在阅读内容上也有一定的局限性。这与保守的文化体制和森严的阶层等级制度有很大关系。辛亥革命和五四运动让中国翻开了新的篇章。前者带来自由平等的思想，引入了"西学"，后者带来了新思潮、新文化和新的社会形态萌芽，中国进入了一个全新的时代，阅读活动也随之向全民普及开来。

民国时期的中国，处在内忧外患的社会变革与战争动荡之中，由于社会政治与经济环境的影响，文化事业的发展也相对缓慢。但新文化运动还是为普通民众进行读书学习、接受教育打开了一扇大门，媒体、图书馆及社会各界也都在积极倡导和推动着国民阅读，并开展了一系列的阅读推广活动。

1. 社会媒体的阅读推广

新文化运动使人们对文化有了新的认识，普通大众特别是底层民众也迫切想通过书籍、报纸和杂志等来了解新知识、新思想，此时，以报纸为主的全国众多社会媒体皆以改善社会读书风气为己任，成为阅读推广的重要阵地。1902年创刊的《大公报》是我国近现代影响力最大的报纸之一。其《文学周刊》和《图书副刊》都刊载与文学阅读和书评有关的内容。特别是1933年9月28日创立的《图书副刊》（向达主编），主要收录中外图书之介绍批评以及学术界消息，设"书评""新书介绍""出版界消息"等栏目。在创刊号"卷头语"编者如是说："一国图书出版的盛衰，也就是一个民族生活力强弱的表现，我们打算从这一方面去找出我们这一个民族再生的优良的种子，把他们培植起来。我们想用一大部分的力量做中外新旧书籍的介绍与批评，给予一般人以一种书籍选择的标准和常识，并注意于有系统的介绍与批评，以使读者能触类旁通。此外便尽力来传达学术界的消息，使社会上的一般人士也知道中国和他国学术界的轮廓，以及大概进步到什么程度……"有感于当时人们对图书本身的学问所知不多，《图书副刊》还有意识地向读者介绍版本目录以及校雠方面的学问，连续数期刊载了文献学家、敦煌学家赵万里的《芸盘群书题记》。

同时期的另一有影响力的大报，开我国现代报纸之先河的《申报》也非常重视国民阅读能力的培养和提高。其副刊《自由谈》于1911年8月24日创刊，1949年5月停刊（出版了39年），除刊登最受欢迎的每天一篇针对时局形势、社会风尚而写的议论性杂感外，还有散文、随笔、游记、速写、小考证、读书记、文艺评论、科学小品和短篇翻译等文章。1932年12月1日，申报还创办了申报流通图书馆，李公朴任馆长，面向上海广大学徒、店员、工人、职员和青年学生服务。申报流通图书馆不仅借书给人看，还指导人读书，帮助人读书，邀请民主进步人士对读者在读书过程中遇到的问题进行解答。其他的一些报纸也以传播图书出版新闻、提升社会读书风气为己任。如1938年1月创刊的《文汇报》，在创刊后不到半年的时间里，于1938年5月8日《世纪风》文艺副刊出版了《书评专刊》（共出版9期，至1938年7月3日）。在其停刊的告别词中，郑振铎先生郑重告白是"暂行停刊"，并宣称"将为或将扩大篇幅，单独出版，以对于读者有较大的贡献"。由周恩来等无产阶级革命家亲自创办、中国共产党第一份在全国公开发行的报纸《新华日报》，于1942年9月21日推出了《书评专页》，为新华副刊的专刊之一，两周一刊，它宣称"我们正处于一个灿烂的新文化时代的前期，正在为新中国的文化而努力"。除报纸外，当时的不少综合或文艺刊物，如《新月》《新潮》等刊物都曾设有《书报春秋》《名著介绍专号》的专门书评栏目（周向华，2011）。

2. 图书馆的阅读推广

图书馆作为普及文化、进行社会教育的先锋阵地，在民国临时政府成立伊始，就被纳入国民教育行政体系之中，分属社会教育司管辖。1915年民国政府先后颁布了《图书馆规程》和《通俗图书馆规程》，相关法规的出台使图书馆事业的发展有了律法保障，也有利于图书馆开展阅读推广活动。

民国时期部分图书馆设立了推广部，负责图书馆的宣传推广服务，如浙江省立图书馆、江苏省立镇江图书馆。在工作内容上，以进行知识的普及、识字教育、读者指导与教育等活动为主。普通民众面对一个新的历史时期，迫切需要文化知识的给养，特别是普及性的知识，所以这时的图书馆在阅读推广方面，都以通俗易懂的书籍为主。如海龙县、理春县、榆树县的图书馆，藏书以文学、社会学、地理、历史、杂志、教科书为主，内容健康，基础常识多，具有知识性和趣味性，利于民众获取知识、提升品德。抚松县图书馆还把购置儿童书报刊作为图书采购之首要任务，十分重视儿童的阅读教育。在识字教育方面，针对当时存在大量文盲的现象，1920年在全国范围内掀起了一场平民识字教育运动，而通俗图书馆（民国时推广通俗教育的图书馆，服务倾向于下层民众）则成为开展此项活动的重要场所，并请来专门的教师，对民众开展识字等通识教育。在读者指导与教育方面，1940年民国政府为推行图书教育，特制定《图书馆辅导各地社教机关图书教育办法大纲十五条》，除公布外，并通令各省市教育局遵行。大纲规定各省、市、县立图书馆应行辅导之工作，适应读者需要与兴趣，开展读者指导工作，帮助读者进修学习、进行读书活动。1930年7月，上海东方图书馆为帮助读者更好地进行阅读，还开办了四角号码检字法讲习班，学习五个星期毕业，听讲人400多。在读书指导上，图书馆通过建立读者指导部或读书指导部开展读者的读书指导工作，如申报流通图书馆和北平市立第一普通图书馆都设立了相关部门开展读者指导工作。申报流通图书馆在《申报》上设立读书问答栏和辅导园地，公开答复读书生活中具有普遍性的问题，同时编印推荐书目、名著提要等来辅助读者阅读。北平市立第一普通图书馆除了在各报纸的社会服务栏目中进行读书指导外，还在广播电台举办"读书指导"的播音节目以启发全市市民的读书兴趣。

在推广方式上，民国的图书馆主要通过各式宣传、读者活动、其他延伸服务等来进行阅读的推广。图书馆宣传阅读、宣传自我的方式较为丰富，通过开办展览、树立广告标语、利用媒体等吸引人们走进图书馆，了解图书，进而阅读图书馆之所藏图书。如1936年3月30日，江苏省立苏州图书馆为了激发读者兴趣，利用春假期间，开展梅展七日；1946年11月12日，孙中山诞辰，上海市立图书馆举行了"总理文献展览会"，收集文献100多种，来馆参观者甚多；1947年2月10日，上海市立图书馆与英国文化委员会合办中西文美术图片展览会，陈列西文图书131册，中日文图书640册，挂图137幅。还有一些图书馆也举办过类似展览，以激发人们到馆兴趣。图书馆还通过广播电台、报纸等社会媒体宣传所藏之图书。出版自有刊物也是图书馆进行阅读推广的宣传方式，如上海通信图书馆和北平图书馆分别出版了《上海通信图书月报》和《读书月刊》，以新书通报、图书评价和阅读指导为主要内容，便于读者了解图书馆的动态和新书报刊的情况，从而做出适当的阅读选择。在开展读者活动方面，安徽省立图书馆成立了中学生读书会和儿童读书会，定期组织读书报告、问题讨论、专题研究、学术演讲、常识讲话、演说练习等活动，培养中学生和儿童的阅读兴趣。浙江省市立儿童图书馆为鼓励儿童读者学习国学，还举行了国学故事演讲比赛。另外，浙江省立图书馆在1933—1934年间，共举办了17次讲座，主讲人除了馆长等馆内人员，还会邀请各界专家学者，为读者进行内容丰富的讲座。在其他延伸服务方面，民国的图书馆通过设立分馆、图书流通处、代办处、阅览所、巡回文库等措施，将图书馆的服务范围进行扩展和深入，便于民众借阅图书的同时也营造了更浓厚的读书氛围。

（三）当代中国的阅读推广

中华人民共和国成立以后，人民真正当家做主，广大民众对学文化、学知识的态度空前高涨，读书的风气日益浓厚，特别是20世纪90年代以来的全民阅读时代，使我国的阅读推广开始进入一个全盛时期。

1. 中华人民共和国初期的阅读推广

中华人民共和国成立后百废待兴，全国的图书出版量极其有限，仅凭有限的报纸无法满足广大人民特别是青年们了解党的新政策、科学文化新知识等的强烈愿望。而基于多方面原因，农村更是还存在着相当数量的文盲，亟须在政府的指导下开展"扫盲"。

在通过整合改革旧的出版机构，党和人民政府组织出版了一大批宣传党和政府的方针政策，宣传共产主义、社会主义政治理论的图书。1949 年初，中宣部出版委员会组织出版了"干部必读丛书"，收录了 12 部马列著作，分编为八卷，推动了共产主义理论在广大干部中的深入普及，为相关政治理论书籍在群众中的阅读推动做好了铺垫。1951 年《毛泽东选集》的出版更是把政治理论图书的阅读推向了高潮。当时，学习马列主义等政治理论成为每个公民的必修课，广大知识分子先后接受了马列主义的思想和观点。据统计，1949—1956 年，马恩列斯等著作出版了 241 种，印行 2700 多万册；毛泽东著作共出版了48 种，印行了 6200 多万册。为扩大马克思主义经典著作的翻译工作，中央还成立了马恩列斯著作编译局。从 20 世纪 50 年代初开始，马克思主义的各种单行本大量印行（徐雁，童翠萍，2009）。

抱有一腔热血的青年学生对几部当时著名的红色文学小说如《红旗谱》《林海雪原》《苦菜花》《青春之歌》《红日》等，几乎是人手一册。表现土改和革命题材的作品也是广为传播，如《暴风骤雨》《白毛女》《红岩》《林海雪原》《野火春风斗古城》等，很多还被拍成了"样板戏"，颇受群众的欢迎。苏联文学作品，如《钢铁是怎样炼成的》《卓娅和舒拉的故事》等，几乎占据了国内的外国文学出版物的全部。

2. 改革开放后的阅读推广

"那时大学里人最多的地方就是图书馆，大家都如饥似渴地阅读，很多同学下课后或参加完活动后都是"匆匆跑去图书馆"。北大书店会赶印一些外国经典名著，虽然印刷质量不好，但新书一到，同学们就奔走相告，图书很快就被抢购一空。当时的出版业才刚刚恢复，出版能力还十分有限，无法满足人民大量的阅读需求，印刷好的图书一经发行，人们往往会在书店门口排起长龙等待购买。那一时期还出现了"文学热""思想热""武侠言情热"等不同种类图书的阅读热潮。张立宪（笔名"见招拆招"）在《记忆碎片》一书中曾写到关于人们讨论最希望生活在哪个时代：兼葭苍苍的西周、游侠纵横的先秦、名士风流建安风骨的魏晋、李白生活的盛唐、文艺复兴时期的意大利、大革命时期的法国、拓荒与内战时的美国等，而作者给出的答案是在 20 世纪 80 年代的中国上大学。可见那一时期中国的阅读文化氛围对人们的吸引。在这样的特殊时代背景下，1982 年的上海，出现了我国第一个真正意义上的阅读推广活动——"振兴中华"读书活动。这项活动由上海市总工会、解放日报社、团市委、市出版局共同筹划，面向上海庞大的工人读者群体，同时还成立了上海振兴中华读书指导委员会。1983 年，"振兴中华"读书活动的经验开始在全国推广，形成了长达 5 年的以"振兴中华"为主旨的群众性读书活动。活动覆盖面很广，仅在 1983 年这一年，即覆盖了 29 个省、市、自治区。参与群众的数量也逐年增加，1983 年有大约 1000 万名群众参加，1984 年参加人数达到了 3000 万。活动形式丰富多彩，有演讲、征文、知识竞赛、专题讨论、读书诗会、读书联谊会等。随着活动的不断开展，读书的内容也呈现多元化，除了一般的文学作品外，还包含了社会科学、自然科学、管理科学等领域。各地还组建读书小组，成立各种类型的读书研究组织，如读书理论小组、文学社等（许琳瑶，2013）。

3. 蓬勃发展的阅读推广

随着市场经济的不断发展，全球化时代的到来，我国在各个领域正快速地融入世界，政治、经济、文化都发生着巨大的变化。在经济要发展、文化更要繁荣的时代要求下，人们纷纷意识到了提高文化素养的重要性，对于国民而言，一个重要且方便的途径就是读书学习，同时我国开始从国家层面进行大规模的阅读推广工作。

从 1988 年起，文化部规定将每年 5 月的最后一周作为公共图书馆"服务宣传周"，图书馆作为阅读推广的主要阵地又重新担负起自身的历史使命。这是中华人民共和国在图书馆界首次开展的同一时段内、集中性的活动，以推广公共图书馆的服务，引导大众了解图书馆、利用图书馆。"服务宣传周"每年在各地都有不同的主题活动，活动形式包括各种展览、座谈会、征文、演讲比赛等文化活动，还有流动图书车等书籍流通服务，以及信息发布会、信息知识讲座、专题业务咨询等活动。到 2015 年，"服务宣传周"已走过了 27 个年头，连续性的活动促进了全民阅读的发展，提升了公共图书馆的社会职能。

如果说"服务宣传周"还只是以推广公共图书馆的社会教育职能为目的的话，那么国家政策层面上的、完整意义的全民阅读则是从 20 世纪 90 年代中期广西壮族自治区的"知识工程"开始的。1994 年，广西壮族自治区发起了"知识工程"，这项社会文化系统工程在广西民众中掀起了读书藏书的热潮，推动了各级公共图书馆特别是乡镇图书馆的发展。鉴于广西所取得的成果，1997 年 1 月，中宣部、文化部、国家教委、国家科委、广播电影电视部、新闻出版署、中华全国总工会、共青团中央、全国妇联九个部委联合发出《关于在全国组织实施"知识工程"的通知》，将广西的经验向全国推广，提出实施"以发展图书馆事业为手段，以倡导读书、传播知识、推动社会文明与进步为目的"的"知识工程"，由中宣部与文化部牵头，具体由文化部图书馆司操作。这标志着全民阅读推广工作上升到了国家文化政策的层面。同时，图书馆在全民阅读中开始逐步确立主导地位，从阅读推广的参与者向引导者转变。2000 年，全国知识工程领导小组将每年的 12 月定为"全民读书月"。作为"知识工程"的一个重大项目，此活动以文化企事业单位为主力军，旨在"营造全民读书、终身学习的良好社会氛围，提高全民族的思想道德素质和科学文化素质"。首届"全民读书月"就包含了多种丰富的活动，评选"读者喜爱的图书馆""全国优秀读书家庭""科技读书示范户"，动员号召每人"买一本书，读一本书，向西部送一本书"，以图书馆、出版社、新华书店为主要场所开展如书展、读书报告会、朗诵会、知识培训、名家讲座等一系列文化活动。2003 年 12 月开展第四届"全民读书月"时，这项活动正式交由中国图书馆学会组织实施，并且每年公示一次"知识工程推荐书目"，作为"中国图书馆全民阅读推荐书目"向业内外推广。"知识工程"项目在 2010 年结束，在项目开展的 10 余年间，全民阅读推广工作有了初步的进展，图书馆也将阅读推广从一个非独立的业务逐步演变成一个专门的、有一定理论支撑的独立业务。

从 2006 年开始，我国的全民阅读推广活动进入蓬勃发展的阶段，并且逐步被提升至国家战略的高度。2006 年 4 月，为了建设"书香中国"，中宣部、中央文明办、新闻出版总署、文化部、教育部等 11 个部委联合发出《关于开展全民阅读活动的倡议书》（以下简称《倡议书》），并在接下来的四年连续发出关于开展全民阅读活动的通知或行动计划，倡导在 4 月 23 日"世界读书日"前后，在全国范围内开展"多读书、读好书"的全民阅读活动。2011 年党的十七届六中全会决议提出"深入开展全民阅读、全民健身活动"；2012 年党的十八大报告明确提出"开展全民阅读活动"，作为扎实推进社会主义文化强国的重要举措之一；2013 年全民阅读立法列入国家立法计划，《全民阅读促进条例》开始拟议；2014、2015 年，"全民阅读"连续被列入"两会"政府工作报告；2016 年 2 月，国家新闻出版广电总局发布了《全民阅读促进条例》的征求意见稿，关于全民阅读的第一个国家层面的法律性文件正式出台，促进全民阅读已成为一项重要的治国方略。

我国的阅读推广贯穿中国各个历史阶段，且其目标、形式、内容、受众等受传统文化的影响较深，反映了不同历史时期的社会政治经济局势与文化发展方向。目前，我国的阅读推广发展日益深入，活动范围不断扩大，活动形式不断丰富，活动影响不断提升，并随之推动了文化产业的创新与发展。

二、阅读推广的界定

要明确阅读推广的要素，必须首先对阅读推广下个定义。关于阅读推广，国内外并没有特别明确的定义，也存在不同的说法。已有的关于阅读推广或图书馆阅读推广的定义，根据其主体界定内容，可分为两大类别：一类是目标型定义，即从推广目标角度下定义，不涉及推广客体的说明；另一类则是内容型定义，即对主体推广内容进行设定的定义。

首先让我们看看目标型定义。作为一种行为实践，阅读推广的目标往往被设定为提升阅读相关变量。"阅读"涵盖阅读主体、阅读客体以及主体与客体之间的交互。阅读主体即读者，主观上涉及阅读兴趣、动机、习惯和能力等要素；客观上涉及阅读场所与平台、读者数量与类型等统计学意义上的特征。阅读客体是类型丰富、功能各异和数量众多的书籍。由于读者需求、兴趣及能力等方面的差异，其阅读图书的数量、理解和领悟程度等书与人之间的交互性因素也存在较大的差异。阅读推广的具体目标就体现在阅读涵盖的各类要素的提升或增进上，也即客观上阅读场所及平台、读者数量、读书数量的增多，主观上社会阅读意愿、阅读能力与阅读质量的提升，在已有定义中，以推广目标为主体概念区分原则的比较多，具体有三种代表性定义：一是认为阅读推广是一种活动。如王余光在其主持的国家社科基金重点项目"建设学习型社会与图书馆的社会服务研究"的研究报告中对公共图书馆阅读推广进行了界定，他认为"公共图书馆阅读推广是指由公共图书馆独立或者参与发起组织，普遍面对读者大众，以提高阅读普及度、改善阅读环境、增加读者阅读数量和增强质量等为目的，有规划、有策略的社会活动"。王波从战略目标、阅读可提升要素的角度对阅读推广进行了界定，认为"阅读推广，就是为了推动人人阅读，以提高人类文化素质、提升各民族软实力、加快各国富强和民族振兴的进程为战略目标，而由各国的机构和个人开展的旨在培养民众的阅读兴趣、阅读习惯，提高民众的阅读质量、阅读能力、阅读效果的活动"。二是认为阅读推广是一项事业或工作。如万行明认为阅读推广即推广阅读，就是图书馆及社会相关方面为培养读者的阅读习惯，激发读者的阅读兴趣，提升读者的阅读水平进而促进全民阅读所从事的一切工作的总称。王辛培认为阅读推广是图书馆、出版机构、媒体、网络、政府及相关部门等为培养读者的阅读习惯、激发阅读兴趣、提升阅读水平、促进全民阅读所开展的有关活动和工作。张怀涛认为"阅读推广"也可以称为"阅读促进"，是在"阅读辅导""导读""读书指导""阅读宣传""阅读营销"等概念的基础上发展而来的，指社会组织或个人为促进阅读这一人类独有的活动，采用相应的途径和方式，扩展阅读的作用范围，增强阅读的影响力度，使人们更有意愿、更有条件参与阅读的文化活动和事业。不难看出，将阅读推广定性为工作与事业，具有更强的包容力，能够将活动以外的阅读推广举措与实践容纳至概念范围。三是认为阅读推广是图书馆的一项重要服务内容。提出这种定义的代表人物是我国较早关注阅读推广理论问题研究的学者范并思。他主要从字面含义、属性、对象和目标等角度对图书馆阅读推广的概念进行了阐释，认为阅读推广是对阅读进行推广或促进，是图书馆服务的一种形式，是活动化、碎片化和介入式的服务；目标人群是全体公民，重点是特殊人群；阅读推广的最终目标是通过阅读提升公民素养，使不爱阅读的人爱上阅读，使不会阅读的人学会阅读，使阅读有困难的人跨越阅读的障碍。这种观点具有强烈的图书馆学研究范式导向，将阅读推广定位为图书馆的重要服务内容，能够有效地提醒图书馆工作人员了解阅读推广在图书馆整体工作中的重要地位，对图书馆强化阅读推广意识、开展工作规划具有很强的指导意义。由于其未对推广客体及推广方法进行说明，因此，在帮助馆员明确阅读推广工作的重点及理解阅读推广与图书馆其他相关服务之间的边界方面作用有限。同时，活动化服务的界定，也不易将图书馆推出移动数字阅读平台的举措纳入进来。

接下来再让我们看看内容型定义，内容型定义很少对阅读推广客体进行说明，而主要是对阅读推广主体（推广内容）进行说明。这类定义无论对图书馆进行整体工作规划布局、设定阅读推广工作重点，还是对工作人员厘清阅读推广工作与图书馆其他工作的关系，均具有重要的实践指导意义。具体也可以归结为三种有代表性的定义：一是认为阅读推广是一种休闲阅读行为。我国以于良芝、于斌斌为代表，认为图书馆阅读推广主要指"以培养一般阅读习惯或特定阅读兴趣为目标而开展的图书宣传推介或读者活动。培养阅读习惯或兴趣这一目标决定了阅读推广试图影响的通常是休闲阅读行为，即与工作或学习任务无关的阅读行为"。这种观点对图书馆规划阅读推广工作重点大有裨益。根据书籍内容对人类的作用、影响，阅读可分为：①知识/技能/生活需要型阅读，即为课堂学习、工作及生活需要等而开展的阅读；②消遣型阅读，指为消磨时间阅读消遣性读物的行为，现今网络小说多为此类读物；③人文素养提升型阅读，主要指有意识地阅读公认的文学名著类作品，以增强体验与见识、提升人文修养；④生命智慧增进型阅读，指阅读集成人类大智慧，有阅读难度，需要反复阅读、理解、体悟的经典作品，以提升个体与社会及自然相处的修养与智慧。在当前国民阅读率不高、素质亟待提升的大形势下，作为文化传承机构的图书馆，不仅要推进有益身心的休闲阅读，也要推进学习、工作或生活所需的阅读。定义阅读推广是一种休闲阅读行为，不足以容纳所有的阅读推广实践内容。二是认为阅读推广是提高馆藏的流通量和利用率的活动。"馆藏"同"文献"一样，是一个很宽泛的概念。应用这个定义，也不容易分辨图书馆阅读推广的边界。如王波认为图书馆阅读推广是指"图书馆通过精心创意、策划，将读者的注意力从海量馆藏引导到小范围的有吸引力的馆藏，以提高馆藏的流通量和利用率的活动"。在 2017 年 1 月 12 日举办的"图书馆阅读推广理论与实践专题研讨会"上，王波进一步指出，馆藏的范围为现有馆藏、未来馆藏以及延伸馆藏（含可获文献、门径文献）。三是认为阅读推广是提升读者信息素养的各种实践。将信息素养归类至图书馆阅读推广的范畴，由谢蓉等提出。他们认为"图书馆的阅读推广是图书馆利用其信息资源、设备设施、专业团队和社会关系等各种条件，鼓励各类人群成为图书馆的读者，并培养其阅读兴趣、阅读习惯或提升其信息素养的各种实践"。陈幼华认为在阅读推广、信息素养教育均是图书馆重要工作领域的情况下，此界定不便于工作内容的划分与管理。

综合以上定义，本书采用陈幼华的定义，即阅读推广是指在传承文化、提升素质的时代要求下，组织或个人开展的，能起到培育社会对于有价值的多元媒介作品的阅读兴趣与习惯、提升阅读技能与效果、增进社会阅读数量与质量作用的阅读推广空间营造、阅读推广平台创建、多元阅读引导活动举办的实践。因为这一定义基本上涵盖了阅读推广的要素。阅读推广主要包括四个方面，即阅读推广主体、阅读推广客体、阅读推广对象、阅读推广方式，也就是谁来推广、推广什么、向谁推广和如何推广的问题，这四个方面也构成了阅读推广的要素。

第四节　阅读推广的理论依据

一、基于传播学的阅读推广

传播是指"人类通过符号和媒介交流信息，以期发生相应变化的活动"（邵培仁，2007），它伴随人类社会的产生和发展而不断演进，是构成人类活动的一种特有现象。传播学就是在此基础上形成的一门学问，是研究人类如何运用符号进行社会信息交流的学科。传播学作为人文社会科学的基础学科，对其他学科的影响力不容小觑。可以说，一切有关人类生活的研究都不可避免地涉及这门学科。阅读推广是以"倡导阅读，弘扬文化"为主题的信息传播活动，是信息符号传送并且相互作用的过程，是一种基于传播学的信息推介行为。它同样具备传播活动的各个要素。

如何有效利用传播理论以最佳的方式进行信息扩散，是阅读推广所要解决的关键问题。本节从传播学角度对阅读推广进行科学审视，以"传播"为核心概念，宏观分析"阅读推广"的基础理论，试图构建阅读推广的传播模式理论框架。

（一）阅读推广与知识传播

知识是传播的重要物质基础，是传播赖以生存和发展的根基。知识传播是指"知识信息通过跨越时空的扩散，使不同人群之间实现知识共享的过程。知识传播的本质就是把知识从其形式上的拥有者通过各种媒介传送给知识的接收者，使知识的接收者能够充分了解和分析所需的知识"。（孙玉英，刘艳惠，2007）社会的文明和进步需要知识跨越时间和空间的传递、延承。知识只有通过传播，人们才能了解、学习和掌握，进而人们才能用习得的知识更好地为社会服务，促进社会的持续发展。

阅读推广是一种知识传播，是公益性的社会教育活动，也是传播社会文化的重要手段之一。在信息高速发展的今天，知识更新瞬息万变，人们对知识的渴求愈显迫切，这时急需一种指向性的阅读推手来激发大众的阅读兴趣，指明其阅读方向。阅读推广机构正是这样一个促进全民阅读的推手，它包括政府部门、出版社、学校、书店、图书馆等，这些机构兼具传递情报信息的功能和传播文化知识的教育功能，因此，阅读推广机构在很大程度上肩负着满足社会大众信息需求和知识需要的重任。知识传播是人类文化得以保存和发展的基础之一，知识靠后天习得，因此知识的延续与发展有赖于文化的教育与传播。从这个意义上来讲，阅读推广机构所进行的阅读推广活动正是文化传递、保存和延续的一种方式。在时间维度上，阅读推广通过人类的代际相传使文化得以传递；在空间维度上，它通过地域的平行转移使文化得以传播。因此，可以说阅读推广是一种面向社会的公开性的知识传播。

（二）阅读推广的传播模式分析

传播模式是在理论上对传播中各个要素的互相影响和相关变量的关系进行描述并反映整个传播环节以及传播效果的一种方式。它是科学研究经常采用的方法，也是阅读推广研究的重要内容。传播模式是"对传播活动的内在机制与外部联系进行的一种直观的、简洁的描述，也是一种象征性的、拥有同现实传播活动相同的结构属性的、合乎逻辑的设想"（邵培仁，2007），是研究传播过程、传播形式和传播效果的公式。优秀的传播模式兼具构造、解释、引导、简化和预示的功能。阅读推广作为有组织的传播活动，也遵循着这些功能。

阅读推广活动的策划实施有一定的秩序性，推广的内容具有解释和引导的功能，为受众指明具体的阅读方向；同时，阅读推广还具备传播模式的呈现性、整体性、启发性和实用性特点。阅读推广在利用语言文字、符号或者图形等方式进行信息推介时，具有超强的呈现性，推介的方式和内容必须推陈出新才能更加吸引受众眼球，达到更好的效果，而在受众进行内向传播的同时还完成了引导和启发的过程。

阅读推广无疑是一种传播现象，拉斯韦尔经典的"5W"（Who, Say What, In Which Channel, To Whom, With What Effect）传播模式就鲜明地概括了阅读推广的五大核心要素，即阅读推广主体、阅读推广内容、阅读推广渠道、阅读推广对象和阅读推广效果。

阅读推广活动中的传播者就是阅读推广主体，包括阅读推广活动的倡导者、组织者、实施者、支持者等，是整个阅读推广活动中发起并承担主要责任与义务的社会组织或个人；阅读推广内容是指根据阅读需求整合各种阅读资源推荐给适合的人，具有因材施教、因时制宜的特点；渠道是"信息传递所必须经过的中介或必须借助的物质载体"（吕杰，张波等，2007），阅读推广渠道是多样化的，为普及阅读提供了更多的可能性，包括传统推广媒介（比如报刊、印刷品、标志等）、电子推广媒介（如广播电视、电子书刊、多媒体等）、设施推广媒介（如移动架栏、固定架栏、推介书架等）、网络推广媒介（如电子邮件、网站、微博、微信等）等；阅读推广对象是传播活动的受传者，也就是阅读推广的目标群体，这类群体具有"受众性、广泛性、差异性、反馈性等特点"（赵颖梅，2015）；阅读推广效果是指受众在接受推广内容后在其认知、情感、行为等层面做出的反应，是阅读推广产生的影响和结果，是检验阅读推广活动的重要尺度。

事实上，阅读推广并不是一个简单的线性传播活动，根据"马莱茨克大众传播场模式"分析，阅读推广应该是一个变量众多的社会互动过程，它受社会作用力之间互动及社会心理因素之间互动的影响。阅读推广有自己的传播动机，受众对媒介和信息的选择也有各自的特点，而受众的反馈信息更是阅读推广活动中的重要一环。

二、基于心理学的阅读推广

人的精神世界产生的一切活动称为心理活动，是人类特有的精神现象，心理学就是有针对性地直接研究人的精神现象的学科。心理学作为研究人的心理现象的科学已被广泛应用于各个领域。在做阅读推广工作时，若能合理地利用相关的心理学理论进行指导，阅读推广就能够取得更理想的效果。

（一）感知觉与阅读推广

"感觉是人脑对直接作用于感官的客观刺激物的个别属性的反应。知觉是人脑对直接作用于感官的客观刺激物的整体的反应。"（王有智，欧阳仑，2003）感觉是最直接的一种心理现象，知觉基于此，且是对感觉的深入。

感觉是直观的感受，决定着某件事物能否给人留下良好的第一印象，第一印象良好则会吸引读者保持其对阅读的持续兴趣。阅读推广需要注意的方面太多，不仅要针对不同群体采取不同推广方式，推广内容需要的阅读环境也相当重要。因此，阅读活动的包装、宣传、评估、反馈及阅读环境的建设等方面都是推广机构需要积极思考的问题。比如阅览室的设计，从感觉的角度出发，推广机构要考虑墙体、桌椅、地板等色彩的搭配，还要注意光线的明暗、物体安置的距离、绿色植物的摆放等，否则会引起读者视觉疲劳。此外，阅览室分区要清晰明显，书架、书桌的摆放尽量形成对比，对一些提示性、警示性的重要标志应当用鲜明的颜色或形状区分开来，整体上色彩搭配合适、分区合理、视野明亮，大方美观的阅读环境才能长久地留住读者。

知觉以感觉为基础，是"对感觉的信息进行组织和解释，并且赋予意义的加工过程（约翰·W.桑特罗克，2011）"。通过知觉，我们才能对事物有一个完整的印象，从而了解其意义。知觉是人的一种主动对信息加工、推论和理解的行为，受过去经验、言语思维、当前环境和未来计划的影响，因此时常出现感知与现实不符的情况。由此，为了避免受众产生感知偏差，在阅读推广时我们应该注意：尽量给读者提供简明扼要、清晰易懂的推广内容，否则会引起受众的判断失误，增加其认知负担；理解受众的阅读目的，提前预期受众的阅读动机，确保其在每一次的感知过程中能够迅速集中注意力，及时获取需求信息。

人的感觉器官都有感觉适应阶段，若刺激过度，则会造成读者对刺激物的感受能力降低，产生边际递减效应，因此，在做阅读推广时要把握适度原则。

（二）记忆力与阅读推广

19世纪末，著名的德国心理学家艾宾浩斯开创了记忆实验研究的先河，由此，记忆问题备受心理学家、生理学家的关注，并且在此基础上取得了诸多有价值的研究成果。所谓"记忆"，是指"人脑对过去经验反映的心理过程"（王有智，欧阳仑，2003）。根据记忆内容与对象的不同分类，记忆可以分为形象记忆、语词逻辑记忆、情绪记忆和动作记忆。

形象记忆重在感知事物的形象，是一种直观、感性的记忆，它是直接对客观事物的形状、大小、体积、颜色、声音、气味、滋味、软硬、冷热等具体形象和外貌的记忆，具象的形态是通过视觉被直接感知的，更容易与人们记忆中的形象产生类比和共鸣，形象化的表现有着更大的接受群体。对于阅读推广海报的制作来说，使用形象是一个福音，经过美化的文字、形象、与文字紧密结合的形象更容易让人产生共鸣，使人记住。

语词逻辑记忆称为意义记忆或词的抽象记忆，主要是以学过的知识、概念、判断、原理、公式等为内容的记忆，是人类保存经验的主要形式，它随着抽象思维能力的发展而发展。在阅读推广中，充分考虑产品的品牌，或者概念性的常识，可以及时调动人们记忆中的知识和经验板块，加深对推广内容的印象。

在阅读推广过程中，还可以利用情绪记忆和动作记忆来加强活动效果。情绪记忆是对体验过的某种情绪（如喜、怒、哀、乐等）或情感的记忆，而动作记忆则是以操作过的动作、运动、活动为内容的记忆，属于形象记忆的一种特殊形式。在阅读推广过程中可以据此多开展一些邀请受众参与的阅读互动活动，比如"真人图书馆""读书沙龙""诗词吟诵"等，不仅吸引受众眼球，更能加强受众对阅读推广内容的记忆。

（三）注意力与阅读推广

战国时期思想家荀卿有言："心不使焉，则白黑在前而目不见，雷鼓在侧而耳不闻。"说明一切心理活动的进行都离不开注意，注意总是和心理过程紧密联系在一起的。在注意力经济时代，吸引并维持受众的注意力是阅读推广成功的关键，唯有创新推广活动，抓住受众阅读心理，用新颖、接地气的推广方式提供可信赖的阅读内容，才能更好地激发受众的阅读兴趣。

通常情况下，人们比较容易从他们所关注的事物上分散注意力，但也能够做到过滤其他刺激而只关注一件事，人们的这种高度集中且具有选择性的注意对阅读推广的启示就是：受众的注意力通常会被移动的物体、人物画像、美食图文等吸引，突发的噪声和与危险相关的图文等也会引起他们的注意。阅读推广活动可以充分利用电影、动画等可移动的物体及人脸、美食等直观图片吸引受众的眼球，设计更符合其认知的方案。

通过心理学研究发现，人们在浏览信息时，视知觉分配并不均匀，他们会更关注那些能够对自己形成视觉冲击或较符合自己审美的部分。因此，在阅读推广中，推广媒介界面的设计和海报的设计布局应该锁定读者群特点，找准其视觉冲击点，设计出符合该目标群体审美的宣传材料，才能引起他们的注意。研究还表明，人眼在看网络界面或者纸质页面的时候，通常是对左上角区域较为敏感，这就意味着设计者要格外重视左上角部分，重要信息集中于此，以便第一时间为受众获取关键信息。

此外，新形式的推广活动能够激励更多读者加入阅读队伍。随着网络媒体的发达，阅读推广活动能够很好地实现线上线下的完美结合，比如线上借助各种媒体手段发布活动内容、微电影、微视频等进行宣传，线下则举办丰富多彩的阅读推广活动，如经典演读、读书沙龙、以书会友、知识竞赛等。线上线

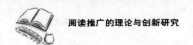

下相结合既为受众提供喜闻乐见的表现形式，也为其提供了新的社交平台，以书会友，分享心得。

（四）动机理论与阅读推广

动机是在需求的基础上产生的，在心理学上一般被认为涉及行为的发端、方向、强度和持续性。动机理论就是对动机这一概念所做的理论性与系统性的阐释，20 世纪 50 年代，马斯洛的动机理论"需求层次论"受到心理学界的普遍重视，他以追求自我实现为人性的本质。马斯洛的七个"需求层次"分别为：生理需求、安全需求、归属与爱的需求、自尊需求、求知需求、审美需求、自我实现需求 (王有智, 欧阳仑, 2003)。根据人类对自尊的需求、求知需求、审美需求和自我实现的需求，必然对知识有强烈的追求心理，而阅读是最佳的一种休憩和充电的方式，对阅读推广来说，动机是促进全民阅读的关键因素。

动机的激发是指在特定情境下，使之主动参与到阅读中去，促使受众心理过程积极化，并实现价值内化。

动机理论还启示阅读推广机构注重适时、合理的奖励，以此来激励和强化受众的阅读行为，加强其阅读动机。合理的强化方式是提高受众参与积极性的重要手段，比起类似强迫阅读的物质奖励而言，精神奖励更有效且能培养受众对阅读的长期兴趣。进步可以带来强大的动力，人们喜欢不断进步的感觉，通过阅读掌握新知识或新技能可以让受众更具满足感，通过精神激励可以激发读者内在阅读动机。

第二章 阅读推广方式与工作机制

　　党的十九大以来，全民阅读与阅读推广不断出现在社会各个组织层面，并在家庭教育、能力提升、人才培养、修养心灵等方面日益显现出巨大发展空间，国内外越来越多的阅读推广组织不断发展成熟，阅读推广项目的影响力日趋扩大；与此同时，越来越多的阅读推广组织开始意识到如何创新组织体制和制度，发展出与市场环境相融合的运行体系是新环境下现代阅读推广组织亟待解决的问题。

第一节 阅读推广的常见方式

一、推荐书目

　　随着 21 世纪信息社会的到来、生活节奏的加快，人们的阅读活动受到前所未有的挑战。如何阻止阅读率的持续下降，怎样才能使生活在快节奏中的现代人变得安宁，减少浮躁气，多读一些有利于提高个人素质的经典、名著、精品图书？其中，推荐书目发挥着重要的作用。推荐书目是阅读推广的重要手段之一，构建阅读社会可以从推荐书目开始。

（一）推荐书目的含义

　　《中国大百科全书》将推荐书目定义为："为指导读书治学或普及文化知识，选择适合特定读者群需要的文献而编成的目录，又称选读书目、导读书目。"从图书馆学的角度来看，推荐书目是一种根据不同的阅读对象指定的书目，这些书目需要针对某一问题精心选编，让读者能有更加深入的了解，进而引导读者知道自己应该选择什么书来读，形成系统的理论知识。推荐书目是一种快速有效帮助读者的方式，也是当前图书馆阅读推广工作的重要方法。

　　推荐书目在我国起源很早，敦煌遗书中有唐末流传于城乡居民中的小类书《杂钞》，载有一个包括21目共25部书的书目，已被视为迄今发现最早的推荐书目。清代学者王鸣盛就曾说过，"目录明，方可读；不明，终是乱读"。书目，特别是那些指导阅读性的推荐书目，在我们购书、藏书和读书时，均可提供重要帮助。在中国古代的书院、私塾教学中，就已开始向学生讲解读什么书、怎样选书等。到了近代，书目指导推荐读书的作用就愈加明显。当今社会对全面人才的需求，使得图书馆丰富的文献资源也逐渐成为推动人才发展的重要因素，引导读者多读书、读好书，也将成为高校图书馆的工作重点。

（二）推荐书目的作用

　　推荐书目是读者阅读选择过程中的重要辅助工具。在浩瀚的书海中，读者常常会出现不知如何选择的困惑，推荐书目以其针对不同读者选定不同主题进行图书推荐、指导读者选择合适的阅读材料和方法、对现有图书给予客观评价供读者参考、促使人们通过对优秀推荐书目的使用形成良好的阅读习惯和价值理念等优势而受到众多读者的青睐。"推荐书目在读书活动中起着十分重要的作用，因为它解决了读什么书、怎样去读书这一首要问题，一份推荐书目往往就是优秀图书的宣传广告。"通过书目推荐为好书找读者、为读者找好书，对提高读者的阅读水平和使用文献效率有着十分重要的作用，同时也提高了馆藏图书的利用率，实现了图书馆阅读服务的创新。

1. 引导读者阅读，更好地利用馆藏

通过书目推荐，一方面，对读者的阅读目的、阅读内容及读书方法给予积极教育和引导，从而影响读者选择图书的范围，引导读者正确领会图书中的知识，在多元化的推荐模式下，读者会主动阅读更多、更深层次的图书，同时避免了在查阅图书时面对海量的馆藏图书不知从何下手、找不到自己所需的问题，提高其阅读水平和图书使用效率，进而提升读者的人文素养；另一方面，图书馆每年花费大笔经费购置中文图书，但这些图书很多都零借阅或借阅率很低，通过书目推荐，让读者更好地利用馆藏，解决了每年新书借阅率低及零借阅图书较多的问题，从而提高了馆藏资源的利用率。

2. 激发读者的热情，创新阅读服务

新形势下，图书馆的功能不再单一，书目推荐成为图书馆读者服务的重要手段，深化推荐书目工作是图书馆转变服务理念、创新工作模式的一种表现。推荐书目不仅可指导特定的人群读哪些书、如何读书，如何有效地提高文献利用率，以及阅读的层次，更能激发读者爱书、读书的热情，提升读者的人文素养，实现图书馆的阅读服务创新。正如台湾作家子敏先生所说："书单子很能刺激读书欲，很能培养爱书心，常读书单子的，早晚会成为一个爱书人。"随着各种读书活动的蓬勃开展，推荐书目变得更加引人注目，并成为社会阅读活动中不可缺少的组成部分。

二、图书馆讲坛

讲坛，古已有之。早在春秋时期，孔子就已设杏坛讲学。《庄子·渔父篇》载："孔子游乎缁帷之林，休坐乎杏坛之上。弟子读书，孔子弦歌鼓琴。""杏坛"后来便被泛指聚众讲学的场所，而这可以看作是讲坛的最初形式。汉魏至唐宋，明清至民国，设坛授学之风绵延不绝，迄今已有 2000 多年的历史。如今，讲坛已经成为文化、教育领域中一道绚丽的风景线，不仅受到广大学者、专家的青睐，更受到了各阶层群众的欢迎。

图书馆的历史十分悠久，近代公共图书馆的建立使得社会真正摆脱了知识被少数人垄断的局面，社会公众获得了平等享有知识的机会。现代图书馆的发展则是其业务活动的每一个环节都与读者服务有关，工作重心从"书本位"向"人本位"转移。或图书馆不但引导公众探索知识，并向社区及家庭延伸，逐渐成为社区文化的组成部分，是信息传播与交流的中心，也成为终身教育和文化娱乐的中心。在图书馆设立的公共讲坛即图书馆讲坛，是将二者各自的所长相结合，各地图书馆对此都进行了有益的尝试。如上海图书馆"上图讲座"、国家图书馆"文津讲坛"、首都图书馆"首图讲坛"、天津图书馆"海津讲坛"、黑龙江省图书馆"龙江讲坛"、吉林省图书馆"长白讲坛"、辽宁省图书馆"辽海讲坛"、山西省图书馆"文源讲坛"、山东省图书馆"大众讲坛"、浙江图书馆"文澜讲坛"、湖南图书馆"湘图讲坛"、广西壮族自治区图书馆"八桂讲坛"、武汉图书馆"名家讲坛"、长春图书馆"城市热读"、大连图书馆"白云讲坛"、佛山市图书馆"南风讲坛"、宁波市图书馆"天一讲堂"等，已成为各地颇具影响力的文化服务品牌。

（一）图书馆讲坛的特点

图书馆讲坛是丰富市民精神生活的重要阵地，是图书馆发挥其社会教育职能、智力开发职能、信息传递职能的重要载体，肩负着思想引导、知识引导的社会责任，以一种百姓喜闻乐见的形式，向公众宣传新思想、传播新知识。图书馆讲坛是图书馆对外服务过程中参与者最多的活动之一，其快速发展吸引了无数热心于学习的人。大众都把参加图书馆讲坛作为人生一件大事，自觉接受讲坛的熏陶，在各类讲座中获取文化滋养。图书馆讲坛主要有以下特点：

1. 内容的丰富性

随着社会的不断发展，人们对知识的需求范围越来越广泛，涵盖政治、经济、天文、历史、文化、法律等各个方面。为满足不同年龄层次、不同欣赏口味的听众的需求，各讲坛纷纷关注社会民生的热点、重点、难点，通过社会调研、现场与网络问卷调查、读者活动等方式了解公众的需求，经过多年实践，打造出了多个深受欢迎的系列讲座。讲座力求实现选题高端化与本土化相结合、传统文化类和实用类讲座相结合、专业性与普及性相结合，在凝聚时代感、超前性、实用性的同时，普遍注重地域文化的传播。如上海图书馆的"上图讲座"已形成"名家解读名著""信息化知识""世界与上海""新世纪论坛""知识与健康""东方之声"等18个系列讲座。浙江图书馆的"文澜讲坛"已形成"风雅钱塘""非物质文化遗产保护""国学与儒学""文学欣赏""文学解读浙江""国际形势""音乐""书画艺术""浙江文化名人""浙江历史文化""良渚文化""经济""古玩收藏与鉴定""家庭教育""投资理财""文化休闲""心理健康""戏曲名家""市民学法""创新创业""名校校长面对面""未成年人阅读辅导"等20余个系列讲座。讲座内容丰富多样、地域特征明显，并由各领域的知名专家学者担纲主讲，保证了内容的精品化。

2. 时间的持续性

图书馆讲坛具有时间的持续性强，经常化、通俗化，互动性强的特点。各讲坛都保持了比较高的讲座周期频率，一般于节假日定期开讲，一周一次或两次以上，"文津讲坛""上图讲座""首图讲座""湘图讲坛"的讲座每年达200场以上。相比电视讲坛、报纸讲坛、广播讲坛等媒体讲坛，图书馆讲坛具有明显的现场互动优势，组织者一般在讲座结束之前，都会留有一定的时间供主讲专家学者与听众互动，听众可以自由地就讲座内容和自己感兴趣的相关延伸问题向专家学者请教，专家学者有针对性地答疑解惑，在互动中进一步深化讲座效果。讲座在坚守思想性、学术性、综合性的同时，更体现出了普及性；讲座语言生动通俗，深入浅出，雅俗共赏，保证让不同层次的读者都能够听得懂。

3. 对象的大众化

图书馆讲坛以让老百姓享受公共文化成果为出发点，立足公共文化服务，使群众可以充分品尝各类免费的文化大餐，其吸引力、凝聚力经久不衰。各讲坛面向所有听众免费开放，不设任何门槛，讲座内容照顾不同年龄层次、不同受教育程度的读者，既为本市市民服务，也为外来务工人员服务；既为普通人服务，也兼顾弱势群体。大家平等地在这里吸纳知识，交流信息，提高文化素质。图书馆讲坛参与对象的大众化及普惠大众的公益性，使它成为吸引大众的最大亮点。

4. 鲜明的导向性

当今时代，多元文化并存给主流价值观带来的挑战异常严峻。用主流价值观引领多元文化，充分发挥主流价值观的导向作用，是图书馆讲坛的神圣使命。图书馆讲坛鲜明的导向性，使它成为大众了解主流价值取向的有益平台。

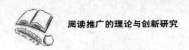

5. 形象的品牌化

各图书馆讲坛均拥有朗朗上口，或体现地域特征，或具有深刻文化与社会内涵的名称。如"文津讲坛"的名称来源于古代藏书楼"文津阁"；"大众讲坛"的名称通过向社会各界公开征名得来，其含义是：讲座的内容是面向社会民众的，讲坛活动由大众报业集团的《齐鲁晚报》与面向社会提供公益服务的山东省图书馆主办。2010年，天津图书馆将讲坛正式命名为"海津讲坛"。2011年，吉林省图书馆将讲坛正式命名为"长白讲坛"，除了特定的名称外，各图书馆讲坛还拥有标志性徽标。一些讲坛特意请专业人士设计讲坛徽标、宣传手册、海报、入场券、会场整体效果图等，如"名家论坛""上图讲座""文澜讲坛"等为自己的公益服务品牌进行了商标注册。2011年3月，为进一步打造"天一讲堂"文化品牌，凸显其独特性和标志性，宁波市图书馆面向全国公开征集"天一讲堂"主题logo和主题宣传语。各图书馆讲坛还确立了特点鲜明的服务理念和宗旨，形成了讲坛独特的定位。"上图讲座"将"城市教室""市民课堂"作为品牌理念，把传承文化、传播知识、陶冶情操、指导人生作为组织使命。"文津讲坛"以弘扬中华民族优秀文化传统，彰显和培育"爱国至上"的人生观、价值观、道德观，以增强民族凝聚力为目的。"天一讲堂"以传播先进思想、发扬前沿文化为理念，以服务市民、提升城市文化品位、引领宁波文化发展为目标。各图书馆讲坛讲座的选题、内容、质量、主讲人是讲坛品牌形象的核心构成。此外，固定的听众群体、举办的周期频率、传播方式等成为各讲坛品牌形象的重要组成部分。

6. 传播的立体化

各讲坛与电视、电台、报纸、网络、期刊等各种媒介建立合作关系，宣传、传播讲座。各讲坛还纷纷建立网页，在网上发布讲座内容及讲师、讲座时间等相关信息，有的还提供讲座视频点播。"南风讲坛"还建立了博客，通过博文传播讲座内容。经主讲人同意，一些讲坛将精品讲座内容结集正式出版，使讲座的受众面进一步扩大，影响更加深远。各讲坛还对现场讲座录音、录像，进行数字化加工，制作成光盘等音像资料，向社会、学校、机关、企事业单位等赠送，并将精品讲座数字视频上传至网络和全国文化信息资源共享工程国家中心，扩大讲座服务范围。

（二）图书馆讲坛的功能

图书馆讲坛是文化与公众之间的桥梁，具有公众的精神家园和公共教室的功能。作为具有一定地域影响力的公益性系列文化讲座，图书馆讲坛正以其不同特色、不同运行模式在社会科学普及和公共文化服务领域发挥着积极的作用。这主要在于图书馆讲坛具有以下功能：

1. 教育功能

图书馆讲坛是传播知识、交流思想的有效方式。图书馆是由国家和地方政府财政资金支持、向所有人提供信息知识服务的公共服务机构。其具有传道解惑、信息传递、智力开发等功能，发挥着没有围墙的大学的作用，可以开发民智、引领学习，培育公众的好奇心，其中教育功能最为突出。

2. 服务功能

图书馆讲坛因为可以满足人民群众多样性、多层次、多方面的文化需求而受到广泛的关注和欢迎，在传播先进文化、拓展教育功能、实现平等服务和促进社会和谐等方面起到了积极的作用，是图书馆参与构建公共文化服务体系的有效方式。图书馆讲坛为服务社会、服务地方、服务百姓、服务文化提供及时、便捷、有效的信息资源，因而服务功能不可忽视。

3. 交流功能

图书馆讲坛是文化传播和交流的重要阵地，包括学科间、历史间、民族间、国家间文化、科技的交流与鉴赏，也包括图书馆同行间、师生间、受众群间的交流。公共讲坛的形式与目的都离不开交流。

4. 创新功能

图书馆讲坛在对文化、科学知识进行选择、优化、存储、传播的同时也在加工创造，促进文化、科学知识的更新，使公众形成新的思考和新的认识，促进文化与科技的进步。公共讲坛以其独特的魅力在公共图书馆宣传先进文化、启发公众智力、活跃思想、培养科学创新思维能力方面发挥了重要的作用。

三、读书会

随着图书馆阅读推广工作的开展、公民阅读意识的觉醒，各种类型的民间阅读组织纷纷涌现，以独有的姿态成为推动全民阅读的重要力量。读书会作为一种公众乐于参与的阅读活动，受到了图书馆的青睐，越来越多的图书馆开始举办读书会，以吸引用户参与到阅读中来。读书会是一种基于"共同阅读"的集体阅读形式，最早兴起于瑞典，在美国、日本以及我国的港台地区得到蓬勃发展，近几年在我国大陆地区也发展迅速。图书馆组织的读书会以及民间读书会成为阅读组织的重要组成部分，它们以创新的服务内容、多元的服务形式推广阅读理念，推动全民阅读。

（一）读书会的定义和特点

早在 18 世纪末期，欧洲一些博学多才的人就为当时的市民阶级提供阅读材料，以启蒙的姿态试图教育所谓的下层民众。通过这种方式，受教育的民众扩展到了从事工商业的小资产阶级，文化知识从原本由精英、特权阶层掌握逐渐向普通民众传播。而在美国的"读经运动"中，早期清教徒以家庭为单位在炉边读经，阅读材料偏重于宗教内容，后来阅读领域逐渐拓宽。1870 年，美国发起了基于成人教育运动的 Chautauqua 集会，一时风靡整个西方，成为西方读书会的雏形。受此影响，瑞典中学教师奥斯卡·奥尔森（Oscar Olsson）以"每个人都应该自己教育自己"为理想，于 1902 年在瑞典南部的隆德（Lund）创立了第一个现代意义上的读书会。发展至今，瑞典国内几乎每个乡村都有读书会，其数量超过了 30 万个。欧美是现代读书会发展较为成熟的地区，英格兰和威尔士共有 1 万个图书馆组织的读书会，拥有 10 余万会员，而美国，仅西雅图公共图书馆便拥有 400 个读书会。我国对读书会的报道可以追溯至民国时期，自新文化运动后，民众读书的风气日益高涨，以读书会为名的组织大肆兴起。此外，尚有读书社、读书处、读书劝导会、读书互助团、读书谈话会、读书班、读书研究会、读书竞进会等群众性的读书团体。"当今社会，民众的学习愿望更强，读书会这样的组织形式得到了越来越多的知识分子的认同，以我国台湾地区为例，《2003 年文化统计》显示，台湾地区登记在册的社区读书会有 1278 个，学校读书会有 6141 个，大约有 10000 个读书会在运作。

100 余年来，读书会得到了蓬勃发展，但是目前，学界对读书会并没有一个统一的定义，不同地区对读书会的叫法也不同。有的地区将读书会称为学习圈，有的地区称为书友会、阅读小组，还有的地区将读书会称为读书俱乐部。瑞典官方成人教育文告规定，读书会是指一群拥有共同阅读兴趣的读者根据事先确定的题目或者议题，共同进行的一种有方法、有组织的学习活动。《成人教育辞典》将读书会定义为：一群人定期聚会，针对一个主题或者问题进行的有计划的学习。虽然这两种定义表述不同，但都表明读书会是由一群人针对某个主题或问题进行讨论和学习的活动。读书会的参与者通常是拥有读书意愿的人，他们共同决定聚会时间、地点、阅读书目以及阅读研讨方式，通过切磋、分享、交流、讨论等方式，达到拓宽视野、提高素质、共同成长的目的；相同的志趣，是建立读书会的前提，也是决定读书会主题的主要依据。

和图书馆的其他活动不同，读书会具有小众、自由和对话方式独特的特点。首先，读书会受读者的阅读进度和时间安排的影响较大，如果参加的读者过多，图书馆的工作人员很难把控现场的秩序，也无法保证每一个读者都有分享观点的机会。因此，为了保证读书会现场的秩序和交流的有效性，参加读书会的读者数量不宜太多，一般应控制在 20 个人以内。其次，读书会的另一个特点是自由。在读书会中，读者可以根据自己的心得体会和阅读感受自由表达观点，不需要考虑观点是否正确。再次，读书会没有固定的活动形式，以读者自由发挥为原则，鼓励读者多表达、多交流，让读者在一个开放包容的环境中畅所欲言。最后，区别于其他阅读推广活动，读书会拥有一种独特的对话方式，即融合了主导与对等、辩论与交流。读书会通常有一个组织者，由其控制整个活动的进度和节奏，保证每个读者都能表达自己的观点，同时又能尊重客观事实。在整个讨论的过程中，每一个读者都要遵从"尊重他人、和平对话"的原则，不做人身攻击，有逻辑地进行对话等。

（二）读书会的分类

在读书会分类方面，学界目前有以下几种划分标准：依照主办单位，可分为社区读书会、班级读书会、图书馆读书会和家庭读书会等；依照服务对象，可分为少儿读书会、老年读书会、残疾人读书会等；依照语种，可分为中文、英文、日文、法文读书会等；依照传播方式，可分为面对面读书会、在线读书会和电视读书会。

郑洵依照组织者，将读书会分为院校类读书会、公共类读书会和民间读书会，现介绍如下：

1. 院校类读书会

它是指在我国高等院校内开展的读书会，以阅读相关领域的专业书籍为主，是学术交流、教学实践的重要形式。例如，西北政法大学主办的终南山法学小组读书会，其目的是培养一批潜心学术、视野开阔、知识渊博的法律人才，每期读书会都由本校教师主持，邀请 1～2 名校外嘉宾，围绕一本法学著作展开，包括主题报告、读书报告、评议、自由讨论、嘉宾点评等部分。再如，浙江大学清源读书会，每期由教师带领学生进行阅读、分析、交流与提问，旨在"提倡读书之风，分享读书之趣"。

2. 公共类读书会

它一般指由图书馆或相关文化事业单位组织开展的读书会，是推动社会阅读最重要的方法之一。当下，该类读书会正处于起步阶段，但越来越受到政府部门的重视。各级县、市文教单位都陆续举办了面向民众的读书会，如株洲市教育局团委主办的"良师益友该书分享会"。此外，还有社区街道组织的读书会，如全国第一个老年读书会——上海黄浦区金陵街道老年读书会以及宁波北仑区大碶街道高田王社区组织的残疾人"不倒翁读书会"，这类读书会可以有效地激发民众的阅读兴趣，培养阅读习惯，提升阅读能力，推动全民阅读风气的形成。

在公共类读书会中，由图书馆举办的读书会发挥着主要作用。我国台湾与香港地区在这方面做得较为出色。1987 年，台北市立图书馆民生分馆第一个读书会——现代女性读书会成立；同年，高雄市立图书馆成立了"知性书香会"，发展至今已有 14 个小组；台中市立图书馆也在 1992 年及 1994 年相继成立了"台中图书馆读书会"和"台中图书馆小朋友读书会"。在香港，包括香港区、九龙区、新界区在内的 36 间公共图书馆分馆联合举办了"青少年读书会"，香港中央图书馆及 6 间公共图书馆分馆还举办了"青少年英文读书会"，旨在鼓励青少年持续阅读。此外，香港中央图书馆以及 7 间公共图书馆分馆还开展了"家庭读书会"活动。在内地，较为典型的读书会有南京图书馆举办的"陶风读书会"和广州图书馆举办的"亲子读书会"。前者成立于 2009 年，以"阅读古代经典、了解传统文化、提升个人修养、增进文化认同"为宗旨，以"听读、跟读、讲解、复读"为主要形式，阅读书目包括《论语》《诗经》等传统国学经典；后者的参与对象为 4～6 岁的儿童及家长，以鼓励孩子们通过绘本来思考、分享与探索。此外，还开展了英文亲子绘本故事会系列活动。

3. 民间读书会

2014 年，由北京共同阅读促进大会暨首届民间读书会发展交流大会发布的《北京民间读书会发展研究报告》认为，民间读书会通常是指"由三人或三人以上参加的群体性阅读活动的民间组织"，其特征是群体性阅读，且由民间发起、引导和运作。民间读书会的投资、组织与举办主体非院校和政府，而是公司、企业、个人或群体。

根据组织者的不同，民间书会又可以分为两类：一类由民营企业或个体举办，目的是在推广阅读、传播文化的同时，兼顾对自身产品及品牌的营销。民营企业或个体举办的读书会有以互联网为依托、以独立书店为依托、以民营博物馆为依托和以文化、咨询、出版等公司为依托四种方式。这类民间读书会能紧跟社会热点，针对民众的兴趣点，开展内容丰富、形式多样的读书交流活动，由于背后有相对稳定的投资主体以及专业团队进行组织管理，在场地、资源、人力以及经费上拥有优势，具有一定的稳定性和可持续性。另一类是由个人或群体自发组织成立的，不带有商业宣传目的，旨在以书会友的"聚会"。这类读书会的成立，基于组织者与参与者共同的阅读兴趣，规模较小，却遍布城市的各个角落，聚集着不同的思想和话语，成为城市中温暖人心的一股力量。这类民间读书会以相同的阅读趣味为纽带，形成了主题各异、特点鲜明的"朋友圈"，大家注重书籍的阅读、分享、交流和讨论，以此获得归属感与认同感。不管是哪一类民间读书会，基本上都是以"线上组织、线下活动"的模式来运营的。比如，通过豆瓣网建立独立小站发布信息、组织会员、记录过程以及共享相关文字、图片、视频等资料，书友们通过参阅网上信息，也能够有选择性地参加线下活动。

四、读书节和读书月

1995 年，联合国教科文组织宣布 4 月 23 日为"世界读书日"，得到世界各国的响应，各国的出版社、图书馆、作家每年都积极组织、参加各种图书宣传活动。我国 1997 年由宣传部、文化部、国家教委等 9 个部委共同发出了《关于在全国组织实施"知识工程"的通知》，并提出实施"倡导全民读书、建设阅读社会"的"知识工程"，2004 年将每年的"全民读书月"活动交由中国图书馆学会负责承办。中国图书馆学会为了实施"知识工程"，进一步激发全民读书的热情，推动学习型社会、学习型组织、学习型家庭的建设，在全国范围内多次举办大型活动，使全国公众对"世界读书日"有所了解。在"知识工程"的影响下，全国各地中小学、高校图书馆以及各级市政机关纷纷组织并举办了丰富多彩的读书节、读书月活动。这些活动已成为社会文化系统建设不可缺少的一部分，而活动中各项工作的组织和协调将直接影响读书节、读书月活动的举办，以及今后这些活动的继续开展。如何组织好读书节、读书月活动的各项工作，使读书活动开展得有条不紊、卓有成效，需要我们努力探索和创建行之有效的工作机制和管理方法。

读书节、读书月活动是一项社会文化系统工程，需要集合全社会的力量推行。图书馆承担着传承社会文明、传播知识信息的重要职责，尤其是在推动全民阅读、提高人民群众的思想道德素质和科学文化素质、推动社会进步中发挥着重要作用。

1. 推进图书馆的阅读推广工作

读书节、读书月活动体现了图书馆作为阅读推广主力的作用。读书节、读书月活动开展的中坚力量是图书馆。图书馆作为社会文化传播的重要机构，在推动读书节、读书月活动的开展上具有绝对优势。与出版机构推广阅读、促进读物销售的目的相比，图书馆的读书节、读书月活动更具中立性、公益性和客观性。这可以从两个层面来分析：行业协会的宏观布局与各图书馆的具体实施。开展读书节、读书月活动真正体现了图书馆作为阅读推广主力的作用。作为保存、收藏人类文明成果的社会机构，图书馆为读书节、读书月活动的开展奠定了基础，凭借自身的优势，在引导阅读、满足不同层次的阅读需求、保障弱势群体的阅读权利、促进阅读方面发挥着独特的作用。当前，各级图书馆都定期举行丰富多彩的读书节、读书月活动，开展不同类型的阅读推广工作，如推荐书目、阅读空间布置、市民学堂或专家讲座、晒书大会、图书漂流、换书大集、诵读经典、送书下乡等，有些城市融合新媒体所举办的读书节、读书月活动已成为阅读创新的特色与品牌。

2. 扩大图书馆的社会影响

图书馆具有公共、公益和共享的性质，是国家为保障公民自由、平等地获取信息和知识而进行的制度安排。最大限度地满足每一位公民对信息和知识的需求，是图书馆应尽的职责，也是图书馆义不容辞的责任。图书馆有广大读者和社会的信任，有大量的各种形式的文献资源、先进的网络设施和技术服务手段，能够满足大众多种形式的阅读需求。举办读书节、读书月活动，图书馆可以进一步强化读者的读书意识，共同营造浓郁的文化氛围，加快精神文明建设的步伐，扩大自身的社会影响。

3. 促进人的全面发展的现实需要

人的能力来自两个方面：一是先天的、与生俱来的；二是后天通过学习、实践获得的。先天的能力是基础，后天的学习和实践可以激活先天的潜在能力；同时，借鉴他人的知识和经验，使能力的提高产生加速和累积效应。读书是让自己的能力得到提高和升华的一个良好平台，谁忽视了这个平台，谁就会被时代所抛弃，被知识所遗忘。开展读书节、读书月活动，为每一个有学习意愿的社会成员提供多层次、多形式的读书服务，是全面提高国民素质、切实促进中华民族全面发展的重要手段。读书可以提高人的修养和境界，能净化人的思想、纯洁人的心灵，引导和教育人们做一个纯粹的人、高尚的人、脱离了低级趣味的人、有益于人民的人。在当前新的读书无用论有所抬头、不爱读书的现象比较普遍的情况下，更应该倡导读书，提高全民的文化素质。读书可以提高人的生存能力和生存本领。现代社会各个方面的发展日新月异，人民群众的实践创造丰富多彩，各种新知识、新技能层出不穷，人们难免产生知识恐慌和本领恐慌。只有通过读书，不断更新知识和技能，才能立于不败之地。

五、图书评论

书籍的价值在内容方面体现为有知识性、科学性、思想性，而这些价值的体现要通过解读、鉴赏、分析、批判等手法，对书籍做出正面或负面，或者正、负比重方面的评估，这种评估就是图书评论，简称书评。书评是以科学的观点，对图书进行实事求是的、科学的、有见解的评论，剖析图书的优劣，评议图书的思想性、科学性、知识性、实用性、艺术性和影响力，并利用各种传播媒介进行广泛宣传、揭示报道各种文献信息载体的方法和文体。书评可向读者提供题名、著者、出版者、作品内容、作品价值及作品形式等图书信息，能以真实、准确、客观的评论，为读者搭建通向书籍的桥梁。书评的时代性强调了其社会义务和文化功能，给人以新的信息、新的知识。因此，书评可以指导读者阅读，引导读者明辨是非，满足读者的多样化需求，帮助读者正确认识新书，及时了解书的核心内容、价值及书评作者的感悟，从而为读者导航引路、指点迷津，提高其阅读效率；同时，也能为馆藏书籍寻觅合适的读者，提高图书利用率。

（一）图书评论的作用

图书评论并不是简单地对书刊进行评论，而是对出版物的外在和内在所产生的正负两方面影响进行评价，它有着与生俱来的批判性，正是这种特性使得其在阅读推广中更具严肃性。严肃而又认真的图书评论在图书馆阅读推广中起着重要作用，具体表现为以下两点：

1. 引发阅读，满足需求

图书评论是引导读者走向图书的桥梁。印度图书馆学家阮冈纳赞提出的"图书馆学五定律"的第二条指出，应让"每本书都有其读者"，图书评论正是达到这一目的的重要辅助手段。实际上，学习性的专业图书更需要好的学术评论来帮助读者判定书的优劣。美国一家知名的大型科技出版社曾做过问卷调查，询问专业书和科技书读者买书主要受什么因素影响，几千名读者的回复表明：60% 的专业书借阅者、购买者是受书评的影响。

读者可以通过图书评论体会一本书的内容、特点、价值以及作者想表达的深刻思想内涵，最终激发读者的阅读欲与求知欲，从而让图书"走出去"，实现其文化教育与传播价值。一篇优秀的图书评论具有鲜明的评价性、明确的选择性和很强的引导性，能使读者读书前在认知、情感、意向方面做好准备，形成良好的阅读心态；在阅读之后又能指导读者就作品进行分析，发掘作品的精华，提高阅读层次。

随着科技的不断发展、出版物品种的日益增多，读者的阅读需求也发生了变化，越来越体现出多样化、个性化。以大学生读者为例，理工科的大学生需要社科类书籍（如文学、心理学、哲学、经济、管理及外语类的图书）增加知识面，文科大学生同样需要计算机、生活保健、科普类书籍来完善知识结构。图书评论所具有的桥梁作用，能帮助读者了解图书的核心价值、内容，提高图书利用率，满足学习不同学科知识的需求。

2. 促进创作，繁荣文化

首先对作者而言，书评有利于"百花齐放、百家争鸣"，促进学术的发展和创作的繁荣。学术的昌盛、文化的进步需要书评的繁荣。书评是贯彻"百花齐放、百家争鸣"方针的重要形式，通过开门见山的评论辨析、开诚布公的"短兵相接"，促进科学的发展和学术的繁荣。学术研究和对学术研究成果的评论，是推动学术发展的两个杠杆。书评对作者的创作具有指引作用，可以影响作品的质量。正确的书评能鞭策作者继续创作出高质量的作品，为读者提供更加精美的精神食粮。书评还能帮助著译者发现缺点甚至错误，在重印再版时增删或修正，以免以讹传讹。书评家是作家的一面镜子，他使作家清醒、建立起自信心，可以荡涤社会的不良舆论，以显现作品的真正价值。杰出的书评家眼光锐利、感情热烈，有自己的人生理想、社会理想和艺术理想，有宽广的胸怀，为人类而执笔，为真理而评论。因而好的书评能深刻揭示图书的思想意义和社会意义，促进图书质量的提高。书评对学术研究具有导向作用，影响着学术事业的兴衰沉浮。如果说创作是"刀子"，评论就是"磨刀石"。学术与书评、作者与书评家总是相互依存、相互促进的，书评甚至能影响作家的前途命运。好的书评能够给作者以启迪和力量，发现和扶植优秀人才。其次对文化而言，书评是社会主义文化的重要组成部分，是现代文化大厦不可缺少的梁柱，是繁荣文化的重要一环。众多书评释放出的文化能量，使它日益成为社会大文化系统中的一个子系统，即书评文化。人们日益受到书评文化的熏陶，以至逐渐影响到了人们的文化精神和民族的文化素质。有道是"三分书，七分评"，优秀的书评对众多的出版物不但有所鉴别、推荐、赞赏、批评，对其思想内涵也有所发挥、提高，发人之所未发，言人之所未言。书评业的兴旺已成为当代世界文化事业的一种倾向，一些国家重要的报刊都有书评专栏。书评是创造性劳动，伟大的书评家见解独到，敢于批评，公平公正，不仅具有良好的哲学素养，而且具有丰富的美学知识、社会学知识和伦理学知识。在国外，书评被视为学术著作，一些优秀的书评还被列入大学必修课程。书评已成为一种职业，书评家与剧评家、影评家同享盛誉。书评表面上评的是"书"，实质上导的是"人"，是"评书育人"，对人类、社会、作者、读者负有重要使命，发挥着引导、指导、倡导和督导的作用。我们应当充分认识书评的重要作用，使其真正成为社会主义文化建设中一股不可忽视的力量。

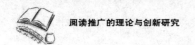

（二）图书评论的种类及写作方法

图书评论作为一种推介、评论新书的文体，"引领阅读"的文字，日益受到公众的关注。图书评论写作正呈现出蓬勃生机，写好图书评论已成为现实需要。为此，要明确图书评论的种类及写作方法。

1. 图书评论的种类

按写作内容的侧重点不同，可将图书评论分为介绍性书评、随感式书评、赏析评介式书评和论文式书评。

介绍性书评是以介绍图书的内容为主的写作式样。但要强调的是，即使以介绍为主，也应带有明显的倾向性和鲜明的观点，不能单纯地复述书的梗概，复述不是书评。相对来讲，这种书评的写作比较简单，客观性较强，媒介上常出现的"新书评介"等栏目往往属于这一类。书评家通常会对图书的内容做一个较全面客观的介绍，同时也会谈到自己对该书的倾向和观点，当然往往是赞扬、肯定的观点居多，且较略。

随感式书评是以抒发、谈论书评者在阅读之后所产生的思想、感触、意绪为主的写作式样，相对来讲主观的成分较多，谈论书籍的内容也不以全面做要求，带有较多借题发挥的味道，书只不过提供了一个触发点和契机，读者自发性的书评往往属于这一类。

赏析评介式书评多用于文学作品，或大而言之，多用于艺术类作品。这类作品之所以让人手不释卷，欲做书评推荐给别人看，是由于其独特的审美意象和情感。要让人把握、领略其好，也应从审美方面把握、分析，帮助读者拓展作品中人物、环境等的美学空间。相对来讲，这类书评更要求主客相融：一方面，书评者必须立足客观文本所提供的基本人物、情境，细细研读，深入领会；另一方面，书评者主体又要超越文本客体，在不违背文本情境逻辑的基础上做更深入的拓展分析和评论，使读者领略其美、其妙。因此，写作这类书评需要作者具有较高的文学艺术理论修养。

论文式书评是难度最大的一类书评，因为这种评论不是随意的、零碎的，它带有论文的思辨、严谨和全面，要求书评者的功力深厚，既要有对作者、著作的深刻了解和把握，又要有相关的理论知识、学科背景、社会背景等方面的学养积累。这样在写书评的时候，才能够做到有理有据，有思想、有深度且较为全面和客观。这类书评往往是新闻编辑等专业人员和有关方面的专门研究者才能胜任，其阅读范围也相应地较为专业和狭窄。

2. 图书评论的写作方法

书评的写作虽有难易轻重之分，但从写作程序及方法上看，大致仍有以下步骤：

（1）选择图书。编制推荐书目有一个选择图书的问题，写书评更要注意图书的选择，为书评选择图书对象通常立足一个"新"字。这里所谓的新，并非指那些刚刚出版发行或刚刚到馆的新图书。它有三层含义：第一，内容新颖。所选书评对象最好是那些能够反映当今文化学术领域和科学技术领域内的新潮、新趋势、新知识的图书。第二，见解新颖。有些图书的内容在学科、专业上并不一定新颖，但由于作者功底深厚、学识渊博、表现手法独特，尤其是在见解上另辟蹊径，因此这类图书也应纳入候选对象的行列。第三，现实性强。对于那些于国于民有利，或具有思想教育意义，或具有重要实用价值和经济效益的图书，绝不可等闲视之，同样是理想的评论对象。上述几类图书，有些以其反映的学科新、材料新而具有一定的创造性、超前性，有些以"老瓶装新酒"而富有新意，有些以其应用价值极强而在社会上引起了极大的震动。虽然形式不一，却都在读者中占有一定的地位。选择这类图书作为评论对象，最容易吸引读者，最容易取得开阔视野、启迪心智之效。

（2）认真阅读。书评者的职责是在图书中有所发现并有所揭示。要做到这一点，不坐下来认真阅读和深入研究，是绝对不行的。俗话说："十月怀胎，一朝分娩。"其实从书评角度看，书评者事先的细心阅读和研究就恰似"十月怀胎",没有这一艰苦过程的过渡,要想"一朝分娩"(发现问题、揭示问题)是绝对不可能的。评论前的阅读和研究是评论图书的前提。阅读和研究的过程,往往也就是判断和发现的过程。

(3)深入揭示。书评者的主要任务是向广大读者推荐好书。要推荐好书,就要指出好书的主要价值。既然选择一定的图书作为评论对象,对它们就不应当是轻描淡写、无关痛痒的评说,而应当是入木三分地揭示其价值。评论图书来不得含糊和浅薄,不然,即使再好的选题也会失掉大批读者,意义再现实也难以实现目的。

第二节　阅读推广的组织与保障

一、阅读推广组织

随着全民阅读在社会发展中影响的日益深化,阅读推广逐步融入政府、图书馆、大众媒体、出版单位等机构的组织意识,并促使这些组织逐步发展成为阅读推广的中坚力量;同时,随着新媒体技术越来越深地渗透至人们的阅读生活,个人图书馆、网络读书会、阅读推广应用等民间力量日渐繁荣,对丰富阅读推广的组织形态,完善阅读推广的组织发展起到极大的促进作用。

阅读推广组织是阅读推广活动的重要领导者、促进者和实施者。笔者通过归纳各国阅读推广组织的活动案例,结合组织管理理论,按主导力量的组织形式,将阅读推广组织分为机构主导型阅读推广组织和社会力量主导型阅读推广组织两个大类。

(一)机构主导型阅读推广组织

此处所说的机构主导型阅读推广组织主要是指由政府或专业机构主导的阅读推广组织。

由政府主导的阅读推广组织,主要是指国家及地方各级政府所属的文化、宣传及教育机构。这类组织在国家政策指导下,对强化阅读意识、提升阅读能力、提供宏观政策与指令,对其他各级阅读推广组织有引导作用。政府组织因其权威性、法制性、社会性,在引领阅读推广中起着无可替代的重要作用。

所谓专业机构主导的阅读推广组织,主要指那些在图书出版发行、信息资源收集、存储与管理、阅读指导等工作中拥有一定专业性的组织,包括图书馆、专业非营利组织、出版机构及书店等企业组织。此处所说的图书馆特指由政府出资兴建的图书馆,包括各地的公共图书馆、高校图书馆、科研院所图书馆。这类图书馆大多拥有丰富藏书,属于专业化服务程度较高的文化基础设施。

在众多专业机构主导的阅读推广组织中,图书馆和一些指导性较强、影响力较广的非营利组织,是这类组织的核心成员。

推广阅读是图书馆的天职,无论是美国、英国、日本等发达国家,还是中国、印度等发展中国家,图书馆都是本国阅读推广的主力。以我国的"阅读推广"研究为例,关于阅读推广的77.9%的文献分布于图书情报与数字图书领域;从研究人员的分布当中可以看出,在阅读推广的研究中,文献量排名最靠前的单位均为图书馆,其中前两名为高校图书馆,第三名为公共图书馆。由此可见,图书馆不仅是阅读推广活动的策划与组织实施者,同时也是阅读推广研究的主体。

非营利阅读推广组织,即其活动取向是为特定的社会人群提供某种服务,但并不追求盈利(如果有盈利的话）的最大化，其投资者也不能通过盈利分红的方式获取投资回报（李延均，2008）。这类组织是存在于政府组织与企业组织之间的第三类组织，它们的组织结构不同于政府组织，在人员任用、资金筹集、内部管理和组织活动等方面相对独立，拥有独特的社会价值和社会资本，强调组织的自治性与公民参与的志愿性；与政府运作的等级权力原则不同，为提高组织的运作能力，非营利组织以灵活、平等、松散的组织结构为主，包括国际组织、基金会、学会、协会等机构。从组织形式来看，这类组织多属于社会组织，但因其在行业发展中的领导地位，又不同于普通意义上的由社会力量主导的阅读推广组织。他们中的成员大多来自专业机构的专业人员，比如我国的阅读推广委员会，隶属于中国图书馆学会，其组织成员来自图书馆及相关行业或科技工作者，是全国阅读推广工作发展的专业领航员。

（二）社会力量主导型阅读推广组织

在现代信息技术飞速发展的今天，一批热心于建立特色图书馆、儿童绘本馆、读书分享会，以及自媒体应用的社会阅读推广力量开始涌现，并逐步发展成为阅读推广组织的中坚力量，其活跃程度，直接影响着阅读推广效果，是各级阅读推广工作得以有效推进的重要保障。这类组织的组织形式更加灵活，推广内容更加专业、深入，面对的对象在专业认知、年龄层次、文化水平等方面存在共性或有着共同的目标追求。近年来，随着互联网的发展与新媒体的应用，这类组织已逐步成为一种新兴的社会文化表象。

1. 民间图书馆

民间图书馆是指非政府力量创办的公益性图书馆，主要包括非营利组织、企业、个人等出资创建的图书馆。我国早期的民间图书馆大多分布在落后地区。有关资料显示：1915 年我国云南省腾冲县的李日垓先生创办了和顺阅报室，1928 年和顺图书馆建立，这是我国最早的民间图书馆（万群华，胡银仿，2007）。改革开放以来，在扶贫政策的推行、公益组织的赞助、乡村精英自救的交互作用下，中国民间图书馆率先在农村星星点点出现。2012 年 6 月，文化部发布《关于鼓励和引导民间资本进入文化领域的实施意见》（文产发〔2012〕17 号），明确提出"鼓励民间资本捐建或捐资助建博物馆、图书馆、文化馆、美术馆等公共文化基础设施，引导和鼓励民间资本通过捐助机构、资助项目、赞助活动、提供设施等形式参与公共文化服务"。"采取政府采购、项目补贴、定向资助、贷款贴息、税收减免等政策措施，引导民间资本投资兴建民间文化馆、图书馆、博物馆、美术馆等文化设施"。2000 年后，城市里民间图书馆开始大量涌现，陆续出现了学人自办的私人图书馆、连锁扩张的加盟图书馆、俱乐部式的会员图书馆、面向儿童的绘本图书馆、特定群体的专业图书馆、网上图书馆。这些民间图书馆在组织运行上，较其他类型的图书馆更加丰富自由，其中以会员制方式运行的较多，比如老约翰绘本馆、文泽尔的图书馆等。民间图书馆的繁荣在一定程度上缓解了我国公共资源不足、配置不均衡，公共文化服务失衡的问题，同时因其运行方式的便利灵活，内容提供方式的多样化，加快阅读渗透至人类认知意识的速度，逐步改变了人们的生活方式。

2. 读书会

我国自古便有"以文会友"的传统，中国民间阅读组织的早期形态可追溯至春秋时期，孔子及其弟子经常聚集在一起讨论和学习，是古代民间读书会的早期雏形。现代意义上的读书会源于 20 世纪初的瑞典，这里所说的读书会主要是指为一定范围内，拥有共同阅读爱好或兴趣的读者群，提供与阅读相关的交流分享空间的组织，是一种非正式的、相对松散的组织形式。这类组织有的依附于图书馆、学校等专业机构存在，有的则是由某些个体或私人组织根据兴趣爱好建立的。随着网络应用的不断成熟，打破地域限制的网络读书会日益发展成熟起来，出现了诸如凤凰网读书会等文化口碑好、阅读受众广的读书会，成为读书会在新时期的发展产物。

无论是线上还是线下的读书会组织，它们都是现代阅读推广组织不可或缺的形式，在繁荣阅读文化、集聚阅读力量中起着重要作用。

3. 知识服务商

在信息爆炸的时代，越来越多的读者开始关注如何从各种信息渠道中获取问题解决方案或是某个知识领域的核心内容，知识服务商在这样的背景下开始发展起来。与前面所讲的各类组织不同，这类组织利用博客、微博、微信、论坛、网络社区及自主开发的 app 等自媒体平台为读者提供精炼、实用的阅读内容，或通过分享自己的生活、阅读感悟吸引读者，从而建立知识社群。这类组织不是简单的信息提供者，他们为读者提供经提炼、分解、细化、综合处理的知识内容，较普通信息更多附着了组织者的智力成果，属于对信息的深度挖掘，因此，很多这类组织提供的内容获取需要读者付费，建于 2012 年的知识服务商和运营商——"罗辑思维"就是知识服务的一个典型，该组织在互联网经济、创业创新、社会历史等领域制造了大量现象级话题，其主讲人罗振宇凭借自身的广泛阅读与知识分享，对这些话题进行了深入、独到的分析，吸引广大有共同兴趣的受众纷纷加入，快速形成知识社群，为自媒体时期的成人自主学习提供便利。除了这类为成人提供知识服务的运营商外，随着儿童教育与发展的广泛受关注，越来越多面向中小学生的知识服务商也涌现出来，他们利用自媒体平台，或通过演讲视频、音频，或通过在线课程，为中小学生提供学习资源与辅导，为各层次学生提供耳目一新的观点解析与学习体验。

随着阅读推广的社会影响逐步增加，各类阅读组织在活动的策划实施过程中，已不是独立运行，而是通过多家联合，发挥各类组织优势，比如为了给读者提供良好的活动环境与丰富的活动资源，民间读书会常常会与图书馆、书店等专业机构联合组织活动；同时，图书馆、书店、出版社等机构通过与学会、协会等非营利性组织，以及知名度高的读书会组织联合举办活动，扩大活动影响。组织的联合协作对促进阅读推广、取得最佳效果起着重要作用，这就要求各类组织在充分尊重组织自身发展模式的基础上，明确合作目标、责任，积极寻求合作共赢模式。

二、阅读推广保障

（一）组织保障

组织与领导是促进阅读推广的关键。国家、地方、学校等各级政府、组织应对阅读推广有正确的认识，并高度重视。国外有许多政府官员参与、倡导阅读的例子。在中央和地方各级政府的号召下，目前我国已培养出了一大批阅读推广人和阅读推广组织。

阅读推广不是一个独立的项目，它涉及的目标范围广、类型多，层次复杂，无法依靠一家机构的力量达到目标。目前国内各级阅读推广委员会是全国阅读推广工作的指导规划与促进者，决定了阅读推广工作的方向；而各级图书馆是阅读推广实施的中坚力量，对阅读推广工作的组织开展负有重要责任。各级图书馆应首先提高对阅读推广责任的认识水平，同时，要在传统组织机构建设模式的基础上，创新发展出适应于图书馆运行模式的阅读推广组织结构，切实为阅读推广工作的持续推进提供组织保障。同济大学图书馆结合自身实际，专门组建了一种"矩阵型"的阅读推广组织机构，即平时由一位图书馆负责人领导 2～3 人的工作小组进行阅读推广工作系统规划和选题计划，在确定项目后，可抽调图书馆各个部门的人员组成一个临时的班子，从事具体策划和实施。待项目完成，抽调的工作人员回到原来的岗位中。这种矩阵型的组织机构有利于减少阅读推广工作的专门人员的数量，但对于临时抽调上来的工作人员的专业性与组织培训是这种组织机构需要考虑的问题（李园园，2014）。

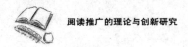

（二）人员保障

人员是组织的基本要素，是构成组织的"硬件"。在阅读推广中，需要三类人员：一类为具有沟通、协调能力的组织设计者；另一类为执行能力强、拥有一定阅读经验的具体实施者；还有一类则为果断、敏锐的监测评估者。

目前我国阅读推广的专业人才相对缺乏，尤其在图书馆中，大多由馆员兼职承担阅读推广任务。国外图书馆员必须取得专业资源证书后方可从业。而我国至今没有专门的图书馆员职业资格认证，馆员队伍普遍存在学历不高，专业能力不足的问题。再加之图书馆的待遇普遍不高，很难引进高学历、高素质的人才。为缓解人员缺乏的问题，阅读推广组织开始探索新的活动组织模式，其中比较常见的是"馆员团队＋志愿者组织"的模式，这种模式在高校中尤为常见，主要由图书馆与相关学生志愿者组织联合开展阅读推广活动。西南科技大学图书馆还通过与学校研究生院合作，将学科专业导师纳入阅读推广队伍，充分发挥他们在专业导读中的优势力量。这些措施在各展所长的同时，不仅节约了图书馆的人力成本，还充分调动了读者参与阅读推广活动的积极性。

近年来，随着网络交流技术的飞速发展，一批活跃的阅读推广人开始进入人们的视野，他们中有专业教育老师、幼儿教育专家、心理研究人员，还有经济评论人员，其中不乏各领域专家。这些人或以强大的专业背景，或以人格魅力，通过企业组织平台，以线上交流、分享的形式，针对特定人群进行专业的、深度的阅读指导，在引导大众阅读行为、培养阅读思维等方面具有较为广泛与深远的影响力。

（三）经费保障

充足的经费是阅读推广活动得以有效实施的重要保障。阅读推广项目的经费主要用于支出人员经费，既包括项目实施过程所需劳动力，也包括项目中涉及的专家、顾问等专业人员的聘请费用；场地及设备的租金，如活动场地的租赁费、多媒体演示设备等设施的购置或租借费；广告宣传，既包括各类宣传画册、资料、培训资料等宣传品的印制费用，也包括用于宣传报道所需的版面费等；奖品，即各项活动的奖项设置经费；运输费，包括活动用车、宾客及工作人员交通费等；以及特殊情况下产生的应急支出。

在国外，阅读推广经费除来源于政府支持外，还有很大一部分得益于基金支持。比如哈佛大学图书馆的阅读推广活动得到了 William and Flora Hewlett 等许多基金会的支持。

在我国阅读推广中，经费的来源通常有三个渠道：一是实施部门自身的经费，在各级图书馆经费捉襟见肘的现状下，能用于阅读推广活动的经费非常少。二是上级部门的专项经费。这种经费的多少取决于上级部门对阅读推广重要性的认识，以及对所规划项目的认可程度。比如，江苏省连云港市少儿图书馆为了推动儿童阅读，曾为"少儿流动书库"工程争取到 10 万元的专项基金。三是其他个人或组织的赞助、捐赠。2018 年正式实施的《中华人民共和国公共图书馆法》已明确指出"国家鼓励公民、法人和其他组织依法向公共图书馆捐赠，并依法给予税收优惠"。一般说来，赞助商或捐赠者是希望通过被赞助的活动或组织来扩大社会影响，获得社会对其品牌或产品的认可与支持，树立良好公众形象。赞助可以是资金的赞助，也可以是实物的赞助。美国的许多阅读基金会大多有企业的资金支持（邹婉芬，2007）。我国像图书馆这类依赖财政拨款发展的阅读推广组织，尤其应充分发挥组织效应，积极寻求赞助，争取更多的社会资源，建立阅读基金，实现图书馆与企业组织之间的双赢合作。

（四）制度保障

制度建设是凝聚力量、促进阅读推广持续发展的关键。根据前文所述，阅读推广组织可分为三个层面：一是代表国家权威的阅读推广组织；二是代表国家各级政府的组织或制度；三是基层组织机构。国家层面的法律制度属于第一个层面的制度，如 2018 年正式实施的《中华人民共和国公共图书馆法》是中国国家层面推出的首部图书馆专门法；而各级政府以地方发展实际为基础制定各类地方法规法案，或号召组织的诸如"读书周""读书月"等活动，属于第二个层面的制度；各基层组织机构确定的阅读推广工作制度，则属于第三个层面的制度。各层面制度均须在结合本地区、本单位实际的基础上，按照上级组织的号召与要求制定。

第三节　阅读推广的过程与评估

一、阅读推广的过程

（一）策划原则

1. 目标性原则

明确的目标是阅读推广规划的首要因素。在进行阅读规划时，首先要确定具体的、定量的、切实可行的目标。如果项目或活动是分多个阶段进行，则在设计总体目标的基础上，还应设计阶段性目标。

近年来，在全球阅读推广的大环境下，各基层机构在组织阅读推广项目时，也不断从中挖掘新的目标。比如，上海市政府在推动全民阅读活动中设定的首要目标便是构建融作者、读者、出版商、发行商为一体的阅读文化共同体。这个共同体既是利益共同体，也是责任共同体；既是现实共同体，也是理想共同体；既是命运共同体，也是价值共同体。

2. 可持续性原则

可持续性是阅读推广规划的重要原则，是推进阅读推广健康发展的重要因素。随着近年阅读推广活动在全球各地的繁荣，活动的可持续性越来越受到业界人士的关注。

阅读推广活动不同于其他宣传活动，其终极目标是使阅读成为人类自觉，提高人类综合素质。这一目标的实现不是凭借一次声势浩大的宣传推广活动，或是摆个摊、聚点人气就能实现的，它的实现必须有长期的、可持续的项目推动。发达国家早在这一点上有所认识，因此他们策划推行了一系列可持续操作的活动项目，比如由英国图书信托基金会发起的"阅读起跑计划""阅读时间计划""一起写作计划"等，均已在国内甚至其他国家推广开来。相比而言，中国的阅读推广活动还主要集中在4•23世界读书日，在很多地方图书馆、高校图书馆，这成为一项阶段性的工作安排。虽然有国家支持，有专业委员会指导，但各基层组织在策划实施具体活动过程中，主要注重的是单次活动的影响，缺乏长远规划，可持续开展的阅读推广项目更是少有。目前在我国较具影响力的阅读推广活动是深圳读书月，至今已连续举办了10余年，市民的参与热情很高，成为城市最美丽的景观。

3. 参与性原则

阅读推广蓬勃开展的基础是民众的参与。民众参与的积极性主要看活动目标与民众认知是否一致。因此，在做阅读推广规划活动前，应充分考虑活动受众在年龄、习惯、参与动机等各方面的因素，明确活动目标，设计出内容丰富、形式多样，能给参与者带来良好体验效果的活动。同时，在活动开展前期，做好活动预告与宣传，将受众关心的要素广而告之，吸引民众积极投入。

4. 社会效益原则

效益是活动成果的重要反映，阅读推广因发起组织本身具有公益性，社会效益理当是各级组织考虑的核心要素。社会效益涉及短期效益和长期效益。其中短期效益体现在读者参与活动情况、读者借阅量、读者或媒体对活动的评价等方面。而真正能体现阅读推广目标实现情况的是长期效益，包括各方资源的整合效益、活动组织者的合作效益、读者自身阅读能力或阅读兴趣的提升情况等几个方面。短期效益与长期效益相互促进、共同作用，是评价阅读推广活动的重要指标。

（二）设计流程

1. 调查研究，明确受众

调查研究是阅读推广规划的基础。在进行阅读推广规划前，调查研究主要是指明确受众主体的需求，这可通过问卷调查、随机抽访、文献调研、流通数据分析及对受众主体的年龄分析等方式确定。国外阅读推广项目具有一个共同的特点，那就是目标群体明确。比如英超俱乐部"阅读之星"面向不爱阅读的小学高年级和初中低年级学生；"信箱俱乐部"面向寄养家庭儿童，给他们发放适合寄养儿童年龄的阅读学习资料。挪威还有专门面向 16 ～ 19 岁高中生的阅读推广项目，新加坡的"读吧，新加坡"每年都有明确的推广对象，如出租车司机、美容师等（邱冠华，金德政，2015）。

2. 确定主题，细化目标

在明确受众以后，便可依据需求或受众的共同特点，结合时下环境，明确主题，规划可评估的目标。为便于效果评估，目标须可量化，或是有明确评估指标，比如英国某个面向读写能力较弱的成年人的阅读推广项目设定的目标是：在 3 个月内让那些读写能力较弱的成年人（环保工人、服刑人员等）完成 6 本书的阅读（邱冠华，金德政，2015），这一目标不仅包括了活动对象，还有效果取得的时限以及活动的具体内容，比抽象的"提升读写能力"这种大而泛的、口号式的目标更实际，对活动的后期评价及持续推进有着至关重要的现实意义。

3. 详细计划，任务分配

在主题与目标完全确定的情况下，即可开始筹划具体的推广项目与内容。首先，要有明确的组织者或组织部门负责整个项目的组织筹划与协调；其次，要根据计划需要进行任务分解，宣传、财务、过程监控、场景布置、设备调用等缺一不可，同时对于各个项目的人员配备要做细致计划。

4. 效果评估，后续评价

效果评估，后续评价是阅读推广项目实施的关键步骤，也是目前国内阅读推广项目实施过程中的薄弱环节或是被忽视的环节。效果评估既指活动的阶段性效果，也包括活动最终的目标效果。客观公正的效果评估是对阅读推广项目实施情况的良好总结，后续评价是对下一周期活动的信息反馈。活动组织者或策划者应按照活动方案，或根据活动的时间进度表，按时对活动的进度与执行效果进行评估与研判，并根据需要，及时对后续活动进行调整。同时，在整个活动结束后，要组织人力对活动目标的实现情况进行数据收集与统计，既要总结活动的成功点和闪光点，也要总结策划的盲区和误区，以期为下次活动积累经验，提供指导。

（三）阅读推广实施

1. 实施方法

按照阅读推广的实施规划，每一个实施过程都必须有相应的方法予以支持。目前在阅读推广实施中常用的方法有头脑风暴法、数据分析法、方案比较法、全员营销法。

（1）头脑风暴法

头脑风暴法是一种集体研讨行为，它以某一事件为目标，通过无限制的自由联想与讨论，产生新观念或激发创新设想。该法通常用于阅读推广活动方案的前期策划过程中。它是一个快速获取新颖、有效的阅读推广创意的渠道，能充分发挥各类专业人才的优势，以保障方案的可行性、目标的有效性。

（2）数据分析法

数据分析法主要用在阅读推广过程中的绩效评估过程。阅读推广实施效果的评价，需要对参加阅读推广活动的读者基本信息、参与情况建立读者信息档案；同时，对各项活动实施过程中的相关数据，包括活动参与总人数、活动所用经费、活动组织所需的人员情况及活动在实施过程中的其他特殊事项进行数据收集，并依据数据量的大小，选择合适的工具进行分析。

（3）方案比较法

方案比较法是运用多方案评价的指标及综合评价方法，对方案进行优选的统称。方案比较法主要用于阅读推广方案预估实施的过程中，可以对项目机会研究和可行性研究中提出的众多方案进行比较分析，从中选出技术先进、经济合理的方案，作为详细论证的基础。方案比较法，须使不同的方案有可比性；满足需要可比，消耗费用可比，价格可比，时间可比。

（4）全员营销法

营销是一种企业经营哲学，它与销售的概念不同，其核心理念认为企业的利润实现是以顾客满意为前提，而不是简单地通过销售来创造利润，因此，营销观念更注重对顾客需求的探索。全员营销强调机构参与营销的整体性，明确营销并不单纯是某个营销部门的事。虽然营销的概念源于企业管理，但随着图书馆行业的发展变化，近年来图书馆界开始广泛借鉴营销理念用于阅读推广。根据全员营销的理念，图书馆的阅读推广活动不仅是某个阅读推广部门的事情，而是馆内各个部门及活动涉及的组织部门共同的事情，全员营销法在阅读推广中的应用，关键在于形成合力，全员参与。从阅读推广方案的设计、阅读推广资源的采购与加工、阅读推广的技术支持，到阅读推广的后勤服务、财务保障等各个环节，涵盖了全馆各个部门，他们都是阅读推广的参与者，他们对阅读推广活动的整体规划与实施过程应有统一认识，并以此指导行动。比如，西南科技大学图书馆在每年的读书文化周期间，必将集全馆乃至全校合力，研究读者需求，策划读者活动，监管活动进程，为实现共同的目标各司其职，努力使结果达到最优。

2. 过程管理

阅读推广活动的实施是一个动态的过程，在做好活动规划的前提下，能否实现规划目标取决于对实施过程的管理，即在实施过程中紧抓每个环节，检查每个阶段的目标是否达成，分析各阶段实际执行与预估执行的偏差。一旦出现问题，须及时反馈，做出调整或改正。阅读推广活动的过程管理主要包括以下几个方面：

（1）人员管理

阅读推广活动的顺利开展涉及不同职责的人员，因此，做好人员管理是活动实施的基本前提。人员管理主要是指在活动中对活动参与者和组织者两方面人员的协调与管理。

活动参与者是推广活动的核心，也是评价活动的重要指标之一。阅读推广活动通常不是一个单一的独立活动，而是多个活动同时开展，比如在2015年西南科技大学读书文化周活动中，同时进行了书展，"你选书，我买单"，一句话书评等20项活动。因此，及时发现参与者的活动需求，引导他们在合适的时间、正确的范围内选择所需活动，帮助他们获得良好活动体验，提高参与兴趣，是对活动参与者管理的终极目标。

活动组织者不仅包括整个活动的组织人员，还包括各项子活动的服务人员、安全保卫人员。要做好这些人员的管理，首先，要在活动规划时明确各自的责任，并在对活动实施过程的预测中，及时发现责任分解的合理性，形成任务分解表，以责任和任务促进这类人员对活动的认识，提高活动自觉；其次，活动组织者要根据活动实施情况做好服务人员的协调与控制。

(2) 现场管理

现场管理的主要目的是协调好参与者与现场资源之间的关系，确保活动按照计划顺利进行。阅读推广活动的现场管理包括对参与者入场方式，现场资源、设备的使用情况，服务空间，突发事件处理方式的管理。现场管理的实施分为活动前规划调试、活动中现场监督查看与协调、活动后统一归拢总结三个步骤。为做好现场管理，第一，要根据活动规划与方案，在活动正式开展之前，确定所有现场设备，包括音响、视频及供电设备正常运行，同时，对组织方所有参与人员要做好活动信息的确认，包括主持人、现场服务人员、宣传人员、志愿者、安全保卫以及重要活动参与人员的信息，对于参加开幕式的人员，还要设计好主持人、重要嘉宾的入场形式、顺序及发言内容；并做好活动因故无法正常开始，现场过于喧哗，奖品、宣传品不够发放，现场参与人员积极性不高，现场突发疾病、火灾等突发事件的应对措施。第二，在活动开展现场，现场管理人员要随时查看现场活动情况，做好现场资源，包括宣传品、服务空间、活动资源的使用情况统计、预测与协调，对于突发事件，要采取应急措施及时组织补救。第三，在活动结束后，要及时组织专人对现场设备、设施进行统一收集与管理，并做好使用登记；对于活动现场出现的未预测到的问题要及时做好总结。

(3) 成本管理

成本管理是一个动态的控制过程，其核心在于控制项目预算的变化，及时修正成本的估算，更新预算，引导纠正项目组成员的行动，以保障成本控制与管理。成本管理在阅读推广活动实施过程中，主要包括两方面：一是各项活动在正常实施过程中的成本预算。当出现某些资源超出预计成本，或某些任务将带来新的成本，则需要根据活动规划，进行成本核算，以帮助项目决策。二是活动参与者的经济成本与时间成本。对活动参与者而言，时间成本的优势更能吸引他们积极参加活动。因此，在阅读推广活动策划过程中，应当充分考虑活动开展时间、用户参与活动的便利性等对参与者的影响，尤其在现代信息环境下，推广活动可用的媒介越来越丰富，用户使用这些媒介，或通过媒介获取信息的便利性是用户参与活动必须考虑的成本因素。因此，组织者应考虑用户利用媒介的习惯及各类媒介设备的兼容性、转换成本等因素。

3. 危机管理

危机管理是指在活动实施过程中，有效避免风险的发生；同时在风险发生时，帮助活动人员正确面对，及时做出正确判断与决策。做好危机管理，首先要提高组织人员的风险意识，以及识别风险的能力。在实际活动中，可能识别到存在的风险，却不能加以正确处理，风险就这样被层层传递。如因活动参与者不够，导致需求不正确，进一步产生活动目标预定的失误，如没有足够的风险意识，可能最后导致整个活动的失败。因此，风险要注意从源头抓起，防止风险的层层放大。

二、 阅读推广评估

阅读推广评估主要是指对阅读推广活动或项目的目的、执行情况、活动效益、作用等进行的系统、客观的评价分析。阅读推广评估通常与组织或工作考核息息相关，《中华人民共和国公共图书馆法》明确要求，主管部门要制定公共图书馆服务规范，对公共图书馆的服务质量和水平进行考核。考核应当吸收社会公众参与，结果应向社会公布，且作为对公共图书馆给予补贴或者奖励的重要依据。由此可见，评估对阅读推广工作机制的持续推进有着重要指导意义。根据阅读推广的策划与实施进程，笔者认为阅读推广评估可分为三个层次进行，即对活动或项目的前期研判、活动过程中的检查修正以及活动结束后的效果评估。

（一）前期研判

前期研判即是对阅读推广活动前期的准备和设计，评价活动开展的可行性与价值性，包括对活动目标、活动创意、活动内容、人员组织与安排、场地选择、活动支出等阅读推广要素的研究判断。比如，在前期的活动策划中我们可以看出活动目标或定位是否明确，活动设计是否可行，与活动主题或用户需求是否相符，是否充分利用本身优势，凸显创新；活动人员是否分工明确、责任明晰；活动流程是否清晰顺畅，宣传计划是否翔实可行，活动预算是否合理、清晰，各项资源分配是否合理；活动时间、场地安排是否合理。

阅读推广的前期研判是阅读推广评估的重要前提，它不仅为活动设立评价基准，同时也是促进阅读推广活动规范推进、高效开展的重要保障。

（二）中期检查

中期检查不仅是评估活动是否按计划顺利实施，其核心是对阅读推广的过程管理，包括对人员、现场、成本、危机等几方面的管理。

（三）效果评估

阅读推广评估的核心是效果评估，即阅读推广活动或信息传播出去后，对推广对象的直接或间接影响。效果评估的准确性对阅读推广活动的持续性、延展性有着非常重要的指导意义，同时对于形成组织间、区域间的阅读推广框架，制定符合实际，独具特色的推广策略有重要作用。

阅读推广效果评估可从两方面着手实施：一方面与活动前期研判时确定的某些指标相对应，比如是否符合预算，是否节约经费和人力，是否影响其他业务、媒体报道量、读者参与情况、读者阅读行为的变化等，这些指标对活动组织者来说起着很关键的作用；另一方面则是基于读者的阅读推广活动评价指标，比如活动是否有创意、宣传口号是否鲜明、推荐书目是否适用、现场环境是否幽雅、服务态度是否到位等，有时候图书馆的过度设计、过度服务也会引起读者反感，图书馆通常意识不到甚至自我感觉良好，却可以通过读者评价指标检测到。基于图书馆和基于读者的两个评价指标体系都完成后，再进行对接和整合，便是综合性的评价指标体系。

2012年11月张家港市出台的"书香城市"建设指标评价体系，是国内第一个以全民阅读为抓手、覆盖城乡的综合建设指标。该评价体系从阅读设施、阅读环境、阅读成效三个方面来架构，它使"书香城市"建设的评价变得可量化、可考，将全民阅读落到实处，对江苏省乃至全国的全民阅读推广产生了示范作用（吴晞，2015）。

高效的阅读推广工作机制是阅读推广工作得以全面推进、系统发展的重要基础。在阅读推广机制建设的进程中，我国要在借鉴发达国家先进经验的基础上，从组织、制度、保障、规划、实施等多个方面进行现实思考，建立起符合我国文化发展的阅读推广精神内核，促进阅读推广的科学发展。

第三章　阅读推广的媒介分析

阅读推广媒介就是阅读推广主体在阅读推广过程中用以负载、传递、延伸特定符号和信息的物质载体。随着时代的发展，媒介环境越来越多样化，这意味着读者信息接收途径的多元化，也意味着读者阅读方式的多样化，这也对阅读推广提出了新的要求。不同媒介环境下的阅读推广模式各有不同。在不同类型的媒介环境下，探索与之相匹配的阅读推广模式，才能更好地保证阅读推广的效果。

第一节　传统阅读推广媒介

传统推广媒介，主要指公开出版发行的报纸、期刊，阅读推广机构的印刷品，阅读推广活动的 logo 与口号，以及阅读推广活动中赠送的一些小物品等。

一、常规报刊

报纸和杂志，它们本身就是读物，也是阅读推广的传统媒介。许多阅读推广内容，如读物、读书典故、阅读人物、阅读的技巧与方法、阅读推广案例、阅读推广项目广告、阅读推广活动报道等都适合在报纸杂志上刊登。时至今日，它们还有很广泛的受众基础，依然是阅读推广的重要媒介。

（一）发行报纸

报纸是以刊载新闻和时事评论为主的定期向公众发行的印刷出版物，是大众传播的重要载体，具有反映和引导社会舆论的功能（韦盛中，2009）。报纸的特点有：以纸张为载体，易保存，携带方便；价格较低，覆盖面大，读者广泛；报纸传播及时迅速；具有储藏性和反复阅读性；图文并茂，说明性、阐述性较强等（王文科，刘新荣，2006）。报纸作为一种存在和发展了数百年的信息载体，在社会中占有不可替代的地位。

报纸作为阅读推广媒介，有其优势。第一，传播信息，宣传引导。报纸传播的基本目的就是传播信息，把新近发生的事实以最迅速的方式告诉读者，让读者及时了解。阅读推广主体借助报纸传播，使其阅读推广项目为受众了解；宣传其拥有的资源，使读者知道其能从阅读推广主体那里获得什么；报道阅读推广活动盛况，让受众了解。第二，传播知识，陶冶情操。阅读推广主体可直接刊登书籍推介，使读者能直观地获得与书籍密切相关的信息，激发读者进一步阅读的热情，还可在报纸上推广个人阅读经验，让读者感受阅读的乐趣。第三，报纸类型齐全，受众广。每类报纸都能成为阅读推广的助力。读者在不同地域生活，阅读偏好不同，可按所属区域范围做阅读推广，全国性报纸、省级报纸、地市级报纸就是这种地域性推广很好的媒介。读者对信息类型的偏好，决定了阅读推广也要按信息领域分类。时政类报纸、经济类报纸、娱乐类报纸、生活服务类报纸、体育类报纸、法制类报纸等也为各类图书的阅读推广提供很好的载体。其他像、都市报、专业性报纸，都有较为固定的受众，适合做一些有针对性的阅读推广。

利用报纸媒介做阅读推广，要注意一些问题。第一，依据阅读推广项目来选择报纸。阅读推广项目必须清楚其推广对象，并分析出目标群体是哪类报纸的受众，从而选择出最适合的报纸来做阅读推广，有效地避免了投放盲目性。第二，阅读推广内容需图文并茂，具有说服力。阅读推广文案要吸引读者的注意，主要依靠文字能量和图形符号，二者配合得好，就会产生更大的感染力。第三，刊登方式。报纸版面越大，注意率越高，效果越好，但费用也会越贵，所以阅读推广主体需要根据财务资金和项目目标寻找可接受点。阅读推广项目启动的初次广告可以刊登大一点儿，后续逐渐缩小。而读物推广可建专栏，连续固定版面刊登，可以使读者加深印象，同时也给未留意文案的人以更多的接触机会。

（二）期刊

杂志，又称期刊，是面向公众，定期或不定期成册连续出版的印刷品。刊期往往在一周以上，半年以内，有固定名称，以卷、期或年、月顺序编号出版，每期版式基本相同（许清茂，2002）。杂志具有发行面广，携带信息丰富；印制品质高，美感度较强；分类较细，专业性强；读者对象较固定，针对性强；保存期长，重复阅读率、互换阅读率高等特点。

杂志的最初起源就与阅读推广相关。17世纪伊始，一种小册子在法国流行起来，这种小册子的功能是介绍法国的书店和书籍，有点类似现在的"书评"或者"导读"，这种小册子经常出现在书店里，属于原始杂志（崔银河，2008）。因此，杂志是阅读推广的一种重要媒介。它的优势体现在：第一，传播和宣传信息。杂志是一种信息产品和精神产品，向社会公众传播信息是杂志的首要功能，传播信息的同时，也在宣传某种思想或文化。在杂志上做读物推广和阅读意识推广，会有很好的效果。第二，专业性强，读者对象固定，针对性强。杂志比报纸更适合做分类阅读推广，因为它的种类更多更齐全，专业化倾向越来越明显，如按照读者的性别，有男性杂志和女性杂志；按照读者年龄有老年、中年、青年、少年、婴幼儿杂志；按读者职业有针对工人、农民、教师、商业工作者、军人、技术人员等的杂志；还有面向各个学科专业的学术性期刊。杂志的发行对象都是特定的社会阶层或群体，他们具有相对稳定的知识结构或文化消费习惯，在杂志上做阅读推广更能突出针对性。第三，时效长，传播效果持久。杂志具有比报纸优越的可保存性，读者可能将杂志保存后再次翻看，或者亲友间传阅，图书馆等机构也会收集管理过刊以便借阅。这样，阅读推广内容的传播效果会更持续耐久。

在杂志媒介上做阅读推广的注意事项有：第一，阅读推广主体首先要考虑哪些阅读推广内容适合在杂志媒介上刊载。阅读推广的内容，如阅读读物、提高阅读能力的文案、激发阅读兴趣的文案都适合在杂志上刊载，但刊登阅读推广的广告就需要慎重考虑。杂志的传播速度较慢，它在编辑、印刷、发行上都有较长的周期，因此不能刊载具有时间性要求的短期阅读推广项目的广告。而就算是长期阅读推广项目，因为杂志到达和频次的局限性，对杂志投放的广告就提出相当高的要求，只有制作更精良才能给读者留下深刻印象。第二，阅读推广的内容要符合杂志的特色和主题。一种杂志为了能在市场中站稳脚跟，都有自己相对稳定的风格，也会要求刊载的文案与它的品牌特色、品牌定位、栏目设置等相辅相成。另外，阅读推广内容也应信息量大且具有较强的观赏性和艺术性。第三，刊登方式。阅读推广内容可以专栏方式存在，展示诸如读物推荐、阅读人物介绍、读书典故举要、阅读技巧与方法推广、书评、阅读推广成功案例推介等内容。阅读推广内容也可嵌入杂志内容，潜移默化地渗透到读者心中。比如许多杂志都有"人物专访"专栏，文中可说说人物的阅读经验、书籍推荐等。

二、专门印刷品

专门印刷品是指阅读推广主体将其简介、资源、服务项目、活动方案等内容印制在纸质载体上广为传发的宣传页。它与报纸和杂志的公开发行不同，是阅读推广主体可以控制的推广途径，有机构简介、宣传手册、自办刊物、海报等形式。

（一）内部刊物

许多阅读推广主体都有内部刊物。内部刊物一般分三类：第一类以业务交流为主，以工作人员、业内人士为阅读对象；第二类以促进读者阅读为主，以读者为阅读对象；第三类兼顾上述两种内容。直接具有阅读推广作用的是第二类，它是连接阅读推广主体和阅读推广对象的桥梁（李超平，2013）。内部刊物具有内容容量大、连续性、自主性强等特点，阅读推广主体可以根据需要设定合适的篇幅与内容，因此它是阅读推广很好的媒介。

以促进阅读为主要特征的内部刊物，其内容都是基于阅读推广主体的资源与服务，可以设置特定的专栏，适时根据情况设置专题。常规内容有新书信息、书刊推荐、特色馆藏、服务动态、活动信息、数据库推介等，也可刊载读者的阅读心得感悟、书评、建议和阅读相关的趣闻趣事等。这不仅能让读者了解阅读推广主体的基本情况，也引导读者发现原来阅读也是一种积极和快乐的生活方式，进而对阅读产生兴趣。在特别的时间段或节假日，可以出一期专题，如 4 月 23 日世界读书日、国庆节、寒暑假等时段。偶尔插入专题，紧贴时下阅读热点，能让读者耳目一新，会收到更好的效果。刊出内容的形式也可以多样化，罗列条目、纪实、评论、随笔，甚至小说诗歌都可以。图片、插图是必不可少的。封面尤其重要，精良的制作、艳丽的色彩、美妙的构图才能更强烈地冲击读者的视觉，吸引他们拿起刊物。

内容丰富、印刷精美、图文并茂的刊物，才能吸引读者。如果阅读推广主体在刊物设计上缺乏人力，可以请专业公司来设计与印制。内部刊物的形式也很灵活，可采用翻页形式，也可采用折叠方式，或者其他更吸引眼球的方式。

（二）宣传手册

阅读推广主体在宣传时会使用到各种手册，介绍自己的，如机构简介；面向读者提供使用帮助的，如读者指南；还有介绍资源的，如资源手册。这些手册也是阅读推广的媒介，运用得好，能扩大和稳定读者群。

机构简介是阅读推广主体向公众介绍自己的文字窗口。它的阅读对象就是潜在读者。简介的内容需要贴近潜在读者，一般而言，他们需要知道这是一个什么样的机构，有哪些资源和服务，哪些东西能吸引他们，等等。在构建机构简介时，需要注意：第一，内容简练，重点突出。如果读者需要花长时间和耐心读完一份简介，他们通常会在中途放弃。必要时，重点内容可以用列表罗列出来，避免被其他文字分散了注意。减少炫耀功绩和累述历史等内容。第二，避免使用专业术语，应使用贴近潜在读者的语言风格。隔行如隔山，所以简介最好用通俗而准确的语言传达。语言的使用虽然是表现形式的问题，但它的重要性有时甚至大于表现内容（刘兴，2012）。使用贴近潜在读者的语言风格，能吸引他们的阅读兴趣。如对象是大学生，简介可以使用清新明快的语言风格；如果潜在读者是儿童，可使用幽默风趣又富有童真的语言风格等。第三，色彩鲜艳，吸人眼球。机构简介，无论是挂在墙上，还是印刷在纸上，或是网页形式，想引人注目，除了文字，还必须有相配的色彩。可以是背景色，可以使用图片，甚至可以漫画的形式来表达。

读者指南是引导读者使用阅读机构的辅助性工具，是阅读推广中一个不可缺少的载体。它具有解决读者常见问题，吸引潜在读者，提升读者利用阅读机构能力等作用（徐谦，2008）。读者指南的内容一般包括以下几点：第一，机构概况，包括开放时间、馆舍分布、服务对象、规章制度、交通等。第二，服务项目，包括卡证办理、书刊借阅、文献传递、咨询服务、讲座服务、手机服务、常见问题等。第三，资源介绍，包括数据库、馆藏书目等。除了完成它必须传递的信息外，还可以从以下几个方面提高读者指南的可读性：文字简洁，增加文字的亲切感；针对服务对象提供专门性的指南，如高校图书馆可对新生、毕业生、研究生、校友提供有针对性的指南，公共图书馆可对幼儿、老年读者提供专门的使用指南；多用图片，图片比文字描述更直观，更便于读者理解。

资源手册是引导读者利用馆藏资源的辅助性工具。其功能就是揭示资源，提高馆藏资源利用率，是阅读推广主体利用它来推广阅读读物的好工具。资源手册的内容有：第一，资源概况，机构拥有哪些资源及其数量、特点。第二，资源列表，可用多种分类展示馆藏资源，如按文献类型分，按学科分，按内容属性分，按用户年龄分，以便不同的用户按照自己的喜好找到所需资源。第三，获取资源的途径及技巧，各种资源保存在什么地方，如何查找到所需资源，用什么方法获取等。在形式上，资源手册不需要花里胡哨，能实实在在地引导读者利用所需资源即可。因馆藏资源不断丰富，资源手册也应有更新的周期，才能让读者更好地了解最新资源。

（三）宣传海报

海报是由文字、图案、色彩三大元素通过版式构图形成具有一定艺术风格的视觉效果，从而传递作品所要表达的信息，是用来传递信息的宣传性艺术语言（韩宇，2013）。它具有应用广泛、传播深入、方式大众化、视觉冲击力强、制作简单、价格便宜等特点。

海报是一种极为常见的招贴形式，广告性色彩极其浓厚，因此是一种很好的阅读推广媒介。第一，海报传播深入。许多媒介传播不到的地方，海报都可以传播到，是一种很好的配合和补充。不管是里弄小巷，还是乡间村舍都可以看到海报的身影。阅读推广主体可在自身机构内粘贴，也可在户外合适的地方张贴。第二，制作简单、价格便宜。海报制作，普通人都可以完成，可手工绘制，也可印刷，总体来说，花费是比较少的。第三，海报具有可重复观看性。海报传递信息是不间断地持久地、全天发布信息，一秒钟都不休息，使信息最大限度地暴露在受众前面。一张在理想地点张贴的海报，能被很多人反复看到，容易形成潜移默化的效应。

海报是广告的一种，内容上通常要写清楚活动的性质，活动的主办单位、时间、地点等，非常适合做阅读推广项目广告推广。海报制作与投放需要注意以下几点：第一，明确阅读推广项目主题和推广对象。海报必须围绕活动主题和推广对象来设计，两者是海报各构成要素的设计引导，关系到报纸信息传播的有效性。第二，海报的语言要求简明扼要，形式要做到新颖美观。海报设计以图案、文字、色彩作为主要视觉语言载体。文字需要直接、准确表达信息，此外，独特的广告语与新颖的文字造型能深深打动人，使所宣传的信息留存脑海中。图案是能刺激眼球的元素，传递信息更直观，更吸引人的注意和巩固人的记忆。色彩能引起人的心理上不同的反应，不同的颜色搭配能影响人的感知，从而产生不同的传达效果。因此，制作海报时要对主题有深刻理解，结合推广对象的地域、民族、年龄等来运用色彩，才能更吸引人加入活动。第三，应讲究投放技巧。所有海报都应张贴或摆放于人们易于见到的地方才起到广告的效果。需要长时间展示的海报，必须放置在阅读推广主体能控制的地方，如户内墙壁。一般的短时间的阅读推广活动海报可以放置在任何适合的地方。

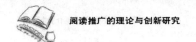

三、标志物品

（一）标志标语

logo 是标志、徽标的意思，具有特定含义的视觉符号，通过抽象图形将机构的具体事物、事件、精神或理念表达出来，让人们在看到 logo 的同时，自然地联想到它所代表的机构或组织，以及它所代表的特征、使命、文化等精神内涵。logo 具有识别性、内涵性、色彩性等特点。阅读推广项目应该有自己的 logo，通过对 logo 的识别，引发联想、增强记忆，促进阅读推广对象与项目的沟通与交流，从而树立并保持对阅读推广项目的认知、认同，达到高效提高认知度、美誉度的效果。因此，logo 是一种很好的阅读推广媒介。阅读推广的 logo 设计应注意以下几点：第一，阅读推广对象的社会心理。logo 的设计制作应结合阅读推广主体的文化背景，再迎合推广对象的心理需求，才能提高认可度。第二，凝练、美观、实用（金玉珊，2015）。作为一种与大众沟通的符号语言，logo 须构图精练、图形简化、外形美观，令人一目了然，并有效地传递出阅读推广项目的信息。第三，鲜明的可识别性（王蔚，2007），logo 必须以高度提炼的形象表明事物的特征，并以图形符号的形式向人传情达意，使人们在瞬间对它做出识别判断。因此，设计 logo 时应充分考虑各种因素，进行调查，找到自身的特点，将独特的视觉形象赋予阅读推广品牌，方便读者记忆。

口号是供口头呼喊的有纲领性和鼓动作用的简短句子。口号具有严谨性、鼓动性的特点，既能在理智上启发人，又能在情感上打动人，对人的社会行为起着不可忽视的导向作用。阅读推广主体可以用口号来做自己的形象识别符号，使阅读推广对象能通过口号来识别阅读推广主体连同它的服务与所有给人良好印象的项目内容。口号除了能提高阅读推广的针对性，扩大阅读推广主体的声誉和影响，还可以带给读者心灵的撞击，激发读者的参与热情，最终促成其阅读行为的实现（孔繁超，2012）。阅读推广口号设计要求：第一，充分了解阅读推广对象。了解他们的性别、年龄、教育程度、行业等属性，结合阅读推广主体的馆藏特色和优势，体现阅读推广主体对推广对象的真实情感，使读者动情，才能设计出他们乐于接受的口号。第二，口号要简洁通俗，易于识别和记忆。口号是生活化的艺术语言，尽量使用短句来表现，控制文字长度，读起来朗朗上口，使人日后想起依然能联系到阅读推广。第三，内涵丰富，传达准确。口号以表现机构、服务的精神、理念、特性为内容，是阅读推广主体与对象的认知桥梁。它在使用中反复、长期出现能在读者心目中留下一贯的、不变的印象，因此口号一定要传达准确而美好的内涵，给读者一个深刻而绵长的印象，潜移默化地影响大众的行为。

（二）常用物品

实物媒介是指包含某些信息，能充当信息传递载体的实物。在阅读推广中，可以将阅读推广主体名称、logo、口号、项目等印制在物品上，作为赠品传发给大众，起到宣传的作用。书签、笔、明信片、笔记本、袋子、闪盘、雨伞、文化衫、帽子等都是常见的实物媒介。实物馈赠媒介是一种情感投资，有潜移默化之功效。利用实物馈赠媒介要注意：第一，选择实用性的物品。实用的物品人们才会用，并在使用过程中看到阅读推广的信息，起到反复提醒的作用，也能让人们对阅读推广主体产生亲切感。第二，物品上要印制相关信息。印制内容有阅读推广主体名称、logo、口号、项目名称、电话号码等。根据物品大小选择印制的内容，如闪盘，因体积小，最多能印制阅读推广主体名称和 logo；而书签就能放置更多内容。印制的信息一定要醒目，才能起到传播信息的目的。第三，注意馈赠的方法。制作实用性小物品需要资金支持，所以馈赠时要选择对象。有些物品可以广为传发，有些物品可用于读者的阅读行为和参与阅读推广活动的奖品。

（三）构建筑物

构建筑物是指建筑物的构成部分，如墙面、柱子、走道、顶盖、窗户等。人们步入一座建筑物，首先关注的是它的布局，而这些构建筑物正是其中重要组成部分，因此，它们无疑也可成为宣传推广阅读的有力助手。构建筑物不但可以直接展示阅读推广主体的标志标语，还可以展示与其面积相适应的深化阅读主题的艺术画，其渲染作用不言而喻。另外，墙面与柱子还可以支撑一些具有艺术造型的摆设架子，直接放置书刊。利用构建筑物应注意：第一，应与建筑物内的布局、色彩相融合；第二，构建筑物适合展示艺术字、艺术画，不适合展示长篇文字。

第二节　电子阅读推广媒介

传统的图书馆服务在新时代下需要面临更大的冲击与更多的挑战，所以，图书馆应当在阅读推广及阅读服务方面做出改革与创新，将丰富的电子资源充分利用起来，不断提高图书馆服务质量和资源利用率。因此，针对新时代下图书馆电子阅读的推广途径进行研究和分析，有助于优化读者的阅读体验，提高人民群众的综合素质。

一、新时代下进行图书馆电子阅读推广的重要意义

（一）能够丰富人们的阅读资源

在新时代背景下，可以充分将互联网的优势利用起来，实现各种资源之间的相互连通，如此就能够在图书馆空间阅读当中发挥出关键效用。不同的图书馆之间能够建立起一套资源共享的机制，将图书馆内丰富的资源面向全体群众统一开放，进而给大众的阅读和学习提供更多方便；与此同时，将图书馆内的电子资源更广范围地分享出来，能够让各地群众都突破以往的阅读限制，只要拥有自己的登录账号与密码，就能够进入多个图书馆电子平台中，搜索自己想要阅读的内容。这样便可以在很大程度上提升大众阅读的便捷性，并节约了阅读成本。总体而言，新时代下进行图书馆电子阅读的推广，可以进一步培养人们的阅读兴趣，让大众的知识水平及综合素质得到良好的提高，促进其眼界的开阔。

（二）能够增加人们的阅读时间

根据以往的图书借阅形式来看，人们要想进行阅读就需要先办理图书馆的借书证，之后再进入图书馆中搜索自己想要看的书籍，接着再让管理人员办理借阅手续，严格按照图书馆内的相关规定，在一定时间内将图书完好地归还，并确保图书不受损坏或被丢失。由此便可以看出，传统的图书借阅流程较为复杂、烦琐，且经历了这一系列借阅流程之后，人们在图书馆进行阅读时还需要保持安静，并花费一定成本。对此，在新时代信息技术快速发展的环境下，各地图书馆也开始进行了信息化转变的尝试。而电子阅读的推广及普遍运用，可以有效降低人们的阅读成本，确保读者可以在任何时间与地点进行图书阅读，突破了时间与空间的限制。如此便能将碎片化时间高效利用起来，让人们可在任意环境下展开阅读。例如等公交车、排队挂号、在银行等待办理业务的时候，均可以利用这些时间进行电子阅读。这样，阅读就可以真正渗透到人们的生活当中，提高大众的文化素养。

（三）能够提升人们的阅读效率

在很多情况下，人们在阅读书籍的过程中，为了突出其中的重点，丰富自己所掌握的知识内容，就会用一个笔记本把自己的读书心得与体会记录在上面，以便随时拿出来观看、复习。而在新时代图书馆电子阅读逐步推广的情况下，人们就可以充分利用电子图书阅读技术，例如手机 app 应用，或是下载一些图书馆网站的阅读软件等。这样就能够实现在阅读的同时完成笔记记录，以这种方式大幅度提升自己的阅读效率。

二、新时代下图书馆电子阅读的具体推广途径

（一）建立起图书馆电子数据库

图书馆要适应当前新时代的发展趋势，就需要大力打造电子图书馆，拥有自己的电子数据库。以往的图书馆中所提供的阅读资源基本都是纸质版的书籍，电子阅读的资源明显不足。对此，各大图书馆就应当将自己的馆藏资源推广出去，优化读者服务，加快脚步建设电子化虚拟馆藏。在许多图书馆中，还拥有一些价格昂贵、再版次数有限的纸质书籍，对此就可以实施数字化的转换，同时添加一些电子书籍、期刊、报纸、课件、光盘、多媒体视频等，同时把国内外一些权威的数据库导入进来。另外，还需要结合不同读者群体的实际需要，完善电子书籍的文献采访工作，打造出具有特色的专业电子阅读资源。具体而言，图书馆可以和一些电子书籍的运营商签署协议，每年给这些运营商缴纳一定年费，使图书馆的用户能够在这些电子平台上查找、阅读及下载众多的图书、期刊、论文、课件、报纸等信息化资源。而图书资料室还可以购置专业的数据库，打造出独具专业特色的馆藏资料，将经典专业书籍专题数据库研究报告以及最新的期刊论文等均纳入其中，以此带动馆藏资源的电子化发展，为人们提供丰富的学习及科研资料。

（二）以电子阅读器打造数字化的阅读方式

电子阅读器是一种用来进行电子图书阅读的硬件工具，其具备如下优势：其一是体积较小，重量较轻，方便随身携带；其二是内存较大，还能够增加扩展卡，其中可存储海量的电子书籍，相当于一个小型移动电子图书馆；其三是屏幕较大，能够给人带来纸质书籍般的阅读体验；其四是耗电量比较低，只在人们刷新与翻动页面的时候耗电，且电池容量较大，使用时间长；其五是可以运用 5G、Wi-Fi 等功能，便捷地进行资料上传及下载，同时还拥有目录导航与书签功能，可以让人们快速地搜索需要的信息，并随时做好读书标记；其六是可实现字体大小的自由调整、亮度随意调节和指定页码翻页等；其七是拥有语音阅读的功能，若读者感到眼睛疲劳的时候，就可以启动该功能，用语音将书籍内容朗读出来。当前常用的电子阅读器有许多品牌，比如 Kindle、Sony reader、方正 E-book 阅读器、超星图书浏览器、掌上书房、易博士等。这类电子阅读器中可以储存极为丰富的电子阅读资源，广大读者还可以下载数据库内的数字化文献资源，保存到电子阅读器中。还有一些教材、学术期刊和学术性较强的资源等，难以从电子书店下载，因此图书馆就需要将已购买的专业数据库中的文献资源整合起来，构成专业的电子文献库，让读者能够免费下载和阅读。与此同时，图书馆还需要集中力量解决不同电子书籍文件格式不兼容、阅读器硬件配置不统一、软件不完善等多种问题，同时维护电子书籍的版权，避免盗版侵权的现象发生，促进电子阅读器的进一步发展与普及。

（三）构建图书馆电子阅览室

结合各地图书馆的实际情况，可以积极开展数字化阅读服务，在图书馆中构建公共电子阅览室，按照计算机机房安排的服务模式，配置一些固定位的电子阅读器，给读者提供先进的技术支撑。通过该种

途径，广大用户可以自主阅读电子阅览器中储存的电子书籍，还能够将图书馆内拥有版权的电子文献资源下载下来。如此便能够广泛普及电子阅览器，让这种新型的阅读载体被读者普遍运用，同时给广大用户提供电子阅读器平台，丰富其网络阅读体验。图书馆是人们进行阅读、学习与科研的理想场所，而创建公共电子阅览室，可以为读者群体提供高质量的数据库和电子阅读器阅览及下载服务，充分满足不同读者的需要。要建立起科学合理、实用方便的电子阅览室，就需要以提高服务质量为根本目标，给读者提供多种类型的馆藏电子文献资源，供读者自主阅读和下载。同时还可开展多媒体资料试听、读者培训、辅助教学、网络浏览等多项服务，真正实现读者的高效电子阅读。在电子阅览室中还可以安设自助服务与管理系统，预装一些先进的应用软件，让读者能在图书馆内借阅电子书籍。管理员可以在管理端查看用户的具体情况，设置访问权限等，同时对设备信息进行有效管理，监控设备硬件，对于电子书籍资源进行优化配置，并给读者提供方便简洁的阅读导航。比如将第一级分为纸质图书馆与电子图书馆，将第二级分为图书、期刊、报纸、视频等，保存用户的检索及历史使用记录。

在新时代背景下，电子文献资源并不能彻底替代纸质文献，电子阅读和传统阅读之间应当保持互为补充、和谐共存的关系。图书馆内不仅要保有一些必需的经典书籍，同时也要给读者提供先进的专业电子文献资源，让读者能够方便快捷地进行阅览及下载。面对当前的信息化环境，读者也不再会受到时间与地点的局限，可通过多种方式获取自己所需要的资源，真正展开个性化阅读。对此必须找到新时代下图书馆电子阅读的有效推广途径，建立起图书馆电子数据库，打造数字化阅读方式，同时构建起相应的电子阅览室。在给读者提供优质服务的同时，也提高图书馆工作人员的专业水平。

第三节　设施阅读推广媒介

一、广告设施媒介

公共设施在我们生活环境中扮演着重要的角色，它遍布大街小巷，以其特有的信息传播功能，起到至关重要的信息广告媒介的作用。广告设施媒介是体现一个城市的精神文明的重要窗口，是阅读推广可利用和开发的重要媒介。广告设施媒介很丰富，有各种路牌、车站站牌、街头公告栏、路灯杆、阅报栏、灯箱、电话亭、垃圾箱、休闲座椅、实物造型等。

（一）路牌媒介

路牌媒介主要设置在交通要道和过往行人较多的地段，一般用印刷、喷绘或油漆手绘的方式将信息印在路牌或墙面上。路牌媒介的特点就是分布非常广泛，在大街小巷的路边和楼顶屋面墙面、高速公路、桥梁、交通护栏、公园、车站、码头、机场、风景区等视野开阔的地方都可以看到，注目率高；信息传达到达率高，全天暴露在户外不间断地传达信息（杨立川，杨栋杰，2009）；视觉冲击力强等。

阅读推广主体利用路牌媒介时，须考虑：第一，什么信息适合利用这种媒介。路牌媒介都是设置在路人较多的地方，行人逗留的时间不会很长，因此它并不适合文字很多的信息。文字简短的信息有阅读推广活动开幕信息、阅读推广主体形象、理念传播、阅读推广活动品牌形象、阅读推广的口号标语、读书座右铭等。第二，画面简洁醒目，视觉冲击力强，才能抓住人们的目光，进而影响他们的行为。路牌信息要能得到行人的注意，必须有简单精练且足够大的文字和强烈冲击力的画面来吸引视线。要注意路牌展示信息的艺术水平，注重创意，注重色彩的和谐，尽量给人们带来视觉上的审美愉悦，从而加深对展示信息的记忆（邢学超，2007）。第三，选择合适的投放地点。根据阅读推广的主题与对象来选择投放地点，比如儿童阅读推广，可以选择在公园、广场、幼儿园小学、游乐园附近街道的路牌媒介，这些地点都是儿童群体经常路过的地方，多次看到展示信息，会让记忆更牢固，进而潜移默化成参与行为。另外，过于热闹的商业街不适合做阅读推广，因为琳琅满目的商业广告会使其埋没。第四，投放时间。路牌媒介一般至少投放半年，如果时间短，势必增加制作成本。而且只有展示时间长，才能使更多的人看到，达到广而告之的目的。因而时效短的阅读推广信息也不适合利用路牌媒介。

（二）灯箱媒介

用铝型材或角铁、玻璃、透光板等材料，制成各种形状的箱体，印挂广告内容，并在里面装照明器，白天、晚上都可以传播信息，这就是灯箱媒介。它的特点是外形美观，画面简洁，视觉效果好；灯箱媒介全天候传播信息，白天和路牌媒介一样供人阅看，晚上灯亮后熠熠生辉、灿烂夺目，大大提高传播率；灯箱媒介比一般的非光亮媒介给人的感官刺激强一些，注目率更高，留下的印象也要更深一些。灯箱媒介在大中城市中广泛存在，在人流量多的街边、公交站台、地铁、公园等都可以看到，是城市阅读推广可利用的一种媒介。灯箱广告的制作普遍采用电脑喷绘技术，色彩鲜艳，效果逼真，不仅能很好地传达信息，也成为都市里的一道亮丽风景线，而阅读推广广告更能增添其文化气息。

利用灯箱媒介来做阅读推广需要注意的地方与路牌广告比较相似，展示信息也需要短小精悍，画面简洁醒目，在选择投放地点和投放时间的原则上都相似，这里就不再赘述了。但也有一些不一样的地方。如灯箱媒介的适用性要少一些。灯箱媒介多存在于城市间，所以针对村镇基层的阅读推广就不适用这种媒介。

（三）广告宣传栏

广告宣传栏广泛存在于城市村镇中，在社区、小区、广场、公园、学校等地方都可以看到它的身影，有报刊亭、橱窗式等样式，多以张贴手抄报或手写板书的形式展示信息。这种媒介多用于公益信息的传播，多数置于比较休闲且路人较多的场地，供路过有时间的人驻足阅览。阅读推广作为公益行为，很适合利用广告宣传栏媒介。广告宣传栏媒介承载的内容比路牌和灯箱媒介更翔实，更注重实用价值；而且它所处位置没有那么商业化，深入人心的效果更明显。

目前，宣传栏在造型上普遍较单一，多以报刊亭造型和橱窗造型为主，其他造型很少出现，一些富有想象力的宣传栏几乎没有（田舒新，常银婕，2012）。阅读推广主体在利用宣传栏时，可以结合推广主题适当改装一下宣传栏的造型。有特色的造型会吸引人注意，容易让人联想到它所倡导的主题，使阅读日渐深入人心。

阅读推广许多内容都适合广告宣传栏媒介。权威团体发布的好书榜单、各类图书奖书单、某地区年度借阅排行榜、专家名人荐书等形式的读物推广；阅读技巧与方法；读书典故举要；阅读人物评选结果展示与介绍；书评；阅读推荐项目简介等内容，都适合广告宣传栏媒介。在阅读推广机构附近的较大宣传栏，还可以系统地设计其板块内容，如阅读推广主体简介、团队风采、发展规则、活动品牌、成功案例、公告等栏目，让更多来到它跟前的人了解附近的阅读推广机构的情况，进而吸引他们走进阅读推广机构。

广告宣传栏媒介需要路人驻足观看才有效果，这就需要它的内容展示有足够的魅力。在策划阅读推广文案时，就需要思考以什么样的方式更贴近路过群众的喜好。虽然宣传栏可以承载文字更多，但为了重要信息凸显，还是尽量减少赘述。文案的插画或背景须有创意，与阅读推广主题相适应。

阅读推广主体在选择投放地点上，也须依照阅读推广对象来选择。

值得一提的是，公共设施媒介是构成生活环境的一部分。它不是孤立于环境而存在的，也不同于单纯广告设计，它呈现给人的是它和特定环境相互融入、作用的效果（赵超，郑亚楠，2009）。所以在利用路牌、灯箱、广告宣传栏等公共设施媒介时，除了保证阅读推广信息的有效传达，还需要使其与周边环境相呼应，融入地方的文化底蕴中，有效提供阅读推广的社会价值和人文价值，促进全民阅读。

二、专用设施媒介

（一）推介书架

推介书架是阅读推广机构在自己的领地划出固定区域设置书架，根据热点选择主题图书放置书架上展示，供读者现场浏览与阅读（吴锦辉，2015）。推介书架是建立在传统的图书书架之外的特色书架，是促进图书走近读者的重要渠道之一，在阅读推广中能起到非常良好的媒介作用。它能及时、直观地宣传图书；能节省读者时间与精力，节省他们查找图书的时间；设立推介书架是辅导读者阅读的好方法，借助优良的图书，有效培养良好的阅读习惯，能提高读者阅读水平和阅读效果。

推介书架设立的位置很重要，须醒目，一般可设置在阅读机构的入门大厅、书库入口、阅览桌旁边、宽阔的走廊过道等能吸引读者注意的地方（洪文梅，2002）；也可开辟独立的空间，但必须遵循醒目的原则。

书架也是引起读者驻足的重要因素。书架的设计应以美观、方便为标准。它能表现阅读推广主体的品位和专长，也能让读者享受阅读的舒适与快乐。

推介书架都是依托一个主题而设立的（郑伟，刘艳，2015），阅读推广主体根据自己的馆藏特色，利用各种纪念日、节假日、热门话题、热点事件等设置书架主题。目前常用的主题热点有中国共产党成立若干周年、战争胜利、伟大人物诞辰、三八节、劳动节、国庆节、儿童节、寒暑假、专家教授荐书、世界杯、校友专题、本土作家作品、推理旅游等兴趣类图书、诺贝尔文学奖获奖者书展、考试专题、毕业季等。另外，一个好的主题名称对宣传推广有很大影响，有些时候，读者首先对书展主题产生兴趣，才产生进一步阅读图书的想法。主题命名应响亮，给读者新意和想象力，易于给人留下深刻的印象。

书架上所展出的图书，必须与书架主题相匹配，内容健康，积极向上，适合推广对象阅读。所选图书应遵循新颖性、休闲性（李龙，2015），避免选择陈旧的图书，以及晦涩难懂的专业书籍。还可以选择符合主题且借阅率高的图书，借阅率高的书得到了更多读者的认可，也能激发更多读者的读书兴趣。

阅读推广主体利用推介书架时应注意的事项有以下几点：第一，推介书架最好是长期性的活动，但要不定期更换书架主题，且两次书展间宜保持一段时间间隔。这样容易形成品牌效应，又不引起读者反感。第二，展示图书数量适宜，少了读者无书可选，多了就无法与普通书架区别开来。第三，应有专人负责书架的管理。书架的书被读者选走后，应及时补充；书架乱了应及时整理。整齐充实的书架，读者才乐于靠近。

（二）图书展台

图书展台也是阅读推广主体在搞书展活动时常利用的推广媒介。如在室内开辟一个独立空间，更多的是在户外或展览会上设展台，展示图书，供人们现场浏览、阅读、购买或借阅。图书展台具有开放性和交流性，能吸引各界的关注和参与，对鼓励全民阅读、提升阅读风气起到巨大的推动作用。

展台的选址一般有图书馆、学校、广场、科技馆、公园、展览中心等地方。这些地方交通便利，便于人们往返参展；场地开阔，能容纳更多的参观者选书与交流。除了大规模的书展在规定的场馆举行，其他阅读推广主体的个别书展的具体地点是依据阅读推广对象而确定的。

很多时候，我们看到的展台就是若干桌子上摆放图书来展示，这当然也能起到信息传播的目的，但无疑在展台设计上花一些工夫，围绕书展的主题、目标、内容，在展台的造型与色彩等外观效果上增加实用性和艺术性，彰显文化的内涵和魅力，更能吸引参展者了解书本，亲近阅读，促进阅读（尹盈，2014）。展台设计的要求：第一，从参与对象的角度来做设计。展台设计首先要考虑人的因素，是否能调动参与对象的情绪，激发他们阅读的兴趣是书展成功的关键点。从参与对象的角度来设计，容易引起他们的注意、共鸣，留下较深的印象。第二，展台设计须考虑空间（薛川，2011）。拥挤的展台效率低，参观者也会失去兴趣，空荡的展台效果一样不好。从展台工作人员和参观者数量来考虑展台展架使用量和布置方法，使参观者既能从容选书，又有空间来品书或与人交流。第三，和谐简洁有序。展台的布局、色彩、图书、展架应和谐地组合成一体，但又不要繁杂，把无关装饰减少到最低限度，因为参观者和路人行走匆忙，若不能快速获得明确的信息，就不会对展台产生兴趣。第四，突出焦点。展台应有焦点，以吸引参观者的注意力。首先要有醒目的标志，醒目标志方便参观者识别和寻找，也能吸引路人注意，能让人留下印象。展台服务于阅读推广，重点推荐的书籍也应是焦点，可通过位置、布置、灯光等手段凸显其重要地位。

图书展台的利用日渐广泛，小到一个图书馆的展书活动，大到各地的图书博览会和国际书展，展台在其中都起着重要作用。

（三）移动架栏

移动架栏是指可移动公告栏、可移动展板展架等设施，也是目前使用广泛的宣传媒介。它一般用金属、塑胶、玻璃等材质制成，能立在地上，上方为展示主体。它的特点：造型简练，造价便宜；轻巧便携，方便运输、携带、存放，有的架栏脚下安有轮子以便移动，有的架栏可以折叠收纳，如易拉宝；可反复使用，能更换板面展示不同内容。

移动架栏可安置在室内，也可以放在户外，但不能远离阅读推广主体，必须在可控范围内，以便管理。不管室内户外，移动架栏都必须放置在显眼的位置，才能起到广而告之的作用。但也不能挡路，或放在给行人造成不便的地方。

移动展栏、展板用以展示平面载体，如纸张、海报、报纸等。适合承载的内容也比较多，如临时通知、读者路线导引、阅读推广活动介绍、新书推介、新书目录展示、数据库介绍等具有广告性质的东西。如果只有文字，那么字体要大，且与背景的对比度强烈，才能让路过的人一眼看清楚。如果展板比较大，最好采用海报展示，图文并茂才能更吸引人阅读。

移动展架可以放置小册子、各种宣传资料、图书、期刊等。移动展架不同于书架，它最主要的功能是宣传信息，因而它所展示的资料最好是封面面向读者的，用资料上的文字、画像来吸引人靠近。如果资料是叠放的，或用侧面对外，那么效果就会大打折扣，因为路过的人并不知道那上面放着什么东西。

三、景观设施媒介

景观设施即空间与实体，也是信息的媒介呈现（李雪峰，2016），是信息的符号化、形象化，影响着人们的认知与行为。景观设施包括精致小品、雕塑、水景、艺术铺装、景观效果灯等。景观设施媒介以其直观性、体验性、自由性等优点，对社会起潜移默化、直接有力的影响。因此，景观设施媒介在阅读推广中能起到影响受众认知与行为的作用。通过受众留意景观，了解其内容，做出阅读推广主体期待的行为，或创造价值，或者达到改善受众的阅读态度或信念的目的。如在休闲场所，一个带座位的石桌边上，有一个铜人坐着读书，这个景观让观者意识到这里不但是休闲之处，更是良好的读书之地。又如，在一片草场上，几个人物雕塑弯腰围着一本书在指点讨论，无疑也传递着一种文化氛围。

景观设施的建设，成本较高，阅读推广主体多以招标的方式来完成。阅读推广主体在其中起到指导、监督的作用。其中，设计是建设最重要的环节。

阅读推广景观设计应遵循以下原则：①文化性和地域性（王丽，姜长征，2006）。每个地域都体现出其特定的文化特征，人都有文化情结，对地域文化背景的探求而创造出来的景观环境，可以使当地居民产生文化认同感，引起思想的共鸣。②整体性（季建乐，何疏悦，2010）。景观设施不是单独存在的，而是与周围空间所配合。因此，景观设施除了实用性，造型上也要符合统一、均衡、比例、尺度、韵律、色彩等形式美的一般法则。③多方参与（贾茸，张建华，2013）。景观设计师有着设计专业的优势；阅读推广主体能把握传达的思想和价值；而景观是为受传者服务的，受传者在一定程度上也决定着景观的形式，因此公众的参与也是必要的。④坚固耐用。景观设施媒介是三维立体的，需要长时间地存在于天地间。

第四节　网络阅读推广媒介

一、电子邮件

电子邮件是一种高效低廉、到达率高的媒介，它打破了时间和空间的限制，让时间或地点不同的人们能有效沟通。电子邮件媒介具有传播范围广、实施简单、高效、成本低、针对性强、反馈率高等特点（黄兴，2012）。电子邮件能在用户邮箱里长久保存，便于回顾，也有更多的思考机会。邮件可再转发，也使宣传推广的作用发挥更大。

在目前的阅读推广活动中，电子邮件媒介的利用率比较高。阅读推广主体组织活动时，可以用电子邮件接收参与者的参与作品；遇到问题时，读者可通过电子邮件来咨询等，这些工作利用一个免费邮箱就可以完成。阅读推广主体还可通过电子邮件向读者群发阅读推广相关信息等，这需要依靠专业的邮件群发软件，或者第三方提供的群发邮件平台。

利用电子邮件媒介，需要注意：第一，提供优质的内容是根本。邮件内容吸引人，才会有更多用户订阅邮件。自办电子刊物、新书通报、好书推荐、优秀的阅读推广项目广告等内容都适合使用这种媒介。内容力求简洁、实用、清晰，冗余的信息只会引起收件人的反感。如果内容太多，可以提供一个关于详细内容的链接，以供感兴趣的收件人主动点击链接接收内容。另外，在邮件内容合适的位置加上阅读推广主体的 logo 或名称及联系方式，也会起到宣传的作用。第二，邮件格式也很重要（刘录敬，2010）。发件人一般要用阅读推广主体名称。邮件主题要明确，让收件人快速地了解邮件内容，也便于用户日后查找，同时它也是让接收者有兴趣打开邮件的关键。第三，及时回复咨询及意见邮件（尹年莲，2003）。及时地与用户沟通，表示对他们的重视，不但会提升阅读推广主体的亲和形象，也表明工作效率高，信誉强。第四，控制邮件大小与发信频率。由于带宽或电脑配置的差异性，难免会出现太大的邮件打开速度慢，导致用户无耐心等待的问题。发信不要过于频繁，也不要重复发送邮件，邮件轰炸并不能让收件人印象深刻，反而会产生厌烦情绪。第五，允许用户退订（张春明，2014）。利用电子邮件媒介要以用户事先许可为前提，无论是用户主动订阅和阅读推广主体主动收集的邮件地址，都应允许用户主动退订，充分尊重用户的自由。第六，电子邮件媒介也需要推广。阅读推广主体可以充分利用其他媒介来推广邮件地址或邮件列表订阅页面。

二、即时通信

纵观目前的网络传播行为，即时通信媒介已深入人们生活的方方面面，QQ、MSN、在线客服系统、阿里旺旺等即时通信工具已不仅是我们进行网络交往的软件（徐玮，2008），更是我们网络信息交流的重要媒介，在满足人们信息沟通、工作、商务等需要的同时，对人们的生活、交往、思维方式产生深远的影响。即时通信的使用双方都有传播过程的主动权，传播是双向性的，互动性强。这种点对点的传播结构更有利于传播者进行交流沟通，从而保持传播的稳定和连续，同时也节约了大量的成本和时间，使得传播更为迅速和快捷（曾露，2010）。即时通信平台除了实现单体点对点交流，还可以通过群和组的功能实现协调统一的沟通与传播，群和组的功能可以将信息定向传递到有着共同需求的小众群体之中，而其操作框的广告位可以到达大众群体。即时通信网络是呈网状多节点的传播结构，通过人们的发布和转发等行为可达到舆论广而告之的目的。

在阅读推广中，即时通信媒介一般用于信息咨询、消息推广、组织活动等方面，它所提供的沟通与宣传功能大大地提高了工作效率并降低了成本。在信息咨询工作中，单体点对点功能能发挥很好的作用，通常把通信入口嵌入或悬浮于阅读推广相关网页，以便读者遇到问题时能立刻找到解答途径。而消息推广、组织活动等工作，利用群和组的功能的效果更佳。阅读推广主体可以通过一次活动或一次宣传把志趣相同的人聚集到一个群或组里，方便以后发布信息和再次组织类似活动。

在利用即时通信媒介时，应注意：第一，阅读推广工作人员应该注意用语规范。工作人员代表的是一个阅读推广主体的形象，因此要特别注意语言的规范性和亲和力，以免产生负面影响。即时通信具有即时性，因此要求工作人员具有快速地组织语言的能力。因为读者交流的内容涉及多方面，这就要求工作人员须了解阅读推广工作的多方面内容，以便能及时与读者交流。第二，及时回复读者咨询，妥善处理读者的建议与意见。读者能得到友好的对待，会更愿意亲近阅读推广机构。第三，群和组的功能更有利于宣传推广，但也需要花时间和精力来主持日常管理工作。工作人员需要经常性地与群友沟通对话，保持热度；也需要制定规章，维护秩序（秦双梅，2015）；也可以通过群收集大家对阅读推广活动的策划建议。第四，与其他媒介协作。单独使用即时通信媒介的宣传推广是很有局限性的，应与其他媒介结合使用，才能达到更理想的推广效果。

三、网站

（一）阅读推广主体网站

阅读推广主体的门户网站本身就是阅读推广主体的一个虚拟窗口，集服务与宣传推广于一体，阅读推广活动可以借助阅读推广的门户网站进行更好的设计和宣传来吸引大量读者，引导人们形成阅读意愿，帮助人们选择阅读内容，最终达到阅读推广的目的（梅华，袁汉平等，2015）。阅读推广主体的门户网站，在网站设计思路、栏目内容、管理运行上可以很大程度地自主创新，是阅读推广一个非常重要的网络媒介。

阅读推广所有的内容都可以通过门户网站来呈现，包括阅读推广主体介绍、logo、阅读理念口号、各种形式的资源推介、新书快递、导读、活动宣传推广、自办刊物、阅读人物、阅读方法指导、书评、阅读视频、阅读沙龙、读者互动、数字阅读平台（张淼，2014），还有其他阅读推广媒介的推广等。多数网站将这些内容散落在各个栏目中，使得阅读推广主体开展的丰富多彩和形式多样的阅读推广活动没有得到集中体现而丧失生命力和持久性，阅读推广因没得到网站广泛、持久的宣传而缺失了独特的文化魅力，既达不到深层次的阅读推广效果，也无法形成独特的阅读推广品牌。因此，阅读推广主体应在门户网站中组建阅读推广的专题栏目（马铭锦，2015），让阅读推广活动常态化、系统化，形成长期性和延续性阅读推广机制，推进阅读推广品牌创建，达到不断提升读者满意度与忠诚度的效果。

阅读推广的专题栏目应是一个综合性的平台，作为文化媒介集中展示阅读推广主体的各项文化活动，促进与读者的互动交流。无论是网页设计，还是栏目布局(孙丽媛，2016)，都须以阅读推广对象需要为主，在制作平台前有必要深入调查读者的阅读行为、阅读规律，这是阅读推广专题栏目得到读者认可的基本前提。总体来说，网页设计应简洁明快，功能清晰明了，即便是首次浏览该网站的用户，也能轻松地使用该网站的各项功能。应以阅读推广主体特色与读者需求来设立各子栏目，重视与读者的互动设计，以增加读者的自主意识，主动参与到阅读推广活动中来。栏目内容与形式应多姿多彩，注意阅读的趣味性、导读性和参与性，以灵活互动的方式牢牢抓住读者心灵。另外，阅读推广专题栏目的运行管理应由专项小组负责。活动策划、网站设计、专题制作、图片拍摄和文字报道等，都需要一支团结协作的专业团队才能完成，这是阅读推广专题栏目的组织保障（杨莉，2014）。建立常规工作模式，才能保障工作常态正常运行。

利用网站阅读推广媒介时，应注意：第一，栏目内容更新要及时。滞后的信息将会影响读者关注、参与的积极性。第二，在推荐图书时，除了纸质图书，还应注意数字资源的推介（王艳秀，张志美，2015），如新增数据库、网上免费书刊导航等，满足不同读者的不同资源需求。

（二）各类型知名网站

其他类型网站，如综合性门户网站、各级政府网站、视频网站等知名网站，都可成为阅读推广的媒介。知名网站有各自的受众基础，推广的内容能触及更多人。但阅读推广主体利用其他类型网站时，自主性并不强，因此，能投入的内容就不多。比较适合的推广内容，如举行大型的阅读推广活动时的宣传性和报道性的文字、视频资料等。阅读推广主体可以投稿的方式向相关网站推送材料，也可以邀请网站记者来参加并报道阅读推广活动情况。

阅读推广主体在利用其他类型网站时，应注意：第一，内容具有价值性。有价值的、图文并茂的材料才能吸引人关注，网站编辑才会接收来稿并推广。第二，选择适合的网站并长期合作。利用第三方平台来推广，就须维系友好的合作关系。

四、自媒体平台

（一）阅读推广微博

作为一种推广媒介，和其他媒介相比，微博具有以下优点：

1. 简单方便

微博对使用者硬件的要求不高，只要是能连接网络的智能设备，诸如电脑、手机、iPad 都可以运行。而其对使用者本身的门槛也很低，只要会基础电脑操作的人都可参与。

2. 即时性

微博的发布和被人收看都有即时性。由于智能手机的普及，推广主体理论上随时都可以发布微博，而写好的微博上传到服务器的时间一般小于 1 秒，这就打破了很多推广媒介只有工作时间可以发布的时间界限。此外，关注了推广主体微博的用户，只要刷新自己的微博，推广主体的更新就会显示在其微博页面，这就使得不管是发布还是接收，微博的即时性都很强。特别是针对突发事件或有影响力的大事件，其实时性、快捷性超过绝大多数媒介。

3. 互动性强

推广主体更新自己的微博时，其所更新的内容会及时传递给他的粉丝或关注者，而其粉丝或关注者便可立即在其下评论，由于所有人都能看到微博及评论内容，第三者可以对微博及之前的评论发表自己的评论。这就可以以一条微博为桥梁，为对此话题感兴趣的个体与推广主体之间搭建一个立体的互动通道。

4. 共享性

与网站、电子邮件、博客等媒介不同，用户可在自己微博的首页上看到所有自己关注对象的微博内容，还能将自己在互联网上看到的精彩内容发布到微博上，并加上评论，使更多的用户共享这些信息。

5. 社交性

微博用户可以通过寻找自己已关注者的好友网络找到自己感兴趣的博主，关注即可获得他的微博更新。也可以通过参加相同兴趣或话题的微群，关注其中志趣相投的人。这就在无形之中为微博用户提供了一个拓展人际网络的平台。

6. 易获得性

如果用户想了解某人的信息或更新，可以选择关注该人，之后其在微博上的所有更新信息都会在第一时间发送给用户，用户即可随时了解他的动态。

（二）微信公众平台

微信公众平台在阅读推广中能发挥媒介优势，表现在它的用户群庞大，收费低廉；信息以文字、图片、视频、语音等为载体进行即时推送；微信公众平台可实现双向交流，拥有自动回复功能；平台的数据统计能让阅读推广主体了解用户属性，任意时间段内的粉丝量，了解每次信息推送的情况等，能方便地了解到推广内容的受欢迎程度，评估推广效果，甚至还能通过用户管理分析读者群体与读者行为，使阅读推广更有针对性（于姝，杨辉等，2015）。微信公众平台有服务号与订阅号之分，由于订阅号每日都可以推送一次信息，更有利于阅读推广的持续进行。

利用微信公众平台进行阅读推广，可以重点建设以下两个功能：

第一，信息推送功能。微信公众平台的信息推送功能可主动向读者推送各种信息，如各种类型的书刊推荐、图文欣赏、名人谈读书、书评、培训公告、数字资源推荐、阅读推广活动的推广、服务推广、主题展览等。在信息推送时可使用用户分组功能，可使推送的信息更具备个性化、精准化，针对不同层次、不同需求的读者推送不同主题的阅读推荐，收效更佳。

第二，自定义菜单功能。在自定义菜单中有清晰的信息分类，读者通过选择栏目来获取相应的信息。制作自定义菜单之前，须做好前期相关调研工作，确定各栏目主题，结合实际情况，挖掘信息资源，开辟独树一帜的特色品牌栏目（刘倩美，2016）。得到读者认可的栏目，持续推送高质量的信息内容的栏目，才会有持续关注，点击率才会高，才能实现阅读推广的价值。

使用微信进行阅读推广，应注意：第一，标题及正文都应采用诙谐幽默的语言风格（连朝曦，2014）。因而，在语言风格上应不同于门户网站的正式的官方语言，而应采用更为有趣的语言，可以选择恰当的当下流行性词汇或语句来吸引读者眼球。第二，微信推送的内容要适合手机阅读，学术性或操作性太强的文章，适合精读和研读的文章，都不宜通过微信发送。微信内容是通过手机阅读，而手机阅读属于浅阅读，即碎片化、快餐式的阅读，冗长而复杂的内容一般会被读者一刷而过，起不到相应的效果。第三，内容的表现形式可更生动丰富。微信支持文字、图片、语音、视频等多种形式，可为用户打造更有创意和生动的信息形式，给用户不同的阅读感受，内容的生动化，更能吸引读者的兴趣，进而激发他们阅读的兴趣。第四，微信公众平台的功能在不断的完善中，阅读推广主体应与时俱进，随着微信功能的增加而调整，不断地开拓新的领地，不断创新，才能发挥微信在阅读推广中的优势，长久地吸引读者关注，达到良好的阅读推广效果。

（三）阅读推广博客

博客，包括搜狐、新浪、网易、和讯等众多门户、专业网站都提供各具特色的博客服务系统。因为博客是用户自身主动的行为，博客群体在讨论一个话题时会吸引来其他博客的参与（李松，2012），信息会得到更加广泛的传播，同时，这种讨论又比较容易形成更加强大的影响力，使传播效果得到极大的提升。因而博客适合做阅读推广的媒介。阅读推广主体可通过博客发布公告、近况发展及活动信息，推荐新书，提供书评，探讨阅读技巧等，还可与读者进行交流沟通，引导读者参与阅读心得的分享。

建设阅读推广博客，首先，要有一个明确的主题，博客名字、介绍信息和头像与主题相匹配。阅读推广博客在建设之初一定要思考其定位，如针对什么样的读者、目标是什么、推广什么内容等。主题可以反映在博客的名字和基本介绍信息上，让读者一眼便知该博客的服务主题。博客头像可以采用阅读推广主体的 logo 来做，logo 承载着阅读推广主体的宗旨、理念、文化，与博客的主题是相衬的。其次，阅读推广博客要有一个好的内容分类体系（严浪，2016）。阅读推广的内容种类庞杂，数量繁多，而博文是按时间顺序排列展示的，读者在面对这样繁多的博文时是无力的。如果有一个好的分类体系就能让用户很快地锁定所需信息的路径。随着博客建立时间的延长，博文数量和范围的扩大，一个科学严密、逻辑隶属关系合理的分类体系对用户有效获取信息日益重要。最后，博客界面友好，博文内容质量要过关。博客界面的简洁美观直接影响来访者的心情和访问频率，以美观性与便捷性为原则来安排博客的界面，迎合阅读推广对象的心理需求，也是留驻读者的方法之一。博文发布时要把好质量关，防止不良信息的传播，另外，还要考虑博文的标题和内容是否符合阅读推广对象的审美。博客上显示的主要是博文的标题和摘要，标题要有足够的吸引力才能引导读者去点击它，进而阅读正文。在博文中可适当插入图片、音乐或视频，增加博文的观赏性。

建设阅读推广博客，应注意以下几点：第一，注意博文的更新频率。建设一个阅读推广博客并不难，难的是维护更新，如果更新不及时就难以满足读者的需求，就留不住用户。因此，这就需要博客管理者投入一定的时间和精力，及时发布阅读推广信息，才能使博客更好地服务读者。第二，发布每条博文时要添加关键词标签。添加标签可使博文能按照标签进行类聚，方便读者检索到博文，提高博文可获取性。第三，增强阅读推广博客的互动性。博客是通过读者，与博主在留言、评论等途径进行交流而实现互动的。通过互动，阅读推广主体可了解读者当前和潜在的信息需求，提高信息提供的质量。而读者在互动中不仅需求得到满足，也体验到被重视的感觉，在一定程度上提高读者对博客的忠诚度。博主应鼓励读者多发评论与留言，并及时回复他们，也可发起阅读讨论，让读者在互动中提升自己的阅读能力。

第四章　阅读推广的体系建设

阅读推广人是全民阅读战略实施的执行个体，尤其在全民阅读计划实施发展阶段，阅读推广人的素质对阅读推广活动具有举足轻重的作用。因此，搞好阅读推广的读物建设，优化阅读场所建设，建设一支高素质的阅读推广队伍是阅读推广活动开展的重要方法。

第一节　阅读推广的读物建设

一、积极倡导经典阅读

人之所以要读书，无非出于三种目的：一是为了实际用途，例如因为职业需要而读专业书籍，因为日常生活需要而读实用知识。二是为了消遣，用读书来消磨时光，可供选择的有各种无用而有趣的读物。三是为了获得精神上的启迪与享受。实际上阅读可以分为两种：一种是实用性读书。社会上的人，为了生计，为了学业，要读很多很多实用性的书，比如专业知识书、教科书、教辅书、考试用书，以至试题集、词汇表等。这些也算是广义的书，读这些也属于广义的读书。这类书不要求人们去读，他也会读，基本不用去倡导和管理，也不用担心，这类书现在社会上人们一直在读；另一种读书是非实用性读书，这种读书不能立刻给人们带来实际利益，它主要是满足人们精神和心灵的需要。当然，这两种读书很难截然分开，也存在交叉的情形。读某些实用性的书籍，同时也能对人的精神和心灵产生一定作用；反过来，读某些主要是满足人的精神和心灵需要的书，也可能会有一定的实用功效。但读书大致上可以分为这么两类，它们之间的界限是基本清楚的。

我们现在谈论或者说倡导的全民阅读，主要指的应该是非实用性的读书，即读人文类的书，包括文学、艺术、历史、哲学等的书，以及社会科学类的书，包括政治、社会、经济、法律、教育、管理、军事类等的书，以及一些科学普及读物。其中尤其以人文类的书为主。非实用性阅读虽然不能直接给人带来实际利益，但它们能满足人们的精神和心灵的需要。人类历史上产生了一些思想著作，它们直接关注和思考人类精神生活的重大事件和问题，因而具有人文性质，同时它的影响也得到了后世的公认，已经成为全人类共同的财富，因而又具有经典性。我们把这些著作称作"人文经典"。在人类精神和心灵探索的道路上，人文经典构成了一种伟大而绵延的传统，任何一个人都无法忽视其存在。

读经典也是世界各国阅读推广的通常做法。重视读经典，在当下只能是一种倡导，就是在书籍太多的情况下倡导读经典。重读经典是当下的文化需求，也是社会的需求，更是个体的需求。经典就是人类在长期历史实践中积累的经验与智慧，通过古人的记载，又经过历史的淘汰之后所形成的传统。这些东西不论中外，都是人类最宝贵的财富。经典是经过历史检验沉淀下来的，或是思想的光华，或是言辞的精彩，或是能够给人以启迪的智慧。倡导重读经典有两个方面的原因：一是现在的书虽然出版很多，但许多书并没有太大的价值。大多数的书可能只有一时的功用，而缺少长久功用。二是在过去 100 多年里，我们对文化尤其对传统文化缺少了一种敬畏感，进行了不切实际的批判，文化产生了断裂。实现中国梦需要有传统文化的支撑，需要对传统文化进行转化，需要学习传统文化，因此就有了对传统文化经典重读的渴求。一个国家或一个民族，如果在文化上让别国瞧得起，让人觉得这个民族是一个有文化的民族，就要阅读学习和传承自己的文化经典。

中华民族也有"经典阅读"的优秀传统。春秋战国时期是一个阅读经典辈出的时代，把中华文化推上了一个巅峰，出现了百家争鸣的局面，各种诸子学说如《论语》《孟子》《墨子》《老子》《庄子》《荀子》《韩非子》等，均具有中华文化的元典价值，成为全人类的文化瑰宝。我国历代科举制度、古代私塾等均曾推起经典阅读高潮。

我国古今杰出人才的成长也都经过经典的熏陶。仅看 19 世纪末 20 世纪初中国诞生的一大批如蔡元培、梁启超、严复、李大钊、鲁迅、张元济、胡适、郭沫若、茅盾、巴金、老舍、田汉、曹禺、齐白石、徐悲鸿等文化巨人，他们都是学贯中西，融会融通中国传统文化和现代世界文化的。2015 年 10 月获得诺贝尔奖的屠呦呦，是从阅读古籍经典东晋葛洪《肘后备急方》"青蒿一握，以水二升渍，绞取汁，尽服之"的记载中得到启示，用低沸点的溶剂去提取青蒿素，获得中国医学界迄今为止在国际上的最高奖项。

传统经典需要进行现代转换和重新阐释。在一个被认为是"知识碎片化"的时代，网络信息超载和搜寻技术的超速，已经塑造出跨代"低头族"数字原生态的庞大群体，并正在改变着人们的思维方式和书写方式，"经典"因此被同时"解构"和"重构"。唯其如此，培养非功利主义的读书兴趣，体验阅读经典尤其是带有根源性的经典的深远意义，发掘阅读作为一种思想行为的反省与批评理性，乃是北京"书香社会"建设的重要议题。我们不能够一讲经典就只是儒家经典，除儒家、道家等中国传统的经典外，近现代以来的一些文学名著、思想名著、哲学名著，比如梁启超的《少年中国说》，读起来朗朗上口，而且能提升人的志气，树立起"振兴中华"的信心；再如，李大钊的《青春中国》，陈独秀的《敬告青年》，也应该算经典。民国时期的许多作品更接近于我们时代的生活，我们读梁启超的《少年中国说》，读李大钊的《青春中国》，读陈独秀的《敬告青年》，肯定要比读孔子的《论语》，比读老庄的作品给人的冲击力更大，更能使人们精神振奋。西方和其他国家的一些文学、思想和哲学名著也是经典，我们也应该阅读。总之，不能只读传统的经典，凡是有利于身心健康、人格塑造、情操培养的好书都应阅读。

此外，还要不断探索新的经典阅读实践形式。经典阅读一定要跟随时代。"互联网＋"的数字化时代，"书"的含义已经发生很大变化并逐步多元化，互联网技术使信息传播成本大大降低，而且信息传播速度快捷，受众范围广泛，社会参与率高。怎样把经典融入多媒体是全民阅读进一步深化的创新课题。媒体多样化应该给传播经典带来方便，不管是什么媒体形式，在任何时代，都不应满足于浅层的信息获取，而应在经典阅读中打牢人生的根基，引领全民阅读的潮流。2017 年春节，《中国诗词大会》《中国成语大会》等文化类综艺节目火爆就证明了这一点，让观众感到这个春节富有阅读经典的意味，成为延续中华文脉、提升群众文化素养的节日，民族文化的基因绽放出新的生机和活力。我们如何利用新媒体的优势寓经典于娱乐之中，调动全民阅读的积极性，吸引全民参与，促使中华文化基因逐渐苏醒，是出版文化工作者和阅读推广者的光荣任务。

二、鼓励出版优秀原创图书

全民阅读除了读我国经典著作、国外精品佳作，更多的是由出版社策划出版的原创图书。为国民提供什么样的可选择的阅读书籍，生产什么样的原创图书，是每个出版人都应该认真思考的问题。

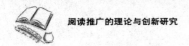

（一）原创图书出版存在的问题

目前原创图书出版主要存在以下三个问题：

第一，跟风出版现象比较普遍。一本书在图书市场上畅销后，不久便会有一系列从名称、内容、题材到封面等均类似的图书出现，形成跟风出版现象。

第二，"大书"出版现象比较普遍。有些出版社以出版"系列""文库""大全"为名的图书套系为生路，除了名称"大"，册数也偏多，少则上、中、下册，多则10册以上。这样的图书系列不是不需要，而是远离了一般的读者群体。有闲暇的读者可以在家里慢慢翻阅，或是去图书馆阅读这样的"大书"，但是对于每天忙里偷闲在地铁里想学习一些知识的大部分人，特别是青年人来说，简单的"小书"也许更能满足他们的需要。

第三，"儿童图书"的出版量过大。近年来，儿童原创图书异军突起，有的甚至已销售到国外。儿童图书出版收益相对较高，这就造成了图书市场儿童图书唱"独角戏"的现象，不利于全民阅读的深入开展。

（二）原创图书出版的解决对策

针对上述问题，在推出更多原创产品的过程中，要突出以下几点：

1.突出多样化出版

以古典书籍的出版为例，很多读者不再满足于看他人对经典的解释，而是希望自己也能够阅读原文。然而我国很多古代经典作品，需要有较高的文化水平和古汉语知识才能理解和领会。古代经典作品的阅读难度令一些读者望而生畏，需要通过辅助工具才能阅读。古典阅读的出版，必须以多样化为主，避免雷同和抄袭，满足读者的多样化阅读需要。

2.突出个性化的图书

以日本出版的《百利达公司食堂的菜谱》为例，该菜谱描述的是日本生产体重计、体脂肪测量计的百利达公司食堂的菜谱。该菜谱之所以成为畅销书，首先，它详细描述的所有食材在一般超市均能买到，方便而实用；其次，它满足了家庭主妇的需要。日本的家庭主妇每天费尽心思，为家庭成员提供既吃得饱又吃得好的饭菜，价钱、热量、盐分、味道成了她们必须考虑的因素，花费了她们很多时间。家庭主妇们希望有这样一本经济实惠的书：食材的分量、热量、盐分等要有明确的标示；口味能包括日本、欧美和中国风味。这本《百利达公司食堂的菜谱》完全符合她们上述要求，因此该书成了一本畅销书。

3.提高编辑队伍的水平

编辑的水平直接决定着出版物的水平，编辑的高度代表着出版单位的高度。因此，无论是在传统图书出版领域还是在数字出版领域，编辑的作用、地位，以及对编辑的要求是一致的，不能因为产品形态的不同而有不同的标准。要打造高质量的出版物，核心环节是提高编辑队伍自身的文化素质、欣赏水平、阅读品位，所以加强编辑的自我修养、自我提升非常关键。

三、大力推进数字阅读

全媒体时代的阅读以其独特的阅读方式和手段，打破了以往传统阅读的束缚，引领全民阅读推进转型。科技的发展已经改变了我们传统的阅读方式，越来越多的读者喜欢从网络上阅读或者移动阅读。无论是通过哪种终端进行阅读，读者所获取的都是终端上提供的内容信息，它们在形式上有所差别，但阅读的实质并没有改变。阅读方式是多元的，每一种方式都有其优缺点，都有其适合的人群和对象，因此不同的阅读方式是可以共存的。

网络阅读和多媒体阅读拥有其他媒体无法比拟的优点，它们可以用图文声像多种方式表达内容、传递信息，这些读物内容色彩丰富、图像生动，有的甚至有视频录像等。文本、色彩、音乐、画面相互辉映，构成了一个立体的、互动的阅读环境，可以很快地把读者带入阅读情景中。在这样的环境下，所获得的信息更易于记忆，能满足那些不喜欢读书或者对传统阅读方式厌倦的读者。因此，新型的电子读物已经成为一种新的阅读方式，超文本阅读成为人们阅读的重要取向，对于推动全民阅读具有不可估量的重要作用。超文本阅读改变着人们的书写和学习方法，越来越多的人选择了键盘书写，键盘书写已经逐渐成为最经常、最主要的书写形式。

有了网络阅读和移动阅读，读者跟精神食粮的距离更加接近。无论是在线阅读，还是点击链接，读者在阅读的过程中都可以自由选择阅读的内容和界面，体现了读者在阅读中的主动性。通过搜索引擎，读者可以毫不费力地搜索到想要阅读的内容，而且在目前的网络环境中，很多内容是免费的或者价格低廉，这就节省了读者的时间成本和经济成本。由此，网络阅读可以给读者提供巨大的阅读空间、海量的阅读内容，也同时给读者提供了思考的空间。这在阅读的形式上非常便利，内容上又非常丰富。移动阅读更是满足了读者能随时随地读书的愿望，只不过读的书不是实实在在的书，而是通过数字化的方式将所要阅读的内容集中到手持移动终端上来，读者随身携带这类移动终端，阅读就可以无处不在。相对于纸媒出版来说，网络阅读和移动阅读只是一种补充方式，它们在形式上丰富了阅读的呈现方式。现在的网络阅读和移动阅读并没有阻碍我们的社会阅读，而是在一定程度上丰富了现有的出版方式和阅读方式，方便了出版物出版和读者阅读。

在阅读网络出版物和电子出版物时，读者在阅读中可以占据主导地位，对于想要阅读的内容，读者可以通过搜索或者链接，快速找到自己感兴趣的信息和内容，这使读者的阅读变得更为积极主动，这与以往的被动阅读——给什么内容就阅读什么大不相同。另外，计算机信息技术的发展还改变了传统媒体对内容资源的垄断，读者也可以通过网络平台生产内容，如读者可以通过留言、评论、微博等方式发表言论，这样读者在阅读内容的同时也可以是潜在的阅读内容的提供者，有机会参与网络出版内容的形成，这种主动参与阅读的方式，改变了以往读者阅读的被动性，提高了读者阅读的兴致，丰富了阅读的含义。

但数字阅读在网络资源内容监管、数字资源规范以及信息数字鸿沟等方面存在不少问题，为保障数字化阅读活动的良性发展，必须构建安全完善的数字阅读环境。

第一，建立统一的网络信息内容安全治理机制。明确网络监督管理职责，制定统一的网络内容监督评价标准。对现有安全技术的升级换代，提供各种技术支持。建立网络信息收集、评价、共享机制，提高应急事件的处理效率。整合各部门间分散的网络信息内容管理资源，由监管变为监督，各部门既配合执行各项措施，又加强部门间的联动和相互配合，更好发挥行政监管作用。

第二，建立严格自律模式，道德良性引导。通过网站、论坛等渠道，采用启发式回帖、点评、互动等多种方式引导网民遵守网络道德规范。大力开展各类宣传普及教育讲座，加强道德伦理学习教育，净化阅读空间。培育青年学生的网络道德，引导学生的网络行为。引导青年学生弘扬传统文化，提高道德风尚。建立严格的网络运营商、主流网站、互联网协会行为准则，加强行业道德严格自律，建立行业激励机制，推广积极向上的网络活动。

第三，提升网络技术水平，强化网络监管能力。加快推进网络信息安全技术研发，提升安全防护系统的整体水平。加强专业技术人才培养，提升其技术水平。在学校、图书馆、车站、银行、社区等公共场所建设连接互联网的信息平台，方便民众自由享用网络。推进电子政务建设，建立信息共享交流平台。

第四，必须针对数字阅读与传统阅读的不同特点，制订不同的阅读方案。例如，对于儿童阅读，应更多地阅读纸质出版物，特别是纸质书刊；对于娱乐性、新闻性阅读，可以更多地使用数字阅读，特别是手机阅读。对于知识系统性学习性的阅读，纸质阅读更有助于记忆；如果是搜索某一类型的知识，数字阅读可能有助于快速地检索与提取。阅读方式在一定程度上是互补的，读者在不同时间和空间，可以采取不同的阅读方式。例如，在旅途中，我们可以选择轻便的手持电子书或者手机来进行阅读；而在家中，大屏的显示器和图书都不失为我们良好的阅读载体选择。

第二节　阅读推广的场所建设

读书能够增强一个民族和国家的文化实力已经成为世界各国的共识，建设一定数量的图书馆或读书场所也成为社会发展和建设的基础工程，但是面对海量的出版图书，人们不知所措，"好酒不怕巷子深"的时代已一去不复返了，同时发达的网络，使许多人的阅读越来越碎片化、表面化。阅读场所建设重要，但阅读推广场所建设更重要，它可以起到引导人们读好书、多读书的作用。

简单地讲，阅读推广场所就是以读书文化为背景推介图书文献及其相关活动的领域空间，但它不是一个单纯物理空间概念，而是一个具有阅读推广功能并有着丰富文化意义的场所。它既是一个有形的、可把握的空间，更是一个无界但可感知的领域。

一、阅读推广场所定义

"场所"（place）一词来自拉丁文 platea，原意指宽敞的街道，经过长期的演化，现在"场所"的意义已非常丰富。"场所"不只是抽象的区位，还是一个有界无边的具有特别属性的空间场，是由具体现象组成的生活世界，是由具有物质的本质、形态、质感及颜色的具体的物所组成的整体，场所是空间这个"形式"背后的"内容"。具体来说，场所的特质包括地形、气候、光线等自然因素和城市肌理、文脉、人流活动等人文因素。简而言之，场所是由自然环境和人造环境相结合的有意义的整体。这个整体反映了在某一特定地段中人们的生活方式及其自身的环境特征。构成场所的三个基本组成部分是静态的实体设施，场所的实体建构，建筑物、景观和美学特征的体现。

人物活动：场所必须有人活动，建筑物和景观如何被人们使用，身处其中的人们如何与人、与物互动，通过人与人的交流、人与物的互动，让人们在场所活动中获得所需信息，满足一定需要，精神文化得到升华。没有人活动的空间只能是场地。

场所意义：场所是有特定意义的，要么是功能意义，要么是文化意义，场所的意义就是场所的"所指"，是场所的生命。但是，场所的意义要为人所知，无意义的空间称为场地。只有被理解了意义的空间才能称之为场所，只有场所能够感染人、教化人。

阅读推广场所作为一种特殊的复合性空间场所，它承载图书文献推介和推荐功能并可以伴随阅览体验传播读书文化。它不同于阅读空间，但具有阅览功能；它不同于广告空间，但具有信息传播功能；它不同于商品陈列空间，但具有体验性；它不同于公共活动空间，但具有文化性。它同时具有空间的物理性和场所的精神性，只有物质环境的物质和精神特性被感知、被体验而产生一定的物质和文化认同时，环境才能转化为场所，并折射出有别于它的主体精神和环境精神，激发阅读、启迪思维的场所精神，而这特定的场所精神又反过来深刻地影响着主体——人的阅读心理和行为。

综上所述，阅读推广场所是以读书文化为基础，以推介图书文献信息为目的，以空间作为手段整合而来的概念，即为促进人们阅读而开展阅读推广的系列活动与其所处的特定空间形态构成的物理及精神的组合体。

二、阅读推广场所特征

阅读推广场所既是物质的，更是精神的，不仅是几何意义上的"物理空间"，还是社会学上的"文化空间"经细细推敲，具有以下六个特征。

（一）文化性

阅读推广场所最大的特性就在于它的文化特性，要靠场所的文化气息和力量吸引人、感染人，不仅激发人们的读书需求，更使人产生与读书有关的思想和联想，是城市或社区空间中最具文化精神性的空间节点之一，是最值得人们记忆和回味的空间。只有具备了读书文化的场所才能称之为阅读推广场所，阅读推广场所的文化性构成了它最本质的特征。

（二）聚集性

阅读推广场所的目的在于推广阅读，吸引聚集人流便是其内在所需。其内一系列的图书文献信息，旨在传达可能的阅读需求，形成其独有的吸引力，感染来往的人群，激发他们的阅读需要，促使他们由普通人群转变成读者，而且聚集性具有感染力，它会随聚集人群的增多不断扩散聚集影响，吸引更多的人聚集。从这一点上来讲，吸引聚集的人群越多越好。阅读推广场所的聚集性是阅读推广场所的手段特征。

（三）主题性

我们知道，超市在不同的时令有不同的宣传促销，如在端午节，超市会首推粽子促销；在儿童节，会有各种玩具的促销；在春节，超市会有大量的过节商品促销。阅读推广场所在不同的时间节点，根据不同的重点或题材，也应该有不同主题的阅读推广活动。在国庆节、建军节、世界读书日，文津奖专题、茅盾文学奖专题推出等时机，阅读推广场所的主题都会因时、因题而定，不会像其他空间主题一样，建成后主题基本是一成不变，如商业广场、停车场等。

（四）识别性

阅读推广场所要能吸引人群聚集的首要因素是容易识别。作为场所要在众多的空间世界中显而易见，不能让人看见的阅读推广场所不会引起注意，自然就不能起到阅读推广作用。阅读推广场所的识别性是阅读推广场所的标志特征。阅读推广场所不仅要明显标志明确的主题，还要有明显的路径、领域、节点、标志物，使路径易于达到，领域易于理解，节点容易把握。

（五）体验性

体验是人在生命的某一时刻通过对一种对象、情景或事态的经历，在其深刻的意义内涵中把握生命和存在的本质的原始意识过程，它具有强烈的情感直接性和震撼性。"体验"有领悟、体察、设身处地之意，阅读推广场所通过信息传播系列手段，营造可读、可品、可停、可思的氛围，引起读者关注，令其驻足阅览，激发阅读兴趣，使其深受读书文化感染，体验读书文化之旅。

（六）安全性

阅读推广场所必然会产生较多人群聚集，特别是大型场所的信息流、人群流、车行流以及设施等各种流线交织在一起，必须合理组织各种流线，既要保证其阅读推广功能的实现，又要确保其秩序安全，要消除可能给来往人群带来的不安全感和潜在危险，尽最大可能消除踩踏、短路、跌滑、火灾、垮塌等潜在危险，避免事故。

三、阅读推广场所分类

阅读推广场所不是单一功能的某类空间，但也因其背景不同有大体类型之分。阅读推广场所的功能目标是推广阅读，在实现此目标的过程中所开展的推广活动形式却是丰富多样的，大致有以下四大类：信息发布类、图书推介类、阅读体验类以及文化传播类。

（一）信息发布类

信息发布类阅读推广场所，是指用于图书文献发布并由发布设施统领的所属空间领域，场所要素由发布设施、聚集场地和通道组成，核心要素是发布设施，空间的尺度、布局、位置等取决于发布设施。常见的发布设施有 LED 屏幕、图书信息发布专栏等。

（二）图书推介类

图书推介场所，顾名思义，就是推广介绍图书主要信息的空间场所，它是按主题分类或作者介绍图书内容、推荐理由以及图书其他亮点的专属空间，场所要素由图书样品台、推介信息资料或推介文本和通道组成。一般位于该类书库或阅览室的明显位置，其中推介信息资料或推介文本的存放区是这一场所的关键。

（三）阅读体验类

阅读体验场所，是指读者与图书零距离接触的场所。在读者通过其他信息渠道了解图书的初步信息后，读者进一步与其接触，概览图书的大致内容，由此产生深度阅读。此类场所不一定是确定的某一个阅览室，一般位于图书推介类场所附近，还可以以书吧、咖啡吧、茶吧的非阅览室形态存在。空间要素由推介海报、小型书架、休闲座位和其他配套设施组成。

（四）文化传播类

文化传播场所是指在图书馆附近和图书馆内营造读书文化的精神文化空间。它本身没有直接图书推介的功能，但它是通过与读书文化有关的艺术感染力吸引人群来交流，使人们近距离地感受图书馆那份特殊的文化并爱上图书馆，从而获取各种图书文献信息，产生阅读需要。从这一点上讲，图书馆又是读书文化中心。

四、阅读推广场所吸引力

阅读推广场所是一种联系读者的特定空间，目的在于为读者更好服务。其与读者之间的关系评价，也可用引力来解读，即场所引力。

（一）阅读推广场所引力基本概念

在经典力学中，"引力"又称为"引力相互作用"，是指具有质量的物体之间加速靠近的趋势，是由于物体具有质量，在物体之间产生的相互作用，也是自然界四大基本相互作用之一。

阅读推广场所是为促进人们阅读而开展并推广的系列活动与其所处的特定物质空间构成的整体。它赋予人活动的特定空间。故而，阅读推广场所引力便是阅读推广场所通过某种联系与读者之间的相互作用。

阅读推广场所具有以下引力特征：一是普遍性。读者步入阅读推广场所便会受其引力作用，即场所内遍布引力，无处不在。同时，读者本身的需求也构成引力源，与之相互作用。二是可塑性。由于阅读推广场所引力是场所与读者之间的相互作用，与经典力学中的引力一样受物体质量和两者间的距离影响，阅读推广场所引力也同场所本身和读者自身以及两者之间的可达性相关联。故而，抓住变量调整场所的引力是可行的，即场所引力的可塑性。三是感召性。阅读推广场所是经过人精心设计营造的特定空间，目的在于感染、召唤读者进行阅读，即场所引力具有感召性。

（二）阅读推广场所引力机制原理

经典引力定律表示：引力的大小和物体的质量以及两个物体之间的距离有关。物体的质量越大，它们之间的引力就越大；物体之间的距离越远，它们之间的万有引力就越小。与之类似，阅读推广场所引力的大小同场所"信息质"和场所的可达性有关。场所"信息质"越高，它们之间的场所引力就越大；场所的可达性越差，它们之间的场所引力就越小。

1. 阅读推广场所引力产生

场所引力产生是场所引力运行的起点，没有这个起点其他都无意义。按物理力学，引力的产生是两个物体之间产生相互作用，阅读推广场所引力产生的两个物体就是信息与人，其中信息起主导作用。因此，阅读推广场所要产生初始引力，信息是关键，但离不开人，同时它们若不能相互作用也不会产生引力，必须是信息与人群相互作用后才能出现引力。

2. 阅读推广场所引力传递

阅读推广场所引力产生如果没有后劲支持，引力传递会自然中断，人群只能获得浅表的信息，不可能产生进一步的意向、概念和意境。后劲的产生也主要取决于场所中的信息强度、空间格式、设施形态、环境氛围等，当信息强度足够有看点、空间格式感受深刻、设施形态感召力强、环境氛围感人至深时必然会作用于人群并促使其参与其中驻足观读。

3. 阅读推广场所引力延伸

阅读推广场所不是阅读场所，阅读推广场所的目的是在场所文化气氛的感染下，通过阅读推广，使人们获得图书文献的关键信息，进而促使其产生读书需求，产生阅读行为。阅读推广场所引力延伸就是阅读，也是阅读推广的目的。

阅读推广场所引力机制是一个连续封闭的系统，要增强或减弱某一受力方向的运行，只有加强或中断其中环节方可实现。

（三）阅读推广场所引力构造方法

根据阅读推广场所引力的机制原理，科学构建阅读推广场所引力就成为阅读推广人必须研究的课题。

如前所述，阅读推广场所引力产生要素为信息强度、空间格式、设施形态，四者不能独立存在。只有在四者合理组合、共同发力时，才会产生可持续的场所引力。由阅读推广场所引力的产生条件可知，高质量的阅读推广场所和读者以及便捷的交通是增强引力的关键，三者交相融合构筑了场所引力的环境。

1. 信息强度

信息强度不是一般的通知公告的广而告之，而是由场所意境、场所图文传达的某种关于客观事实的、可流动的知识能量。它具有事实性、时效性、不完全性、价值性、针对性、量化性和变换性等特性。阅读推广信息不能编造，必须真实；不能常设不换，必须定期更新；不能随意，必须优中选好；不能普适，必须有针对性；不能小而全，必须提取关键。如西南科技大学图书馆设置在校内主要公共区域的图书文献信息专架。

2. 空间格式

空间是存储信息和人群的容器，积极的空间格式不仅可以留住行人驻足观览，更可以感染其心灵，令人流连忘返。一个良好的阅读推广场所空间格式一定有上好的节点位置、流畅的空间肌理、优美的空间形态、合理的空间布局、舒适的空间质感和温馨的空间气氛。如西南科技大学西七教学楼前广场，是校园主要的公共开放空间，因其"凹"字形的空间格式具有强烈的聚集性，广场由三面优美的建筑立面构成，中间设有 LED 信息发布大屏，经常发布包括好书信息在内的各种校园信息，常常吸引大量学生驻足观看。

3. 设施形态

阅读推广场所设施具有传达信息、吸引读者、摆放样书的使用功能，还有渲染气氛、审美怡情、引发联想、感染情绪的文化功能，绝不能让场所设施商业化，对每一种设施都要精心创作，把它们当成艺术作品来创作，让这些设施在满足功能使用要求的前提下，能够承载和传达一定的意义，增加它们对读者的注意力并因此产生作用力。

如西南科技大学学生食堂前的"七彩广场"，广场形态由形构成，具有强烈的集聚性，构成背景由七根彩柱与建筑物划分成两种空间，在主要视角面以诗碑的艺术形态造景，成为观众的主要视角，又在其上设置 LED 大屏幕增强其对观众的吸引力，随时播放包括好书推介信息在内的各种信息。

五、阅读推广场所条件

阅读推广场所的建设不像空间建设那么容易，空间建设只需要通过物质手段构建一个有形空间来承载某种功能即可，但阅读推广场所建设不仅要建构可实现阅读推广目的的硬件设施，更要开展阅读推广活动，培养读书文化并使读书行为延伸扩展。所以，阅读推广场所的建设更复杂。

（一）阅读推广场所硬件条件

所谓硬件条件，是指我们能切身感受，用眼睛观察的物质条件。曾有研究表明，由于中心神经系统的神经纤维中有 2/3 来自眼睛，我们的感知绝大部分受视觉支配。由此足见硬件条件的重要性。

1. 必需的基础设施

场所的基础设施是指能满足场所功能所需要的全部物质工程设施和配套设施。工程设施包括道路、广场、绿化、电路、照明和构建筑物等，包括了道路等级及路径、广场形态及铺地、绿地规模及组景、强弱电路的敷设、装饰与景观照明等具体问题。这些基础设施的建设不同于城市或建筑，技术上要符合有关技术规范，但它更重要的是能够承载和传达文化信息。规划建设时要达到功能完备，不"短斤少两"、安全可靠，不留安全隐患、容量适宜，科学确定场所承载力，大小强弱因事而异。

2. 必要的配套设施

配套设施包括阅览座椅、信息发布设施、图书存放架栏、图书查询设施以及相关生活服务设施等。阅读推广场所的配套设施有别于其他公共场所，信息发布设施帮助读者最快地获取各种图书文献信息，阅览座椅能方便读者浏览信息资料，图书存放架栏可以定期更新推荐样书，相关生活服务设施(如饮水点、咖啡座等) 可以为读者提供基本服务保障。

（二）阅读推广场所软件条件

软件条件是指不能作为实际存在而出现在眼前的事物，却深刻影响阅读推广场所的性能，如文化氛围、管理制度以及馆员队伍等。

1. 专属的文化氛围

校园是文化意味浓厚的特定场所，而阅读推广场所又可依仗其文化因子感染、吸引读者。在场所内，可通过景观小品营造其独特的文化氛围。

共同景观小品在空间中虽然是物质形态的"景物"，但它的本质功能却在于通过景观的主题，用艺术形式营造一种文化场，有怡情励志的作用，集思想性、知识性和艺术性于一体，是阅读推广场所必不可少的条件。当然它不一定以独立的景观小品形式出现，也可以融入其他要素，如与基础设施一体化则使基础设施景观化。如西南科技大学图书馆北门入口"劝学"景观小品，中国古代书简的造型、各种形态的"书"字、《劝学篇》诗文等文字、符号与山石共同构成小品，形成了只有图书馆才独有的读书文化的前奏氛围。

2. 管理制度

相应的管理制度是阅读推广场所必备的基本条件。没有科学规范的管理，再好的硬件条件都不可能达到阅读推广目的，更不可能通过阅读推广场所建设来培养读书文化。科学规范的管理是通过有关规章制度来实施的，阅读推广场所作为一种有生命力的运行系统，必须建立场所管理的岗位责任制度、设施正常运行保障制度、信息发布及更换计划、阅读推广主题规划、绩效督察评估制度和奖励制度等。

3. 相应的馆员队伍

馆员队伍的状况也是阅读推广场所条件构成要素，是阅读推广场所条件的主要方面。在基础设施达到要求、建立必要规章制度后，馆员的管理就成为核心问题。一支优秀的馆员队伍，需要团结精神和熟练的业务技能，认真设计和组织发布信息，适时更新信息看点，精心维护各种场所设施，研究确定发布主题规划，使阅读推广场所时刻保持吸引力和生命力。

（三）阅读推广场所条件整合

阅读推广场所的软硬件条件构成了一个完整生命系统，不论软件系统还是硬件系统中的任何一个要素都不能独立存在和运行，只有在它们形成整体合力后才能发挥阅读推广场所的本能。整合，有整理、调整并科学构建、组合之意。阅读推广场所的条件整合便是将所有软硬件条件按其功能关系有效对接融合，实现同步运行。如大型广场式阅读推广场所在基础设施上需要广场铺地、排水系统、强弱电路、LED等，需要配置熟悉弱电系统的馆员，建立安全疏散管理办法，发布关键信息等，而阅览室阅读推广区则需要合理配置座位、书台、推介资料和熟悉推介图书内容的馆员。

1. 硬件有所属

阅读推广场所都是由有形的物质空间和无形的文化氛围构成的，构成场所的道路、广场、绿化、电路、照明和构建筑物等，规划设计容易，建设也容易，但在建成后的维护、维修由于其分属不同行业部门，维持它们今后的正常运行往往会成问题，一旦出现故障便会造成停运、废弃，所以，阅读推广场所内的所有硬件设施，在建设时期就需要明确运行后的维护、维修部门，落实责任，这样才能保证阅读推广场所正常功能的发挥，不能因为这些硬件设施没有单位部门负责，年久失修而功能异化为其他功能，甚至

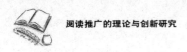

最终废弃。

2. 制度有所配

建立相应的规章制度是阅读推广场所软硬件条件整合的必需，既要有对阅读推广场所基础设施的日常检查、经费预算、维修维护、验收结算、质量回访、监督管理的规范、规定，也要建立阅读推广项目策划、更新更换、意见反馈、动态调查、场所安全等管理制度，始终保持阅读推广活动的正常、有序进行。

3. 人员有所跟

阅读推广场所各种设施有部门单位负责是必需的，建立必要的规章制度来实现阅读推广场所的科学管理当然也是必需的。但要使管理部门的责任得到落实，使各种规章制度得到贯彻，关键在人。所以，不论是负责硬件条件维护管理的部门，还是负责阅读推广的单位，必须明确具体的管理人员，明晰责任和规范，建立联动机制，才能使规章制度得到落实。

第三节　阅读推广的队伍建设

从党的十九大报告提出"开展全民阅读活动"，到《全民阅读"十三五"时期发展规划》发布，全民阅读已经被提升到国家战略的高度，随着政府、媒体和社会推动的力度加大，全民阅读的良好风气正在形成。"阅读推广人"在整个全民阅读建设中扮演着非常重要的角色，是"全民阅读"建设的重要人力保障。阅读推广人队伍的建设与管理，已经成为当前我国持续深入开展全民阅读的关键环节之一，但由于我国"阅读推广人"的机制建设才刚刚开始，相关研究与实践相对还不够成熟。

一、我国阅读推广人的建立和发展

目前，我国的阅读推广主要有三种推动力：一种是国家推动，如在每年一度的全民阅读日开展的各类阅读推广活动；第二种是社会推动，包括 21 世纪社以及梅子涵、阿甲等社会各界人士所做的阅读推广活动等；第三种则是家庭的推动。三种推动力量中，国家推动的力度最大、范围最广、效果最明显，第一种和第二种推动力量已经蓬勃开展，第三种推动还要借助前两种推动不断深入。

随着"全民阅读"建设的深入开展，"阅读推广人"这一角色应运而生并逐渐得到重视。《全民阅读促进条例（草案）》（以下简称《条例（草案）》）第十五条"阅读推广人"中明确要求，"全国全民阅读指导委员会制定标准，由地方全民阅读指导委员会组织图书馆和新闻出版行业从业人员、中小学教师、大学生及其他相关组织从业人员建立阅读推广人员队伍，进行全民阅读指导和服务工作"。除此之外，《条例（草案）》还对县级以上的阅读推广人的职业认证与培训等提出了要求。

近几年，我国各省市制定了相关地方规章制度。如深圳市公布的《深圳经济特区全民阅读促进条例》也在第 35 条至 39 条对阅读推广人的建立、权利、使用和志愿者队伍建设进行了界定，并专门制定阅读推广人管理办法，这是我国第一个专门的阅读推广队伍建设制度设计。2015 年 1 月 1 日开始实施的《江苏省人民代表大会常务委员会关于促进全民阅读的决定》及 2015 年 3 月 1 日开始实施的《湖北省全民阅读促进办法》也都对"阅读推广人"角色的建立做出了明确规定。

（一）阅读推广人概念分析

《深圳市阅读推广人管理办法》将阅读推广人定义如下：市民个人或组织阅读机构，通过多种渠道、形式和载体向公众传播阅读理念、开展阅读指导、提升市民阅读兴趣和阅读能力的专业和业余人士。中国图书馆学会在2014年"阅读推广人"培育行动中对阅读推广人定义如下：阅读推广人是指具备一定资质，能够开展阅读指导、提升读者阅读兴趣和阅读能力的专职或业余人员，培育对象包括各级各类图书馆和科研、教学、生产等相关企事业单位人员及有志参与阅读推广事业的其他社会人员。①故事讲述人、故事妈妈、文化义工、阅读指导老师、阅读活动负责人等不同类型的概念，在最基础的层面上，都可以被包含在阅读推广人范畴之内。②简而言之，阅读推广人主要负责阅读推广。依据推广的形式，阅读推广人包括阅读理念与价值的倡导者、阅读活动的策划与组织者、故事讲述人等；依据专业水平，阅读推广人可分为专业阅读推广人、业余阅读推广人；依据服务对象的年龄，阅读推广人包括亲子阅读推广人、儿童阅读推广人、青少年阅读推广人及其他。

作为阅读推广工作的组织与实施者，阅读推广人在全民阅读建设中具有极其重要的作用：一是引导阅读。阅读推广人推广阅读，传递阅读理念与价值，提高人们的阅读意愿，使不爱阅读的人爱上阅读，使喜欢阅读的人更爱阅读。二是帮助作用。阅读推广人一般具有较强的阅读能力、沟通能力，可以帮助不会阅读的人（如文盲）学会阅读，辅助存在阅读困难的人（如盲人）跨越阅读障碍。三是凝聚作用。阅读推广人通过"一对多"的组织形式，使得分散的读者能够凝聚成各类阅读团体、学习组织。而这类阅读团体的繁荣既可以凝聚更多力量参与到阅读推广工作中来，助推全民阅读建设，又使得读者之间得以充分交流，相互激励，共同提升阅读素养，凝聚社会发展正能量。四是品牌作用。阅读推广人不仅是打造阅读推广品牌的中坚力量，同时一位有名气的阅读推广人本身也是一种品牌，也可以成为一座城市、一个地区甚至一个国家的"符号"，对于塑造浓郁的社会文化氛围具有积极的推动作用。

（二）我国阅读推广人的建设现状

1. 我国阅读推广人的构成

阅读推广人应满足以下条件：首先，具有较强的阅读意愿，阅读推广人应该热爱阅读；其次，具有阅读推广意愿，阅读推广人应自愿并乐于从事阅读推广工作；最后，具备资质。阅读推广人应有较强的口头表达能力和协调沟通能力，团队精神强，不仅能够以身作则，而且能够在阅读内容和阅读方法上起到指导作用。相关政策如《深圳经济特区全民阅读促进条例》第38条、第46条提出"公共图书馆应当配备一定数量的阅读推广人"；由于以上条件的限制，长期从事与阅读相关工作的图书馆员、教师、高校辅导员成为"阅读推广人"的主要构成人员。第47条、第58条提到"教育机构应配备推广教师"。《湖北省全民阅读促进办法》第16条提出"教育机构应配备阅读推广教师"。教育机构内，高校辅导员担任阅读推广人具可行性和操作性强的明显优势，高校辅导员和学生联系密切，方便开展阅读活动，并能以阅读活动为载体促进其他工作的开展，是高校图书馆阅读推广队伍人员补充的好选择。中国阅读学研究会常务副会长甘其勋教授认为，教师是学生阅读的引路人，对学生阅读兴趣的激发、阅读能力的培育、阅读习惯的养成，起着不可替代的作用，是当然的阅读推广人。

除此之外，担任阅读推广人的有作家，如彭懿、梅子涵、"花婆婆"方素珍等；有创业者，如张大光等；有全职妈妈，如詰妈等。可以说，阅读推广人的构成呈现多元化的特征。

2. 我国阅读推广人的培育

深圳和上海在阅读推广人培育工作方面进行了大量的探索。2012 年，深圳读书月组委会、深圳市文体旅游局就开始了深圳市阅读推广人公益培训。通过"授课 + 交流 + 实践"的方式，从知识结构、实践能力两个方面提高阅读推广人的专业水平。2015 年，上海市"阅读推广人"计划暨首期"阅读推广人"培训班也正式启动。浦东图书馆作为示范性试点单位，以"阅读推广人"工作组为领导小组，负责阅读推广人管理办法、认证细则、培训课程方案等制度设计，以及阅读推广人培训计划的实施、阅读推广人认证等具体管理协调工作。尽管已有很多实践上的探索，相关理论研究却相对滞后。"如何培训""培训什么"还未得到系统的研究。2015 年 2 月 4 日，深圳图书馆举办了中国图书馆学会"阅读推广人"培育行动教材编写会第一次会议。会后，根据"阅读推广人"培育行动项目安排，该教材已经出版，同期持续开展"阅读推广人"培育行动的培训工作，包括"阅读推广人"基础级培训、少儿阅读培训、数字阅读培训、经典阅读培训等。

（三）我国阅读推广人建设存在的不足

就目前来看，我国阅读推广人存在以下不足：一是影响力不足。我国阅读推广人队伍建设尚处于发展阶段，缺少具有相当影响力的领军人。受限于自身影响力，阅读推广人未能调动更多民众的阅读兴趣，推广范围受到了一定的限制。二是分工不明确。阅读推广的目标群体多元、服务方式多样。对阅读推广人一概而论，采取"一刀切"是不可取的。应根据不同的目标群体和服务方式，细分阅读推广人，细化相应的选拔机制、培训内容、认证标准等。三是协作不充分。公共图书馆、教育机构、民间组织等之间的合作平台较少，来自不同职业背景的阅读推广人之间缺乏协作互动，极大地制约了阅读推广人的发展空间。总之，目前我国的阅读推广人建设，比较注重资质的考核，对阅读推广人的影响力关注较少。而影响力不足，又制约了阅读推广的发展。

二、加快建立阅读推广人队伍

阅读推广人的提法出自一批热心推动儿童阅读的作家和出版人，最初具有"自封"的性质。2007 年举办的"21 世纪中国儿童阅读推广人论坛"，吸引了一批来自儿童文学界、阅读、出版、语文教育界的专家学者加入阅读推广人队伍。随着全社会对全民阅读的关注，阅读推广人的概念被各类读书会和民间故事人广泛采用。全民阅读上升为国家战略后，政府的阅读管理部门和阅读行业组织着手推动阅读推广人队伍建设，使阅读推广人成为较为正式的"头衔"。深圳成立了全国首个阅读推广人协会。在《全民阅读促进条例（征求意见稿）》《全民阅读"十三五"时期发展规划》等文件中，都提出了建立阅读推广人队伍问题。

（一）完善阅读推广人制度

阅读推广人队伍建设是从"自封"、自发、没有管理的状况发展而来，如何梳理、引导与管理阅读推广人成为全民阅读管理部门和理论界需要思考的一个问题。我们认为，目前最值得关注的是建立阅读推广人制度问题。早期"自封"的阅读推广人对推动全民阅读功不可没，但在全民阅读已经成为国家战略的今天，我们需要数量更多、类型更丰富、素养更专业的阅读推广人。而建立阅读推广人制度，包括培训与认证制度和管理、激励与评估制度等，将成为引导与激励专业人员和志愿者投身阅读推广、推动全民阅读的重要任务。

1. 完善阅读推广人资质管理制度

开展阅读推广是活动组织者通过一定形式向公众提供特定的阅读内容的过程，这一过程是一个对公众进行教育的过程。特别是儿童阅读推广，与学校教育具有极为相似的性质。无论是对于阅读内容的选择方法，还是对于推广活动的组织技巧，阅读推广活动都应该由接受过专门培训、具有一定资质的人承担。但是阅读推广又不同于教师从事教学的职业行为，它更多的是志愿者的公益活动，因此严格划一的资格论证制度可能并不合适。如何建立一套既能够鼓励社会力量和广大志愿者参与，又确保所提供的内容健康、适宜的阅读推广人资质管理制度，是当前开展全民阅读所需要考虑的首要问题。

2. 建立公益性阅读推广人培训和认证制度

培训阅读推广人需要成本，收费培训是解决成本问题最简单的方式。目前政府部门授权或行业协会组织的阅读推广人培训多数是收费培训。推动全民阅读最为迫切的是推动缺乏阅读意愿人群和缺乏阅读能力人群的阅读，但这些人群往往是缺乏付费能力的特殊人群。对从事公益性事业的阅读推广人进行收费培训并不可取。因此增加政府投入，建立公益性阅读推广人培训、认证制度，对于促进阅读推广人的发展，保持阅读推广活动的公益性质，具有重要意义。上海图书馆学会建立的阅读推广人制度，包括统一的课程体系和考核、认证方法，由市内各级各类图书馆自筹资金开展公益培训与论证，由市图书馆学会统一发证及管理，是一种值得鼓励的制度探索。

3. 完善多层次、多模式阅读推广人管理制度

阅读推广人的使命是推动城乡各地的全民阅读，分布面相当广泛。同时阅读推广人自身情况各异，有些可长期进行阅读推广，也有些只能偶尔为之。因此需要建立多层次的、灵活多样的阅读推广人管理制度。如北京市根据阅读推广人的表现，制定了阅读推广人升级的制度，即在一定期限内从事一定次数的阅读推广活动后，可经本人申请和管理部门审核，由"阅读推广人"升级为"金牌阅读推广人"。我国的阅读推广人最早产生于儿童阅读领域，儿童图画书故事会是目前最常见的阅读推广活动，儿童阅读推广人是目前最常见的阅读推广人。与内容丰富多彩、已经相当普及的儿童图画书阅读推广相比，面向残障人士、居家老人、自闭症儿童、医院病人等特殊人群的阅读推广，还处于起步阶段。这类阅读推广活动对阅读推广人要求极高，除了阅读推广知识外还需要许多其他方面的专业知识。同为阅读推广人，可能有些善于讲故事，有些善于策划和组织，有些是儿童阅读推广人，也有些是残障人士阅读推广人、数字阅读推广人。上海图书馆学会的阅读推广人证书上不注明是哪一类阅读推广人，但根据分类培训分别认定，并在内部管理中注明该阅读推广人属于"儿童阅读推广人""数字阅读推广人"等，这种做法值得借鉴。

全民阅读是一项造福民族的美好事业，阅读推广人是这项事业中最可爱的园丁。各级政府阅读管理部门和行业组织有责任探索和建立与国家全民阅读战略相匹配的阅读推广人制度，引导和激励更多的人走进阅读推广人队伍。

（二）提高阅读推广人推广素养

阅读推广正呼唤具有开放心态和一定影响力、有扎实的专业基础和授课才能、能站在文化的高度推动阅读事业前进的全新阅读推广人。

1. 要有开放的心态和一定的社会影响力

阅读推广本质上是一个传播活动。这就要求阅读推广人在做这项事业的时候，必须具有开放的心态。不能保守，不能僵化，要勇于跨界，敢于站在文化传播的前沿来做好阅读推广工作。把阅读推广和地方

发展中的文化需要有机结合。校内多上课，校外多推广，只有被社会所熟知并接受，阅读推广人的价值才有真正的落脚点。

2. 要有扎实的专业基础和授课才能

做好阅读推广事业，需要具备扎实的专业基础。这里强调的"专业"，不是说必须有多么深厚的图书情报专业理论。阅读推广事业本身是一种文化传播事业，所以如果馆员自身具有文化领域的专业背景，可能会更加适合从事这个事业。不管是什么专业背景，都应该努力提高自身的专业素养。阅读推广事业需要人们在自己的研究领域内具备良好的专业基础。除了专业基础，还应具备授课才能。不管什么形式的阅读推广活动，活动的主导者必须是具备扎实授课功力的推广人。通过自己的授课来调动读者的参与度，最终使阅读推广活动落到实处。所以，授课能力是从事阅读推广活动的推广人应具备的基本功。

3. 要站在文化的高度做好阅读推广事业

阅读推广宏观上说是功在当代、利在千秋，微观上说则是阅读改变人生。一个人的精神发育史，就是他的阅读史。无论从宏观还是微观上说，做阅读推广事业时的站位一定要高，只有站在文化传播和传承的高度，才能打开眼界，扩大格局，最终把阅读推广做好。做好阅读推广，就是改变读者和我们自己的人生，而且这种改变是积极向上的。新时期的阅读推广人必须解放思想、勇于突破、不断创新，站在文化的高度去创造性地开展阅读推广工作，实现服务社会的文化、教育职能。只有这样，阅读推广事业才能真正发扬光大。

三、阅读推广人队伍的管理

管理是人类社会组织活动中最普遍也是最重要的一种活动，是在特定的条件下，对组织内的人力资源、物力资源、财力资源和信息资源等进行系统的规划、重组和调配，使其能更好地实现组织目标的一种活动。对阅读推广人队伍的管理已成为图书馆界一个重要的命题。随着阅读推广人队伍的日益壮大，为了能更好地推动全民阅读推广事业的蓬勃发展，必须做好阅读推广人队伍的管理工作。阅读推广人队伍的管理要以先进的管理理念为指导，并通过一系列管理机制来实现阅读推广人队伍的管理，促进全民阅读推广工作的顺利完成。据调查，目前还没有一套专门针对阅读推广人的管理办法，由于阅读推广人构成的复杂性和多层性，对阅读推广人队伍的管理迫在眉睫。

为了更好地做好阅读推广服务工作，必须建立全新的阅读推广人管理目标和阅读推广人管理机制。

（一）管理目标

美国管理学家彼得·德鲁克在著作《管理实践》中指出，"并不是有了工作才有目标，而是相反，有了目标才能确定每个人的工作"。所以如果一个队伍没有管理目标，这个队伍的工作就会被忽视。阅读推广人队伍为能更好地服务于大众，也必须设定这个队伍的管理目标。阅读推广人队伍的管理目标的设定要注重科学性、先进性、合理性和可操作性的有机结合。科学性是指符合阅读推广主体的职责和阅读推广的理念，符合阅读推广对象的自身需求；先进性是指要完成阅读推广人队伍的管理目标不是一蹴而就的，而是需要阅读推广人长期不懈的努力；合理性是指完成设定目标的保障条件能到位，能使管理目标的实施得到可持续发展；可操作性是指完成目标有相应的方法和措施。阅读推广人队伍的管理目标也被称作阅读推广人队伍目标管理，它是指把提高全民阅读素质整个目标作为阅读推广人队伍的导向，以阅读推广客体为中心，以阅读推广人为主导，以阅读推广的效果作为标准，来促使整个阅读推广人个人或者队伍取得最佳业绩的管理办法。

阅读推广人队伍的目标管理可分为三步：第一步，目标的设定。图书馆或者阅读推广管理中心的管理层从整体布局出发，从阅读推广人的使命和战略性出发，预设管理目标，再结合阅读推广个人的提案进行重组和优化。第二步，目标过程的管理。目标管理注重结果，强调自觉并不意味着管理人对阅读推广人放任，撒手不管。由于已经确定了阅读推广目标体系，一环疏忽，全局受牵连。因此，阅读推广人的管理部门对推广人的管理是必不可少的，从对阅读推广人的培训、资质认定、素材的积累等方面多渠道进行接触。对于阅读推广人遇到的疑难问题，要给予适当的帮助。第三步，总结和评估。阅读推广人达到预定的阅读推广效果后，要进行书面和口头总结，与队伍其他人分享成功之处，虚心听取他人建议，并根据目标的完成情况，给予一定的奖励。如果预定的目标没有完成，要帮助分析原因，及时总结经验教训。

（二）管理机制

在本书中，笔者将阅读推广人队伍的管理机制总结为：招募机制、培训机制、认证机制、评估机制以及激励机制。这五大机制紧密相连，为阅读推广人队伍的管理提供了坚实的基础。

1. 招募机制

我国急需一支高素质、专业化的阅读推广队伍来引导全民阅读工作的开展，指导国民阅读，激发他们阅读的兴趣，提升全民阅读推广的质量。几为保证阅读推广工作能长期有效地开展下去，为给有志于成为阅读推广人的各界人士提供一个平台，阅读推广管理中心应建立起一个长期有效的阅读推广人招募机制。为提高阅读推广人队伍的专业性，在阅读推广人的招募过程中，要做到宁缺毋滥，不能为求阅读推广队伍的壮大，而降低阅读推广人队伍的质量。所以在招募筛选过程中，要注重人员的阅读推广专业能力、组织能力和思想认识水平。

图书馆或者阅读推广管理部门应利用自身条件，从微信、微博、QQ等网络平台及各大媒体公布招募信息，吸引那些热爱阅读推广工作的人；邀请图书情报界、文学界、出版社的名人志士来做客，提高招募信息的社会影响力。在提高关注度的同时，应制定合适的报名条件、报名形式、工作内容、方式等相关招募内容。报名条件可涉及以下几方面：自身热爱阅读推广工作，志愿成为一名阅读推广人；有较强的文学鉴赏能力，有深厚的阅读功底；有良好的沟通能力和倾听能力；有较强的组织能力，有大型读书会、读书沙龙组织经验优先录取；有充足的时间开展阅读推广工作和长期的阅读推广培训工作。

2. 培训机制

培训机制为阅读推广人专业知识的提高、技能的提升和阅读推广工作的开展提供了强有力的保障。阅读推广人的培训机制包含了阅读推广人前期的需求分析、阅读推广人培训内容设计、培训项目实施以及培训效果评估内容。

（1）需求分析

为达到最佳的培训效果，阅读推广管理部门应多渠道了解阅读推广人的需求，这样才能有针对性地开展培训，做到有的放矢，为后期的内容设计以及阅读推广项目的实施创造良好的条件。首先，图书馆可设计调查问卷，通过调查问卷的反馈信息来了解他们对培训内容的需求以及对培训方式的喜好，比如阅读推广的理论知识、成功案例的分享、专家授课、阅读推广现场观摩以及阅读推广现场模拟等方式。其次，图书馆可与培训者进行小组面谈或者个体面谈来做好培训前期的准备工作。无论采取何种培训方式以及培训内容，都应在了解需求后，确定培训目标，以保证培训工作的顺利完成，同时提高阅读推广人的素质。

（2）内容设计

在了解了培训需求并设定培训目标的基础上，拟定培训时间、培训地点、出勤规则等，以保证培训项目的顺利进行。作为阅读推广人的专业培训，务必开设阅读推广必修课和选修课。必修课包括阅读推广理论知识、教育心理学、阅读方法等，选修课可根据将来开展阅读推广工作的对象进行适当的选择和删减。

在培训内容的设计上，要根据培训对象将来开展阅读推广工作所面向的对象进行明确的分类。根据阅读推广对象性质可分为：婴儿阅读推广人、幼儿阅读推广人、少儿阅读推广人、少年阅读推广人、青年阅读推广人、中年阅读推广人、老年阅读推广人、盲人阅读推广人以及聋哑阅读推广人等。阅读推广对象的复杂性，对培训内容提出了更高的要求，务必采取分类培训的方式，在阅读推广理论专业知识拓展的基础上，根据阅读推广对象进行分类授课。

在进行分类培训的同时，要兼顾阅读推广人专业能力和素养参差不齐的现状，分层次进行培训。阅读推广人的培训按级别可分为初级培训、中级培训及高级培训。初级培训就是基础培训，课程内容主要包括：国内外阅读推广的简单介绍，阅读推广常用的 2～3 种基本方式，让培训人掌握阅读推广的基本操作步骤；让受训人理解阅读推广理念、基本含义，使受训人在阅读推广实践中学有所用。中级培训是初级培训的提高，在对阅读推广理论有初步认识的基础上，为中级培训者开展儿童阅读推广、老年阅读推广、盲人阅读推广等培训内容。高级培训即研究型阅读推广人培训，即研究阻碍我国阅读推广的因素，通过不断的深入和研究，促进我国阅读推广事业快速发展。

（3）培训项目实施

为保证阅读推广培训的科学性、规范化以及公平性，培训单位要选取合理的培训方式开展培训项目实施。具体表现在两方面：在培训课程中通过模拟教学或者教学案例，分析阅读推广的项目流程、阅读推广项目的实施方案，以及案例中可能遇到的突发状况和解决方案；注重将受训员与将来有待开发的阅读推广项目相结合，方便学员在培训结束后，能快速地投入阅读推广项目中，使阅读推广培训真正转化成阅读推广实践。

（4）培训效果评估

为保证培训质量，对培训效果进行评估非常必要。一方面，通过受训人对课程内容的掌握程度、实习报告以及现场模拟阅读推广工作的开展来考核受训人是否合格，合格的颁发阅读推广人相应证书；另一方面，在培训工作结束后，用调查问卷或者访谈形式，来评估受训人对培训内容和培训形式的满意度以及接受程度，并且结合受训人的反馈信息记录成册，为日后的培训提供参考信息。

3. 认证机制

阅读推广人的认证机制是在培训机制建立的基础上制定的，认证机制的建立更能保障阅读推广人队伍的专业性和纯洁性。

由于我国目前还没有开设与阅读推广相关的专业，因此在职称资质认定分类中，没有关于阅读推广人的资质认定，阅读推广人不仅需要很强的专业能力，同时，要成为一名专业的阅读推广人，必须通过相关部门的资质认定。开展阅读推广活动的过程其实就是活动的策划者、组织者通过阅读推广活动帮助缺乏阅读意愿或能力的人群爱上阅读、崇尚阅读的过程，同时也是阅读推广对象接受教育的过程。特别是对于儿童的阅读推广工作来说，其与学校教育极为相似。无论是何种形式、何种主题、何种规模的阅读推广，无论阅读推广所面临的对象群体是谁，都应该由接受过阅读推广专业培训或者经过相关部门资质认定的阅读推广人来组织开展相关工作。在某图书馆的墙画上的阅读宣传画中，出现了宣传封建孝道的"郭巨埋儿"，这个故事引起了大家的反感。这就是典型没有经过资质认定的阅读推广人行为失误造成的。但是阅读推广工作又不完全等同于教师从事教学工作，它在更大程度上是一种公益性活动，从另一方面来说，严格进行资质认证制度可能又不完全合适。所以建立一套既能确保阅读推广内容得体、适合阅读推广人的资质认定，同时又能调动广大有志于从事阅读推广工作的人广泛参与的认证体系，是开展全民阅读推广工作必须思考的问题。

阅读推广管理部门应当制定相关的认证制度，其中包括阅读推广人的定位、分类分级、认证程序、选聘条件及选聘办法。聘用分为考核聘用和直接选聘两种方式。其中阅读推广人的聘用以考核聘用为主要形式，即由认证专家组在已经培训合格的阅读推广人中，按一定比例择优聘用。此外，为扩大阅读推广人培训工作的影响范围，吸引更多关注与支持，除参与阅读推广人培训的人外，只要热衷于阅读推广事业，同时具备开展阅读推广工作深厚理论功底或丰富实践经验，获得有关阅读推广管理部门认可的个人，可经认证专家组讨论通过直接授予阅读推广人资格，目前，已有来自教育界、文化界、媒体界、民间阅读机构及图书馆界等领域的 10 位社会知名人士被聘为首批上海市阅读推广人，引发了媒体与市民的关注，他们在阅读推广方面的理念与实践也为参加培训的学员起到了引领和示范作用。此外，为保证受聘的阅读推广人能够持续有效地开展阅读推广活动，对阅读推广人认证年限、聘期年限以及开展阅读推广活动的最低次数要进行明确的规定，否则将取消阅读推广人阅读推广资格。

4. 评估机制

不管是什么机构或组织开展的任何类型的阅读推广项目，都应对阅读推广的效果进行相应的评估，这样才能使阅读推广事业健康持续地发展下去。当前我国图书馆阅读推广的阅读存在一个普遍的问题，只关注阅读推广活动的开展，不注重活动后取得的效果评价，即没有对活动的效果进行一个系统、科学和有效的评价。虽然目前有学者基于阅读推广活动开展了调查问卷的研究，并且提出了要建立相应的评价指标体系，但关于阅读推广人评估研究还很欠缺。

笔者认为阅读推广人的评估机制必须兼顾阅读推广对象和阅读推广人两方面因素，建立多角度、多方位、多层次的指标评价体系。一是基于阅读推广对象的评价指标，如对推广读物的接受程度和喜好、阅读推广主题是否鲜明、推广读物的新颖程度、推荐的书目是否适合读者需要，以及读者与推广人的互动程度、环境布置是否适合主题、服务是否满意等多方面去做一个客观的评价。二是基于阅读推广人的评价指标，首先要区分志愿型阅读推广人和专业型阅读推广人，明确其不同的工作目标和职责范围。制定标准时，充分考虑其工作性质、工作内容、工作模式的差异性，制定不同的考核细则。此外，评估指标应该包括：阅读推广工作的态度（主动性、合作性、敬业精神、创造性）、推广能力（创新能力、策划能力和实施能力）、工作成绩（举办阅读推广活动的场数）等。采取定性与定量相结合的评估办法，即对阅读推广活动场数、活动参与人数、资源借阅量等进行量化评价，对推广能力、工作态度等进行非量化评价相结合的评价标准，以确保评估的实效性。

5. 激励机制

激励在中文中有两层意思：一是激发和鼓励的意思，二是指斥责和训导的意思。那么激励机制是指某个组织或者团体为了实现某一目标，应该提倡什么，鼓励做什么，或者是反对做什么，抑制做什么，以及各种行为的奖罚制度，通过制定一套完整的规章制度，以及奖罚条例来规范组织内各岗位人员的管理系统框架。

目前，阅读推广人的构成以志愿者型居多，阅读推广人员具有较强的奉献精神，但是奉献不等于他们不需要激励。在阅读推广人队伍的管理中，激励机制同样起着重要作用。面对庞大的阅读推广人队伍，首先要建立健全合理的激励机制，笔者认为可从以下三方面着手：

一是建立精神奖励激励机制。激励，首先是精神上的，分为内在激励与外在激励。内在激励来自他们从事的志愿服务本身，有情感激励法、榜样典型激励法、领导行为激励法等方法，比如志愿服务能够带给他们满足感和成就感，使他们觉得自己对别人是有用的。外在激励则是一种精神上的嘉奖，有奖惩激励法、荣誉激励法、培训激励法等方法，比如评选优秀志愿者、反馈服务对象的赞语、累积积分、颁发优秀志愿者证书等。

二是建立物质奖励激励机制。物质需要是人的第一需要，是人们从事一切社会活动的基础，只有按照工作绩效进行物质上的奖励，才能调动队伍成员的积极性，包括志愿者和非志愿者阅读推广人员。适当的物质激励有助于提高志愿者的积极性，比如提供交通费、工作餐、纪念品、奖券等，尽管物质奖励不是太丰厚，但能激发阅读推广人员的热情，使他们感觉到自己的工作被社会认可。但是所有的物质奖励不能采取平均分配，应将合理的考核制度和绩效制度相结合。

三是建立组织气氛奖励制度机制。一个令人愉快的工作氛围是一个高效率工作的重要因素，愉快而互相尊重的氛围对提高队伍的积极性起着重要的作用。组织气氛奖励制度机制是指在阅读推广人队伍中创造出一种互助互爱、互尊互敬、协调一致、和谐融洽的组织气氛，以减少矛盾、减少冲突、缓解冲突、催人奋进、增强合作，达到队伍共同进步的目的，从而最大限度地调动队伍成员的积极性。

四、健全独立书评人制度

随着全民阅读活动的宣传和推进，全民阅读活动已成为新时期文化发展的重要现象，引起了社会的广泛重视。同时，全民阅读活动的指导性和目标性问题也不断彰显出来，全民阅读什么书、怎样选书、哪些书是好书成为一个值得关注的课题。一个全新的"独立书评人"职业制度亟待建立。独立书评人活跃在图书阅读的前沿，以公正公平的姿态品评图书，成为优秀图书的推手和助力。书评可指导读者更好地分析和理解作品，对读者选择图书具有重要的指导性、针对性和有效性，为读者学习利用图书提供参考。全民阅读时代应该推动独立书评人成为一种职业，书评人可以利用其整体能量在不断完善的制度中推进全民阅读活动的开展。

（一）现实生活中书评存在的诚信问题

对于推动全民阅读来说，书评人的指引作用十分重要，既可以挖掘作品的潜在意识和内涵，为读者提供作品的精华之处，又可以为全民阅读打造一个良好的阅读环境，为全民阅读活动推荐和提供良好的阅读指导。目前文化评论界普遍遭遇诚信危机，人们对社会上存在的诸如见钱就收的红包书评、阿谀奉承的捧场书评、不负责任的受托评论、受利益驱使的商业评论等形形色色的"伪评论"现象提出了种种批评，这些评论置读者利益于不顾；或不顾作品的好坏，一味吹捧说好话；或借书评的幌子招摇过市，改变书评的品质；或给书评蒙上商业的面纱，更无视阅读的有效性，不但起不到引导读者的作用，反而对读者造成误导，必须加以纠正。复旦大学学者朱维铮认为，书评最起码要有好说好，有坏说坏。有争议不怕，但要有好的学风。现在评论没有基础，没有好的学风。书评结果不能在读者中形成一种形象认知和品质认知，书评人正在遭遇诚信危机。

（二）书评人应坚持的品格

书评是图书评介的简称，是一种揭示文献信息的重要手法。关于书评的定义，国内书评界的观点不尽一致。其中"评介论""评论论""学术文章论"是比较有影响的观点。百度百科对书评的定义是："评论或介绍书籍的文章，是以'书'为对象，实事求是地有见识地分析书籍的形式与内容，探求创作的思想性、学术性、知识性和艺术性，从而在作者、读者和出版商之间构建信息交流的渠道。"张安珍等人认为："书评是为了向广大用户宣传图书、指导阅读、通报信息而以图书为对象，从其政治思想观点、科学艺术价值、社会经济效益、结构语言特点上，进行深刻的分析、评介的一种揭示文献信息的手法。"

无论是职业的书评人还是业余的评论者，最起码的底线是要尊重图书的客观事实，公平公正地评论，不可以言过其实地褒贬。尤其在全民阅读走到了读什么以及怎么读的导读时代，书评尤为重要。媒体书评界要站在文化自信的基础上，建立起一套评价导读和批评激励机制，体现属于我们自己的文化价值观念。撰写书评既要对作者负责，更要对读者负责，不仅要介绍图书的主题内容和文笔风格，而且必须对图书的价值进行基本判断。书评的异化使其逐渐失去了客观公正的立场，在读者中的诚信度越来越低。书评理应实事求是，成为读者准确判断书刊质量价值的"参谋助手"，不应成为参与炒作、为作者和出版社推销图书牟取经济利益的工具。书评应向读者负责，为读者输送正能量，这是全民阅读时代的客观需要。书评人对原书的真实可靠的独特评价，对提高图书出版质量、促进出版业健康发展以及推动全民阅读工程的广泛深入，具有不可低估的影响力。

（三）建立阅读推广人的路径选择

2012年6月，盛大文学网宣布招募100位"白金书评人"，此举让"独立书评人"有了雏形。2014年11月，由《南方都市报》、深圳市阅读联合会、南都读书俱乐部承办的"首届华文书评人年会"宣布全国首个"华文书评人联盟"成立。这是第一次有国内的书评人、书评媒体对书评这个主题进行讨论，该联盟的成立提升了书评人群体的社会自觉，具有开创意义，同时也为独立书评人职业的建立带来了希望，如果能形成完善的制度，那么独立书评人职业将大有前景，将为推动全民阅读活动带来不可低估的正能量。

1. 建立"以书评促阅读"的理念

书评是从简单的文献服务转向读者广泛参与的阅读推广新实践。读者可以"因书结缘""以书交友"，分享读书心得，享受读书的乐趣，从而营造一种阅读氛围。传统的阅读推广只是通过新书推荐海报、宣传册等方式单方面地向读者推荐书目，倡导读者撰写书评，是实现读者之间、读者与阅读推广组织之间的互动，对于引导阅读、增强阅读兴趣、提升阅读质量具有重要的作用。有研究表明：书评可以帮助阅读推广组织了解读者的阅读心理和阅读倾向，指导阅读实践推广。不同角度、不同视角的评价能激发读

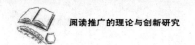

者阅读此书的欲望，提高阅读资源利用率，也促进了阅读推广。

2. 建立媒体签约书评人制度

为了确保媒体书评"公正无偏"，应建立和完善一种独立书评制度，来制约媒体和书商对书评写作和发表过程的操纵，实现书评文章的独立性，以确保书评的客观公正。要定义书评作为一种新闻文体的风貌和标准，从而实现一种良性互动：签约书评人制度为媒体提供了专业书评的人力资源，专业书评人要坚守职业道德，保证书评的独立性；签约书评人制度使媒体既获得了优质书评资源又节省了书评成本，签约书评人因获得丰厚稿酬而更加敬业。

3. 规范书评人的职业道德

制定管理、工作规程或书评制度，规范书评人的资格和职业道德，给书评人一个真正意义上的职业守则，让他们有法可依。不论是对论文的"评审"，还是对图书的"评论"，都是对学术产品价值的"裁判"，需要实事求是、公正客观。独立书评人无论处于何种境况，都应坚持自己的中立立场和对书评质量的追求。独立书评人职业要求"对读者负责""对书评信誉负责"，保持真正的"独立"，使书评人在恪守"职业伦理底线"的同时，最大限度地保持批评的严肃性和客观性，充分发挥其在社会活动中的重要作用，成为读者知心的朋友，成为社会文明与进步的火种播撒者，为推动全民阅读活动的深入发展真正发挥导读的作用。

4. 打造独立书评人的品牌

作为政府职能部门，应该借全民阅读的春风，树立起职业书评人的威望和地位，让书评成为一种神圣的职业。随着独立书评人职业定位的清晰，应设立本行业的"首席书评家""评论奖""白金书评人"等激励策略。评选条件是要有读书人的良知、渊博的学问、敏锐的美学感觉和独到的眼光，站在客观、公正的立场，推荐书、评论书，坚持为播撒知识文明而动笔，为广大读者而动笔。要开展优秀书评人评聘活动，让广大读者认可、关注并信赖他们。让"独立书评人"成为媒体书评的品牌，并以其颇具思想性的评论文章丰富读者的文化生活，搭建起一个中国媒体阅读的评价体系。

五、发挥民间读书会作用

（一）民间读书会对于推动全民阅读的作用

1. 丰富全民阅读推广的有效形式

从促进阅读效果来看，读书会是一种特殊的小团体互动形态的研读，人们通过参加读书会交流思想，倾听、分享阅读成果进而培养阅读兴趣，提升阅读能力。从参与对象上来看，读书会是全民都可以参与的一种非正式的阅读组织，参与者因共同兴趣结合在一起，没有门槛限制，不需要具备特定的学术背景。北京"爱绘本爱阅读"亲子读书会、中国人民大学"兰台读书会"、线上线下联合推出的"凤凰网读书会"等都是民间读书会的代表。从现实到网络、从儿童到成人，民间读书会遍布北京城的各个角落。读书会是推动全民阅读的有效实践形式，对其加以普及推广将会更好地促进全民阅读风气的形成。

2. 成为衡量书香社会的重要因素

读书会的作用首先是传播书香文化、扩大阅读人口，唤起重视阅读的风气。2012 年发布的全国首个"书香城市"建设指标体系——"张家港市'书香城市'建设指标体系"将"阅读组织"列为指标之一并明确要从资金、场地等方面对读书会等民间阅读组织给予大力扶持。读书会作为社会阅读组织之一，其数量越多表明参与阅读的人口越多。目前在北京地区，读书会无处不在，已成为衡量一个地方阅读风气的指标之一。北京已将读书会活动纳入常规读者活动的统计，全市平均一年举办读书会活动多达上千场。以一个读书会覆盖 100 个会员的标准计算，多 100 家读书会就可能会多 1 万个有定期读书习惯的人。相关调查显示，不少读书会参与者年均阅读量在 50 本以上，有的甚至超过百本。由此看来，读书会已经成为书香社会的一个重要标志。

3. 有利于增加全民阅读的深度

随着阅读进入休闲时代、读图时代和读网时代，大量通俗读物、图文书和休闲读物使人们的阅读习惯趋于浅尝辄止，浅阅读现象越来越明显。开展全民阅读不仅要扩大阅读的人口，更重要的是要采取一定措施提升人们阅读的效果和深度。民间读书会作为一种小团体互动研读活动，它鼓励参与者分享阅读心得、讨论观点、交流思想，引导参与者对作品进行深入思考从而使读者对作品拥有更深刻的印象，获得更深的阅读感悟进而激发新的思考。从读书会的导向来看，由于读书会一般设有组织者或主持人，可以将读者的阅读倾向引导进入一个良性的状态，使读者的阅读感悟能对自己和他人起到积极健康的促进作用。从阅读深化的方式和导向的角度来看，读书会是提升全民阅读深度的有效手段。

4. 可以推动经典阅读的回归

如今传统的阅读逐渐被时尚的数字阅读和休闲阅读所替代，人们的阅读兴趣更多地集中在生活类、时尚类等流行的读物上，很多人对经典名著缺乏热情，特别是青少年阅读经典的机会和时间越来越少。针对这一现象，许多阅读推广专家都提出了"重返经典阅读"的愿望。我国现有读书会中有不少以阅读经典为主题，如北京图书馆国学经典亲子读书会、中国人民大学"兰台读书会"等。这类民间读书会将热爱经典的人聚集在一起，针对经典展开阅读活动，并通过他们的言传身教向更多的人传播阅读经典的理念和兴趣，对推广阅读具有立竿见影的作用。因此，民间读书会也是推动经典阅读回归的一种有效途径。

（二）读书会面临的主要问题

1. 读书会尚未得到足够的重视

近年来我国很多地区读书会逐渐活跃起来，但总体仍处于起步阶段，在实践和理论研究方面都未引起政府部门和相关专业人员的足够重视。由于缺乏政府引导和扶持，各类读书会发展零散，未成体系，而对于大部分图书馆和读者来说，读书会还只是一个新生事物，也未给予足够的关注。

2. 缺乏读书会推广机制

欧美国家一般设有专业推广机构，以项目来推动读书会的运营和发展。然而目前内地（大陆）的读书会多是由图书馆、各类单位团体或个人自发组织建立，缺乏有力的经费扶持和有效的推广渠道，对读书会的宣传推广只能依自身资源条件量力而行。读书会在我国港台地区和欧美国家已随处可见，在内地（大陆）却未能普及起来，其症结在于没有建立各种层次的读书会推广机制，更没有形成读书会发展和推广的政府整体战略和计划。

3. 缺乏专业指导

由于理论研究的局限，对读书会实践经验的总结较少，内地（大陆）读书会的发展缺乏类似"读书会组织指南"之类的指导性文件，也没有行业机构专门发布读书会的相关资源信息，如相关组织机构、相关文章论著、相关网站资源等信息以供参考。同时，由于内地(大陆)推广读书会的工作还没有广泛开展，相关阅读推广机构缺乏读书会专业人员和相关培训人才，未能给各类型读书会的运营提供专业指导，也无法培养读书会组织者。

4. 活动形式单一

目前很多读书会开展的活动多以核心人物主导式的阅读活动为主，即由组织者主讲或邀请专家学者到现场与参与者交流，整个活动由核心人物主导，偶尔穿插读者提问。较少的读书会在开展阅读主活动的同时灵活穿插漫谈、会员联谊、参观学习等形式多样的活动。由于活动单一，未能营造多元、有趣的学习空间，成员逐渐产生倦怠感，有些读者参加过一两次活动后就失去了参与的热情，不少读书会面临成员越来越少的困境。

5. 缺乏有效的组织管理

民间读书会在发展过程中，大都是仅靠各自读书会负责人的组织、参与者的兴趣和共同的理念来维持读书会的运作。各民间读书会缺乏联系，缺少经验交流，加之这些读书会与专业阅读推广机构的联系较少，大多数民间读书会只是独立运行，明显欠缺有效组织和管理指导。因此，中国民间读书会可持续发展面临较大困难。笔者与不少民间读书会的组织者进行过交流，当被问及读书会运作过程中的规章制度时，不少读书会直言没有具体的规章制度，大都是凭着发起者的热情和投入足够的时间进行策划活动。事实上，很多以前存在的民间读书会如今已不复存在，被访者提到其中一个很重要的原因是缺乏有效的组织和管理，具有很大的随意性，对组织者的依赖过于强烈，一旦组织者无法投入足够时间，参与者就无法把读书会继续运营下去。

（三）更好发挥读书会作用的对策

1. 加大扶持力度

各地在开展全民阅读推广活动中有必要提升对读书会的重视程度，将读书会纳入阅读推广计划中，使之成为全民阅读推广的重要载体，并通过给予经费资助、评选、奖励优秀读书会、举办读书会博览会、组建读书会联盟等方式加大对各类读书会的引导和扶持力度。图书馆学会、阅读推广组织等专业机构可采用项目推进的方式推动读书会的普及，并通过组织研讨会、专业培训等方式加强对各类读书会的指导。

2. 建立推广机制

有效推进读书会的发展必须建立政府系统、行业机构、图书馆、民间力量组成的自上而下的推广机制。政府从理念、舆论方面进行引导，从政策、经费方面进行扶持，构建读书会发展的良好社会环境；教育部门、出版团体、作家协会等行业机构和图书馆从读书会组建、活动运作、人才培训等具体推行方面大力发挥各自优势；鼓励企业、社区、个人等民间自发力量在创办运营民间读书会、宣传推广方面积极参与。在各方的共同努力下逐渐形成政府带动、行业机构和图书馆引领、民间力量为补充的读书会推广机制。

3. 丰富活动内容

各类型读书会本身应采取灵活多样的方式，丰富其活动内容和形式，吸引更多读者参与，以促进读书会的持续经营和深化发展。各类读书会在开展阅读研讨类活动的同时，还可穿插开展成员联谊、专家座谈、专题报告等活动。在活动形式方面可综合运用核心人物主导式、讲座式、小组漫谈式、暖场音乐式等多种方式。在开展面对面活动的同时可构建在线读书会小组，方便成员之间进一步交流和讨论，以虚实结合的方式为读者提供更多的参与机会。

4. 提供活动场地

读书会的场地要求较高，需要有安静、轻松且兼具人文气息的环境。因此，民间读书会需要谋求社会上场地提供方的支持，不少民间读书会选择书店、咖啡屋、高校的帮助和支持，但仍有许多读书会没有固定的活动地点，造成读书会活动受限，然而公共图书馆在这方面有着先天的优势，可以为民间读书会提供良好的场地。

5. 提供阅读志愿者

民间读书会的筹办大都是依靠发起者进行各项事宜的管理。但发起者的时间和精力都是有限的，需要有经验和有能力的志愿者的帮助。并且民间读书会管理经验缺乏，组织建设远不成熟，亟须专业的志愿人士的指导和培训。公共图书馆有着专业的图书馆员和大量的志愿者，只要加强公共图书馆对民间读书会的支持，便能促进其快速发展。

第五章 特殊人群的阅读推广与创新

推广阅读工作中所服务的特殊人群主要包括少年儿童、老人、残障人群等。做好特殊人群的阅读推广工作，有利于实现全民阅读的目标，提高弱势群体的文化素养，加强社会主义精神文明与文化职能。本章即围绕此展开分析。

第一节 面向儿童的阅读推广

21世纪以来，我国公共图书馆对儿童阅读与推广给予了充分的关注，全国各地的图书馆将服务重心转向为儿童读者服务。2006年，北京等一线城市图书馆就曾举办"中国儿童阅读日"等系列文化活动，并在全国范围引起了较大反响，推动了公共图书馆儿童阅读推广服务的发展。与此同时，公共图书馆也开展了针对儿童的阅读推广服务，纷纷构建儿童专用阅览室，开展具有儿童特色的阅读推广活动。

一、公共图书馆开展儿童阅读推广服务的必要性与可行性

（一）必要性分析

近年来，随着经济发展与科技进步，人们在改善物质生活的同时，越来越意识到精神文明的重要性，文化的地位得到了进一步提升。党和国家非常重视文化建设，并围绕文化强国战略提出了一系列具有重要意义的大思路。提高国家文化软实力，要努力夯实国家文化软实力的根基，从思想道德抓起，从社会风气抓起，从每一个人抓起。儿童是祖国未来的栋梁，是文化强国政策的根基，因而提高儿童的文化素质尤为重要。哪怕年纪再小的儿童也有阅读的权利，这是世界公认的。联合国《儿童权利公约》明确规定，18岁以下的未成年人有接受教育的权利，有阅读的权利，有接受社会信息的权利。

中国儿童尤其是农村儿童的阅读更应当受到社会的重视。高尔基说过：书籍是人类进步的阶梯，但高尔基所说明显是对人类有益的书籍，儿童因为过于年幼，还没有甄别读物好坏的能力，所以图书馆作为公共文化服务体系的重要组成部分肩负着推荐儿童读好书的任务。儿童的公共阅读场所很多，有幼儿园、学校、政府、图书馆社会机构等，其中图书馆对推动儿童阅读起着重要的作用。

随着我国文化事业的不断发展，公共文化服务体系也开始顺应时代的发展步伐，不断完善自身体系，成为全面实现公共文化服务的有效途径。而公共图书馆作为政府主办的社会文化教育机构，承担着民众继续教育和民众阅读的责任，具有履行社会教育职能的义务，是终身学习的主要基地，更是儿童阅读推广的重要阵地。随着公共图书馆从省图到市图再到区图的不断普及和发展，越来越多的民众能够享受到这一公共服务资源，而儿童作为读者的一部分，在公共图书馆中的地位也渐渐显露。公共图书馆的服务

是全面的、无界限的，而目前对于公共图书馆服务的研究大多集中在成年人领域或某个特定的群体，很少将目光聚焦在儿童身上。

《公共图书馆宣言》指出：公共图书馆要帮助儿童从小养成阅读习惯，激发其想象力和创造力，促进他们对文化遗产、艺术、科学成就、发明创造的认知和了解。一般来说，现实中再小的图书馆，它的图书藏量也比一个家庭拥有的所有书籍要多，因此，去图书馆借书阅读的成本远远小于自己购买书籍，这也是许多人选择图书馆阅读的理由之一。

儿童读物大多图文结合、以图为主，一册书约 20 页，满足儿童识字有限、共同阅读及阅读时间短等特点。这种读物有利于激发儿童的创新力、想象力，有利于其幼年心灵的成长。实际上，儿童阶段是习惯养成和心理发育的关键期，因此，从 21 世纪初起，一股关注儿童阅读与学习的思潮流行了起来，越来越多的人要求图书馆提供专门的儿童阅读推广服务。在信息化时代，儿童接触网络与信息比较早，容易在关键期受到良莠不齐的外界资源的影响。而图书馆开展系统性、科学性的阅读推广服务，有利于激发儿童的阅读兴趣，培养儿童独立阅读的能力，提高儿童的阅读素养。总之，公共图书馆开展儿童阅读推广服务对养成儿童良好习惯，为儿童奠定良好基础，提高社会整体文化水平都具有深远影响。

（二）可行性分析

公共图书馆开展儿童阅读推广服务的可行性，主要是指公共图书馆能够提供的服务优势，具体来说有以下三方面：①资源优势。公共图书馆的馆藏十分丰富，适合儿童阅读的励志类、温馨类、劝学类书籍数不胜数，有利于树立儿童正确的人生观和价值观。此外，图书馆的数字资源也十分丰富，儿童读者不仅可以到馆内借阅图书，还可以利用网络平台进行在线阅读或下载阅读。在更新频率上，公共图书馆投入了大量财力和物力用于纸质文献和数字资源的更新，能够最大限度满足儿童对于资源的需要，为儿童提供强有力的信息资源保障。②人力优势。近年来，各地各级公共图书馆通过馆员队伍建设，已经拥有一支专业的图书馆员队伍，他们不仅具有儿童阅读推广服务相关的理论知识，还掌握了丰富的实践经验，可以根据儿童的年龄特点或差异化需求，为其制订有针对性的阅读计划。馆员有能力为儿童读者提供科学、可靠的推广服务，能够利用自身优势调动儿童读者的阅读积极性。③环境优势。公共图书馆的最显著优势在于空间环境，公共图书馆占地面积广，能够单独开辟一个儿童专属的阅览室，为儿童打造一个愉快、舒适的阅读环境。儿童的心理特征决定了其阅读环境不同于成人，要以童趣、轻松为主，因此，公共图书馆的儿童阅览室无论是从外形、桌椅设备、墙壁颜色、书架等硬件，还是书籍、多媒体读物等阅读内容，都在具有明显的心理发展特征的同时，也要关注儿童身体健康问题。

二、国内图书馆儿童阅读推广服务模式比较

目前，我国公共图书馆采用的儿童阅读推广服务模式可以分为三类：资源输出模式、体验教育模式与第二课堂模式。

（一）资源输出模式

公共图书馆儿童阅读推广服务的资源输出模式是指将资源作为构建主体，主动为儿童读者推送图书文献等资料，在这种模式中，资源起着主导作用，资源的选择至关重要。图书馆推送符合儿童阅读习惯和认知水平的图书资源，有利于培养儿童良好的阅读习惯，激发儿童的阅读兴趣，有利于在潜移默化中影响儿童读者人生观与价值观的形成。而不当资源的推送，则会起到相反的效果。儿童阅读推广的资源输出模式，最具有代表性的实践案例是流动图书馆的建设。由于公共图书馆人力资源有限，针对儿童的阅读服务往往有所欠缺，尤其是对儿童阅读资源的反馈和统计方面难以做到十分全面，流动图书馆则在

一定程度上解决了这一难题。流动图书馆可在儿童聚集较多的地区，如社区、学校等场所对儿童阅读兴趣、阅读现状进行调查，再根据调查数据整合资源，从而完成定向、有效的资源输出，发挥出资源输出模式的最大优势。

（二）体验教育模式

公共图书馆儿童阅读推广服务的体验教育模式是一种创新的推广方式，旨在翻转图书馆与儿童读者的角色，鼓励儿童读者通过实践获取相应的知识。儿童心理学认为，儿童的心理发展水平和认知程度决定了他们更容易掌握直观、具象的事物，抽象的、概念性的知识则使儿童接受起来有一定难度。基于这种科学理论，我国部分公共图书馆倡导儿童实行参与式学习，图书馆专门为儿童开展体验式的阅读推广项目。如大连市高新区图书馆举办的"我是义务小馆员"活动，可以让儿童体验图书馆馆员工作，进行简单的图书分类和摆放，促使儿童在实践中加强对图书的热爱和对图书馆的了解，从而对阅读产生浓厚的兴趣。儿童阅读推广服务的体验教育模式的局限性也比较明显：一是对图书馆场地的要求，必须有专门的活动区域，要避免儿童活动与其他读者之间的冲突；二是对组织的要求，体验教育活动需要图书馆提前做好活动规划和实践细则，确保活动顺利、有序地进行。

（三）第二课堂模式

公共图书馆儿童阅读推广服务的第二课堂模式，是指阅读推广活动不再局限于图书馆范围内，而是将其拓展到社会中，包括家庭和学校。儿童阅读习惯的养成并非一日之功，更需要日常的渗透和影响。以广州市图书馆为代表的部分图书馆倡导社会、家庭和学校建设第二课堂，通过生活中方方面面的小事培养儿童热爱阅读的精神和遵守规章制度的理念。如：广州市图书馆定期举办培训和讲座，为家长和儿童讲授如何挑选读物、如何正确读书等内容，使儿童和家长掌握正确的阅读技巧；同时，广州市图书馆还为儿童与家长提供拓展服务，指导家长如何将家庭建设为第二课堂。第二课堂的儿童阅读推广服务是一种全社会参与的服务，相对前两种阅读推广儿童特点，要给予儿童充分的人文关怀，从注重儿童服务模式来说，其要求更高也更为复杂。

三、公共图书馆儿童阅读推广存在的问题

虽然公共图书馆越来越重视儿童的阅读推广，但公共图书馆中儿童阅读或多或少存在一些问题，以下将存在的问题一一举例。

（一）省级图书馆在儿童阅读推广中存在的问题

国内省级图书馆都是中国规模较大、图书馆藏量较多的大型图书馆，每年这些馆邀请著名学者所做的公众讲座就有几十场。省级图书馆虽然藏书量、设施设备及规模等优于其他地区图书馆，但他们在儿童阅读推广方面做得不够，主要表现在以下几点：

一是省级图书馆虽然规模宏大，却没有很明显的指示牌，小学年龄阶段儿童容易迷失方向而走丢，造成安全隐患；讲座内容大多超越了小学阶段儿童的理解力。

二是儿童读物并没有因为是省图书馆而明显比市级图书馆在数量上增多，没有体现出省级图书馆馆藏数量的优势。

三是个别省级图书馆没有开设专门的儿童阅读区域，也没有专门负责维持儿童阅读区域秩序及正确引导儿童阅读的馆员。

（二）市区图书馆在儿童阅读推广中存在的问题

目前，国内每个市有多个区级图书馆，它们规模都差不多，所存在的问题也比较相似，例如杭州市西湖区图书馆无法跟省级图书馆的规模相比，虽然也有四层，但每一层的面积只有省级图书馆的两个报告厅那么大，因而馆藏量非常有限。但西湖区图书馆有专门的儿童阅览室，设在一楼，便于儿童的阅读和活动，非常易找，听声音就能知道儿童阅读区的地理位置。

由于整个一楼都为儿童阅读区域，所以儿童读物的馆藏量相对丰富，此外还有专门的儿童桌椅和奇幻小屋等游戏兼阅读场所。可以说区图书馆在儿童阅读推广方面的工作大大优于省级图书馆和层级更低的镇或社区图书馆，但仍存在以下一些有待改进的问题：

一是有些区图书馆虽设有专门的楼层作为儿童阅读区域，儿童读物也较为丰富，但大部分都只适合学龄前或小学阶段的儿童，区域内进行阅读的儿童呈现低龄化的趋势，以至于高年级儿童无法定位自己的阅读，于是往往就座于成年人的阅读区域，所读书籍更倾向于成人化。

二是个别区图书馆专门设立的儿童阅读区域并没有设专人管理，儿童心智尚未成熟，容易在共同阅读的过程中产生矛盾与争执，男孩子之间甚至会出现打架现象。这种现象会破坏整个图书馆的安静氛围。儿童间的关系处理关乎儿童的安全与秩序管理，因此设专人管理儿童公共阅读区域是很有必要的。

（三）乡镇图书馆在儿童阅读推广中存在的问题

乡镇图书馆的建设与发展目前已提到议事日程上来。中国图书馆学会为了加强乡镇图书馆的建设，专门成立了"乡镇图书馆委员会"负责全国乡镇图书馆的建设发展。我们在此以浙江省平湖市林埭镇社区图书馆为例。该镇社区图书馆拥有200多平方米的占地面积，藏书量达5000多册，瓷砖铺地，有专门供图书管理人员及读者使用的公共厕所，环境符合社区图书馆的标准，规模也较一般社区图书馆大一些。搬迁之后，图书馆面积大大缩小，可供阅读区域也只有20平方米左右，厕所也需要与养老院共用，连最一般的社区图书馆都无法相比了。

一是搬迁以前虽然儿童前来该镇社区图书馆的人数相对较多，但真正进行阅读的儿童并不多，该镇图书馆周末之时俨然成了一个儿童乐园。另外，该镇图书馆并没有将儿童与成人阅读区域进行划分，导致儿童的吵闹影响了成年人的正常阅读。图书馆管理人员也未能进行秩序管理，致使图书馆没有安静的时刻。

二是该镇社区图书馆无论搬迁前还是搬迁后，都存在儿童读物摆放不合理的情况。言情小说和漫画，特别是带有一些隐晦的性描写的书籍，不应摆放到或者临近摆放于儿童阅读书架。该镇图书馆管理员并没有意识到这一情况，导致有些高年级儿童过分沉迷于这种书籍而荒废学业，不仅不能起到良好的导向作用，而且不利于儿童良好阅读习惯的培养。

三是该镇社区图书馆自搬迁进养老院后，儿童前来阅读的人数越来越少，不仅是因为搬迁前的图书馆位于路边、搬迁后位于偏僻的养老院所引起路途的远近变化，更是因为养老院内陆续有老人去世的消息。儿童毕竟年幼，人生经历少，对于人的死亡有着生来的恐惧，因而得知图书馆旁的养老院内有人去世的消息，一般也很难再敢前来看书。此外，养老院内几乎都是上了年纪、无人供养的鳏寡老人，并且身体都有一些疾病。家长出于私心和关爱，都会警告儿童不要去养老院，以防感染疾病。因而搬迁后，该镇社区图书馆内的阅读人群以老年人为主，儿童基本已经不再前来阅读了。

四、国内图书馆儿童阅读推广服务完善策略

（一）转变服务观念，突出儿童为本

公共图书馆应该树立儿童为本的服务理念，在服务过程中要站在儿童读者的角度思考问题，从儿童读者的需求出发，选取儿童喜爱和需要的图书，采用儿童乐于接纳的推广活动方式。目前，我国部分图书馆存在"重形式，轻内容"的情况，尤其是在举办培训和讲座时可以发现有些培训馆员言之无物，时间冗长，并没有真正提出有利于儿童阅读的观点和建议。公共图书馆的儿童阅读推广既要重视推广内容，又要考虑到推广活动的趣味性和教育性，从而真正突出儿童的主体地位。在内容选择上，建议可以对儿童进行分类，如按照年龄段、阅读爱好等分成若干小组，根据小组特点推送符合儿童需要的科幻、漫画、经典著作等阅读内容。在活动方式上，图书馆可以我国的传统节日或当地风俗节日为契机，加强对小读者的吸引力，达到寓教于乐的目的。

（二）整合服务模式，打造个性化阅读推广服务

国内公共图书馆儿童阅读推广服务模式不是一成不变的，每一种模式都具有其特别的优势，也具有一定的局限性。公共图书馆在开展儿童阅读推广服务过程中，一方面可参考借鉴其他图书馆的方式，并结合本馆或本地儿童的特点加以改造利用；另一方面也可自行开发新的服务模式。目前，随着人们物质生活水平的提高，读者的精神追求也有所提高，对于儿童的培养方式和目标也发生了改变，而图书馆传统的服务方式已经不能满足这种多元化需求，因此，图书馆可创新打造个性化儿童阅读推广服务。首先，图书馆要对儿童的需求进行数据采集和分析；其次，要明确不同层级的服务目标；最后，选取适宜的资源、人员或方式实现个性化儿童阅读推广服务。总之，勇于打破常规的儿童阅读推广服务模式，根据实际情况进行创新服务，是发挥公共图书馆服务优势和推动图书馆服务转型的必经之路。

（三）延伸服务，拓展阅读推广服务受众面

当前，家庭、学校与社会等是公共图书馆构建儿童阅读推广服务模式过程中不能忽视的重要因素。随着儿童年龄的增长，尤其是入学后的儿童，他们的课余时间较少，很难长时间在图书馆进行阅读和实际体验，需要公共图书馆将阅读推广服务工作延伸到家庭、学校与社会中。如：指导家长在家里打造一个小型读书天地，培养儿童利用课余时间阅读图书的良好习惯；还可以利用学校的氛围和优势，潜移默化地影响儿童对图书、对阅读的兴趣和选择方向，这就弥补了儿童难以与图书馆建立紧密联系的缺憾。实际上，这种延伸服务并没有降低图书馆阅读推广工作的难度，反而要求图书馆服务要时时刻刻存在，为家庭、学校和社会提供各方面的指导。

事实上，在很长一段时间内，公共图书馆儿童阅读推广服务问题并未得到重视，与全民阅读或特殊群体阅读的推广服务模式研究相比，儿童阅读推广服务是研究的薄弱环节。阅读是一项复杂的活动，需要儿童的手、眼、脑配合，科学、系统的儿童阅读推广服务模式有利于开发儿童的智力、培养儿童的阅读兴趣和良好的阅读习惯，对儿童以后的发展有着重要的作用。公共图书馆的职责与社会的需求要求图书馆应重视儿童阅读推广服务工作，图书馆自身具备的资源优势、人员优势和环境优势也使图书馆有能力打造完善的儿童阅读推广服务模式。

通过对目前常用的儿童阅读推广模式的分析和比较可知，每种模式都有其优势和局限性，如何打破固有模式的界限，对不同模式进行灵活整合和运用，是未来图书馆领域研究的难点。总之，树立儿童为本的服务观念，打造个性化的儿童阅读推广服务，拓展儿童阅读推广服务的受众面，是目前公共图书馆完善儿童阅读推广服务的可行策略。

第二节 面向老年群体的阅读推广

我国第七次全国人口普查数据显示，60 岁以上的人口比例达到 18.7% 以上，这就说明我国已经进入老龄化社会，很多与老年人相关的物质和精神文化逐渐得到了社会各界的重视。图书馆作为公共文化服务体系的重要组成部分，对老年人的精神文化需求有重要的意义。公共图书馆是一个具有公益性的文化服务机构，是积极支持老年人最大限度地参与社会文化活动的重要场所和平台，有责任为每一位公民提供均等的文化服务。随着科学技术的发展，数字阅读设备得到了极大的推广，面向老年人群体开展数字阅读的机会也逐渐增加，公共图书馆应做好对老年人数字阅读的推广工作。

一、老年读者群体的特征

（一）老年人群体数量不断增加

随着我国老龄化进程的加快，老年人读者群体所特有的精神文化需求不断增长，更多老人走向公共图书馆。随着人口数量的提高，提高老年人读者的服务水平势在必行，这就要求公共图书馆必须做到未雨绸缪，实现可持续发展。

（二）老年读者群体阅读时间长、阅读时间稳定

老年人时间充足，因此他们在公共图书馆的阅读时间相对青年人要长、要稳定，他们能够在馆中长时间从事一项极有规律的阅览活动，正是由于这个特点，公共图书馆必须将老年人作为重点服务对象。

（三）阅读动机存在个性化特征

虽然老年人阅读存在很多共性，但是老年读者的阅读动机也各不相同。一般将老年读者的阅读动机分为老有所学、老有所为、老有所乐三种，因此，公共图书馆必须根据老年读者阅读动机的个性化差异，为老年读者提供个性化的服务，进一步提高读者对图书馆服务的满意度与认可度。

二、数字阅读简述

（一）数字阅读的含义

所谓数字阅读指的就是数字化的阅读，它主要包含两个方面的含义：一方面是阅读对象数字化；一方面是阅读方式数字化。因此，数字阅读的主要内容就是数字资源，数字资源也是信息资源，它将计算机技术、多媒体技术及通信技术相融合，使其形成一种以数字形式发布、利用、存取的信息资源；数字阅读明显不同于传统阅读，它具有数字化、动态化、交互化、媒体化等特性，阅读的工具、环境或是主体，都是一种新型的阅读模式。

（二）数字阅读的推广

阅读的推广是以培养阅读习惯为目标开展的图书宣传推介或读者活动，一般分为一般阅读习惯和特定阅读兴趣，重点应该是一般大众，特别是弱势群体。其中老年人就是弱势群体的一部分，自然而然地就成为数字阅读推广的重点目标。数字阅读的推广指将数字资源利用推广手段推荐给读者的过程，使其成为一种分享知识、提升精神境界并获得有用信息的渠道。向老年读者推广数字阅读的主要目的在于对

老年读者的阅读行为实施干预，促进老年读者跨越数字鸿沟，对阅读障碍加以冲破，促进老年读者理解并掌握新型阅读模式。

三、公共图书馆老年读者推广现状

人们生活质量的提高及卫生事业的蓬勃发展，使得我国老龄化程度急剧加快。而社会环境却跟不上时代发展的步伐，因此，使得老年人无论从哪方面讲都处于弱势，特别是随着生活节奏的加快，很多儿女都无法陪伴在老人左右，从而出现了更多的空巢老人，充实空巢老人精神状态的物质资源比较匮乏，目前，被利用最广泛的资源就是阅读。阅读对于老年人而言不仅是一项娱乐项目，更是弥补他们心灵上空缺、给予知识、使其走出孤独的有效途径，好的读物能够促进老年人更好地与他人交往，充实老年生活。

公共图书馆作为阅读推广活动的主要力量，近几年面对老年人阅读的推广力量不容忽视。然而就目前公共图书馆数字阅读的推广来看，推广程度依然不够深入。需要图书馆发现推广问题，并提出有效的解决措施。具体存在的问题如下：

（一）资源短缺，缺乏针对性

大部分公共图书馆中，适合老年读者的资源很少，同时更新速度较慢，很多书籍的字体或排版等都不符合老年读者。受到老年读者自身的影响，很多老年读者喜欢阅读一些营养保健、医疗保健等方面的知识，在阅读方式上，老年读者更喜欢纸质书籍的阅读，从而使得很多公共图书馆并未为老年读者提供更多的电子数字资源。老年读者作为公共图书馆的重要读者群体，理应受到重视，但目前确实存在有馆无书、有书无用的问题，因此需要给予更多的关注。造成这一问题的主要原因为：公共图书馆并未重视对老年读者的阅读推广服务；公共图书馆并未依据老年读者的阅读特点购买具有针对性的资源。

（二）推广活动缺乏持续性，方向过于单一

我国公共图书馆面向老年读者推广服务时"引进来"的服务模式明显大于"走出去"，这正是公共图书馆需要加强的 面。送书上门是为了给基于各种原因无法出门的老年读者提供阅读机会的有效途径，因此公共图书馆在这一方面更需要加强。此外，公共图书馆面向老年读者推广阅读活动缺乏持续性，部分图书馆只在特殊日子开展推广活动，对后续效果也不甚关心。造成这个问题的主要原因为：公共图书馆对"走出来"服务理念缺乏正确认识；公共图书馆向老年人推广阅读活动并未制定评估机制；阅读推广活动缺乏法律支持。

四、影响老年人数字阅读行为的因素

（一）阅读载体和内容

阅读载体方面，老年读者以字数适中的文本为主，主要包括电子报纸、评论文章及新闻报道等，很少阅读字数多的书籍。对文中的文字和图片进行比较，很多老年读者会一起阅读，但受到纸质书籍阅读习惯的影响，很多老年读者在阅读时更喜欢看文字，不喜欢看图片。相关调查显示，老年读者在互联网阅读时最受欢迎的是时事新闻信息，紧随其后的是健康保健常识，天气预报位列第三。另外，老年读者的个人爱好、职业经历、生活状态都决定了其阅读内容的选择。

（二）数字阅读障碍

很多老年读者在进行数字阅读时都会面临一些困难，主要包括心理障碍、身体障碍、信息素养障碍等。首先是心理障碍。很多退休老人或独居老人都存在失落感或孤独感，再受到传统文化理念的影响，

更容易接受纸质书籍，更认同纸质书籍，因此很多老年读者在接触先进的阅读方式时都会产生抵触情绪，他们多认为电脑网络并没有用处，数字阅读没有必要等，这些观念都是错误的，不利于老年读者发展新阅读方式，阻碍老年读者接受新知识。此外，由于老年人不善于使用先进的网络阅读设备，他们担心由于自己不会使用电脑而损害电脑，担心自己学不会等，不愿意使用电脑等先进设备进行阅读，这些心理负担都会阻碍老年读者对数字阅读工具的深入使用。其次是身体障碍。老年人的身体不同于年轻人富有朝气，他们的很多身体功能出现衰退，例如听力差、视力差、记忆力差、动作迟缓等，这些因素都会使老年人在进行数字阅读时行动迟缓、学习能力迟缓等。最后是信息素养障碍。一些的老年人，并未接受太多的教育，这就出现了一些老年读者不会使用数字设备的问题，例如：不会使用汉语拼音，如果让他们重新学习汉语拼音，受到年龄和记忆力减退的影响很难实现；在搜索技能方面，老年人常无法合理使用检索工具，也不会构建检索式，调整搜索策略的技能和意识都比较薄弱。

（三）数字阅读工具和行为

要想进入数字阅读世界，数字阅读工具是必不可少的。对老年人来说，阅读工具多种多样，读者在选择阅读工具时也各不相同。手机、笔记本电脑、台式电脑、平板电脑、电子阅读器等，这些都是常用的阅读工具。老年读者在选择时最常用的是台式电脑，主要原因为老年读者更熟悉台式电脑的操作，且已形成使用习惯，然而对其他数字工具的选择多受到其，如是否携带方便，使用起来是否称手等因素的影响。总而言之，老年读者在选择阅读工具时主要依据携带方便性、使用技巧、字体大小等，再结合各种工具的优势，老年读者在不同的场所选择的阅读工具也不尽相同。而当老年读者选定阅读工具后，掌握了其基本操作方法就不再深入研究，对于其他工具不再关心，导致阅读技能水平停滞不前，不能良好地继续发展。

五、促进老年人公共图书馆数字阅读推广的有效措施

（一）提高老年读者信息素养

"活到老，学到老"，这句至理名言一直沿用至今。因此在这个终身学习的社会氛围下，老年人对学习的向往更加强烈，再加上人到老年，儿女已长大成人，无须再为生活奔波，退休后的生活闲暇，时光充足，他们就更需要通过学习来充实自己，丰富自己的业余生活。公共图书馆可以举办各种技能培训活动，例如手机培训班、数字资源利用培训班、电脑培训班等，从而提高老年读者的数字阅读能力。在开展活动过程中，应结合老年读者的自身特点及技能水平的差异性，开设基础班、中级班、高级班等难度各异的培训课程。由于数字阅读的使用，设备工具多种多样，主要包含台式电脑、手机、平板电脑等，多种多样的阅读设备也决定了老年读者选择阅读设备的差异性。开展技能培训时，依据设备的不同设置分模块课程，从而满足不同读者的不同需求。此外，针对老年读者记忆力差、应用能力差和反应能力差等因素的影响，可编写专门的图文教材，使其更容易理解记忆，提高老年读者熟悉掌握阅读工具的能力。

（二）增加数字资源宣传力度

公共图书馆在面对老年读者数字阅读推广时必须加强数字资源的推广力度，加大宣传力度，让老年读者充分认识到数字阅读的便捷性。对和老年人生活密切相关的主题资源加大宣传，吸引老年读者的阅读兴趣，促进数字资源利用率的提高。大部分老年读者都习惯健康和养生方面的信息，针对这个特性，公共图书馆可开展关于此类主题的推广活动。图书馆在进行宣传时可从两个方面入手：首先是宣传公共图书馆的形象。很多老年读者对图书馆的利用存在疑虑，他们多认为图书馆是神圣不可亲近的，是知识的殿堂，受到这种心理认知的影响，老年读者很难迈开脚步走进图书馆，因此，图书馆需要向老年读者

展示其亲民、便民的形象，使老年读者对其充分信任，能够主动走进图书馆。其次是利用新媒体对数字资源进行宣传，例如在重大阅读节日宣传图书馆数字资源及设备的使用方法等。

（三）强化公共图书馆服务意识

公共图书馆自身服务意识的强化是保障图书馆服务质量的基础，因此，在面对老年读者时，工作人员必须重视加强自身服务意识，从言语、行动、细节方面加强服务意识，体现出公共图书馆的人性化特征。具体如下：一是在服务老年读者时，工作人员须认识到老年读者的社会认可需求，在服务过程中表现出对老年读者的尊重；此外，工作人员在服务过程中须使用亲切的语言，面带微笑，创造出一种温馨的阅读氛围，缩短工作者与阅读者之间的心理距离。二是在工作中主动与老年读者沟通，及时发现读者在阅读过程中遇到的问题，发现问题后及时给予解决，以此为基础做好工作总结，逐步提高服务质量，为后期服务工作奠定基础。

（四）丰富老年读者数字阅读推广活动

目前公共图书馆面对老年读者数字阅读的推广活动形式比较单一，缺乏创新性和个性化服务。经过多方面的研究对比，作者认为应利用媒介来丰富服务内容。例如，某图书馆推出电子阅读器外借服务，以电子阅读器为推广媒介，鼓励老年读者体验数字阅读，使其能够体会到新鲜的感觉，也有效解决了弱势群体数字阅读的需求。这种阅读形式的推广改变了传统文献载体的形式和约束力，激发了老年读者的需求。此外，还可积极举办老少共同阅读的活动，将孩子教父母使用新媒体的互动搬到图书馆。例如，手把手玩微信、使用智能手机等，不仅帮助老年读者掌握数字阅读，还能促进老年人与子女之间的交流。除了这些，公共图书馆还可与养老院、老年大学等社会机构共同合作，一起举办阅读活动，使老年读者真心接受数字阅读并爱上数字阅读。

第三节　面向残障群体的阅读推广

残障群体指残疾群体和阅读障碍群体。这部分群体由于身体的某种缺陷，无法正常使用图书馆的文化服务。图书馆作为公益性的文化事业，对残障群体的服务体现出平等性、权益性、普惠性和服务性等特征。在构建和谐社会中，残障人士享有图书馆服务是公民的基本权利；保障残障人士文化权利、提供图书馆文化服务则是政府的重要职责。

在我国，为残障群体服务的图书馆主要有三类：一是作为残障人服务主导的公共图书馆；二是各地残疾人联合会下属的残障人图书馆；三是民间公益机构开设的面向残障人士的民间图书馆。此外，其他各种类型的图书馆，如高校图书馆、科研图书馆、工会图书馆等，也应尽其所能保障残障读者权益，尽可能地为他们创造良好的阅读环境，提供各种阅读条件，共同推进残障人士的阅读工作。

一、残障人群阅读推广

中国残疾人联合会主席张海迪女士曾说："我深知残疾人对于阅读的渴望，阅读可以帮助我们开阔眼界、拓展视野、获取知识，而知识可以改变命运。"改善残疾人群体的精神文化生活，是帮助残疾人自我提升和进步的重要方式之一。

我国当前公共图书馆为残疾群体服务的主体是视障读者，肢残读者大都在无障碍环境构建较好的情况下被当成正常读者对待，对聋哑和智障读者的服务还处于理论探讨和初步尝试阶段，没有大规模地开展。让残疾读者主动走进图书馆、参与社会文化生活，不仅需要加强自身馆藏资源建设，丰富文化资源，更需要站在残疾读者的角度，考虑他们真正的文化需求，通过多姿多彩的文化活动和无障碍技术吸引他们，体现人文关怀，为他们带来文化愉悦和实实在在的利益。

（一）视障读者的阅读推广

"视障"是视力障碍的简称，包括全盲和低视力。他们和正常人一样渴望文化知识，追求社会文明，但他们均等共享社会文化成果的愿望远远未得到满足。

1. 视障读者的基本特征

视障群体的文化水平普遍偏低。目前国内只有中国盲文出版社印制盲文点字读物，加上盲文文献出版种类少、数量低等因素，导致传统的盲文点字阅读率极低。会盲文的读者则保持着借阅盲文书刊的习惯。更多的视障读者喜欢去图书馆学习盲用电脑操作和参加阅读活动，表明视障读者学习欲望较强，希望与时俱进，扩大交际面。

在阅读习惯方面，由于会盲文的视障读者较少，多数视障读者更喜欢数字阅览，阅读方式主要有网络阅读、手机阅读及读书机阅读。阅读内容则最关注时政要闻、医疗保健和文学作品，这与他们的年龄和职业有直接的关系。这也说明网络、手机等新媒体的出现已经影响了一部分视障读者的阅读习惯，这对图书馆提供盲用电脑培训提出了更高的要求。

随着公共图书馆全民文化服务的深入开展，越来越多的公共图书馆设立了视障阅览室（盲人阅览室）为视障读者开展服务。提供视障服务的图书馆大都注重构建无障碍环境，配备视障读者专用的设备和盲道、洗手间等。服务以提供接送、盲文点字文献借阅、送书上门、电脑培训和组织视障读者专题活动为主。

2. 丰富多彩的视障阅读推广活动

为使视障读者增长知识、开阔视野，多数图书馆根据视障读者的阅读特点开展了丰富多彩的视障阅读推广活动。主要包括以下三种类型。

（1）以图书馆为阵地，打造视障文化活动品牌

视障服务做得较好的图书馆多注重打造视障文化活动品牌。如深圳图书馆多年来注重视障专题品牌建设，"世界读书日视障阅读专题""国际盲人节文化专题"、"视障家园"文化沙龙和"深圳视障公益影院"，已成为该馆视障服务的特色品牌。浙江图书馆开展的阅读活动有"让春天在阅读中绽放"摸读朗诵会、"我的阅读生活"演讲比赛、"游白堤品诗歌"主题活动、"崇德向善触动我心"主题阅读交流等。

读书会作为一种思想交流的文化沙龙也深受视障读者喜爱。如中国盲文图书馆的"陶然读书会"、浦东新区图书馆的盲人读书会、浙江图书馆的"心阅"读书会、苏州图书馆的盲人读书会等，风格多样，阅读主题宽泛，受到视障读者的热烈追捧；上海图书馆定期举办阅读分享会等都是颇受视障读者喜爱的阅读活动；苏州图书馆定期组织视障读者走入"高墙"，为监狱犯人讲述自己自强不息的故事，从而对犯人们进行感化和帮教，起到了很好的社会效果。

（2）开展口述影像服务，关注精神文化生活

口述影像服务是图书馆面向视障读者开展的一项特色阅读推广活动。该服务通过在电影对白中穿插解说，将视障读者看不到的表情、颜色、动作等在电影播放的同时一一描述，让视障读者可以一起感受电影文化的魅力。

（3）与时俱进，进行数字阅读推广工作

随着全媒体时代的到来，图书馆的视障阅读也进入数字时代。数字阅读是视障阅读推广的重要组成部分。目前视障数字阅读推广以电脑培训、建设视障专属网站和多媒体电子光盘外借为主，辅助设备外借服务方兴未艾。盲用电脑培训帮视障读者打开了另一扇窗，建立其与社会沟通的桥梁。中国盲文图书馆、深圳图书馆、广州图书馆、南京图书馆、浙江省图书馆、陕西省图书馆等多家图书馆都开展了此类服务。视障专属网站也在积极建设中。中国残疾人联合会与国家图书馆共建开通了中国残疾人数字图书馆，让更多残疾人足不出户就可享受国家图书馆的资源与服务。

作为视障服务后起之秀的中国盲文图书馆也建立了自己的专用网站——"盲人数字图书馆"，其资源更新速度较快、内容丰富，涵盖数字资源、口述影像、新书速递等，是目前颇受视障读者喜爱的网站。此外，深圳图书馆、广州图书馆等都建立了自己的视障专属网站。上海图书馆阳光听书郎的外借服务方便视障读者在家听读电子书，开创了辅助设备外借的先河。免费刻录电子书和通过建立 QQ 群提供网络服务也在逐步实行。

3. 视障阅读推广中存在的问题

视障阅读推广工作是目前残疾读者阅读推广的重点对象，取得了不俗成绩，但还是存在以下问题。

首先，盲文点字馆藏重复建设，新型资源建设不到位。因为国内只有中国盲文出版社从事盲文文献的印制，且种类较少，出版周期长，所以，有视障服务的图书馆的盲文文献购置就比较单一，重复率极高。自建的数字资源建设力度不够，新型资源建设不到位；先进的阅读辅助设备没普及，提供阅读器外借的还较少。

其次，视障专题阅读活动系列性差，经常是随时自选主题，没有形成可持续拓展的系列主题。

再次，电脑培训的普及度不高，专业服务人员较少，且视障阅览室多集中在经济文化较发达的大中城市图书馆，辐射范围较小，偏远地区的很多视障读者实际使用不到图书馆。

最后，各个图书馆以实际的阵地服务为主，各自为政，图书馆之间合作较少，系统性差，图书馆之间缺乏统一的网络服务平台。

（二）肢体残疾读者的阅读推广

新建的现代化公共图书馆无障碍设施大都比较到位，肢残读者几乎可以畅通无阻地使用图书馆，因此，国内图书馆都将肢残读者作为正常读者对待，极少提供专门服务。针对肢残读者，图书馆需要注意的是无障碍服务环境的构建，在细节方面体现贴心服务。

美国杜克大学图书馆为残疾读者的特殊服务包括：在图书馆楼下的停车位安装一个图书输送的装置，残疾人可以坐在轮椅上甚至在汽车上就可以取到书；此外还提供轮椅通道，残疾读者可通过电话、电子邮件提供书目信息，图书馆为其传送等。日本大阪府立中央图书馆不仅为坐轮椅的读者设有专用通道出入口，而且在出入口处设有按钮，只要读者按下按钮或对讲装置，门就会自动开启。

（三）聋哑读者的阅读推广

由于特殊的生理特点，聋哑读者往往具有共同的心理特征：其一，聋哑群体在与人交流时主要依靠手语和书写，因缺乏交流手段，表达相对困难，需求往往得不到满足，他们难以理解周围人的思想，易产生误会；其二，他们大多相对封闭，一般只和聋哑人士接触，造成知识水平有限；其三，他们自身有盲目性和脆弱性，自制力较弱。他们和正常读者一样阅读明文纸本书，但对视频资源要求较高，需要配备手语或带字幕。

据调查，聋哑读者的到馆率极低，一些特殊教育学校的图书馆针对聋哑学生开展的服务也不深入，公共图书馆针对聋哑读者的专业服务也寥寥无几。笔者以"聋哑"为关键词搜索中国知网数据库，搜到的多是特殊教育方面的论文，探讨如何在教学中提升聋哑学生的学习效果，只有一篇是万毅等就上海应用技术学院图书馆如何为聋哑大学生提供人性化特殊化的服务进行的探讨。针对聋哑读者的服务，图书馆在服务方式、服务意识、配套设施和馆员教育等方面有较大的探索空间。

（四）智障读者的阅读推广

智力障碍又称智力缺陷，一般是指由于大脑受到器质性的损害或是由于脑发育不完全而造成认识活动的持续障碍及整个心理活动的障碍。这类人通常缺乏感情反应，语言发展有障碍，动作刻板重复，对环境有着奇特的反应。发病人群为婴幼儿，通常在三岁之前。智障人群无论在心智、情感，还是与人沟通交流方面都存在很大的障碍和困难，大脑发育迟缓，语言极其混乱，肢体行动不便，行为习惯令人费解，这一切都在告诉我们他们不同于常人。

目前，对智障读者的阅读推广在我国公共图书馆逐步开展，主要侧重于智障的少儿读者，做法以建立图书馆流通点和让智障读者走进图书馆活动为主。

二、阅读障碍读者的阅读推广

（一）什么是阅读障碍

据国际阅读障碍协会的定义，阅读障碍又称读写困难、读写障碍，是一种源于神经系统的特殊学习障碍，其特点是无法准确流利地识别单词，拼写与解码能力存在困难。这种特殊学习障碍最初表现为对语言中音韵部分的感知能力弱于其他认知能力，并在无法达到有效的课堂学习效果后，慢慢演变为阅读理解困难，致使阅读体验过程减少，从而阻碍了词汇及背景知识的增长。作为一种隐性残疾，阅读障碍更容易被人忽略。

（二）我国阅读障碍群体服务现状

近年来，阅读障碍群体已成为医学界、教育界、社会服务界、媒体等共同关注的服务领域，各个界别均开始关注读写障碍人群及研究相关矫治方法。医学人员从医学角度对阅读障碍的病因和矫正进行了大量的探讨和研究。一些民间组织如北京的"乐朗乐读学习潜能开发中心"和深圳的"卫宁读写障碍中心"对阅读障碍从宣传、诊断到矫正进行了有效的探索。

国际上对于图书馆服务阅读障碍群体的研究非常重视，阅读障碍群体作为社会特殊群体的一部分开始逐步得到社会的广泛关注，西方公共图书馆为阅读障碍人士等特殊群体的服务成为图书馆服务工作的重点。患有阅读障碍并不可怕，很多名人，如爱迪生、达·芬奇、爱因斯坦、乔布斯等都有不同程度的阅读障碍，但这并不影响他们在其他领域的卓越建树。

三、残障群体阅读推广的未来发展

（一）加强图书馆残障群体服务立法

提升残障读者阅读服务需要有完善的政策制度作为保障，需要从国家政策、行业规范及图书馆内部规章制度三个层面进行保证。

我国对残障群体的阅读推广目前多处于起步阶段，还没有专门的图书馆残障人士服务法。深圳、内蒙古、北京、湖北、四川和广州六地近年来相继出台了地方性图书馆法规，对残障人士的阅读推广都有了指导性规定。如《广州市公共图书馆条例》规定："公共图书馆应当为老年人、残疾人等特殊群体提供设施、设备、文献信息资源等方面的便利服务。中心馆、区域总馆应当设置盲人阅览室和残疾人专座。"湖北、江苏和广州等地出台了一系列全民阅读促进办法和条例。如 2015 年 3 月颁布的《湖北省全民阅读促进办法》提出："全民阅读公共服务场所应当为残疾人、老年人等特殊群体提供必要的阅读辅助设施、设备，适应其阅读需求。"2015 年 1 月 1 日开始实施的《江苏省人民代表大会常务委员会关于促进全民阅读的决定》提到："公共阅读服务场所应当为老年人、残疾人阅读提供便利。公共图书馆应当为有视觉障碍的残疾人阅读提供必要的条件和设施。"2015 年《深圳经济特区全民阅读促进条例（草案）》提到："市级、区级公共图书馆必须开辟残障人士专用通道，设立阅读障碍人士阅览区，配备专门的阅读设备和资源。"

这些条例和办法对促进残障人士的阅读推广起了一定的保障作用，但不具有国家权威的约束力。所以，希望从国家层面针对残障人士的法律法规尽早出台。

（二）加强无障碍环境建设

无障碍环境建设是保证残障读者走进图书馆的先决条件。新建的图书馆无障碍环境大都比较先进，对于老的图书馆要对其原有的建筑进行无障碍化改建，让残疾读者可以畅通无阻地使用图书馆的相关设施及得到应有的服务。

首先，要具有完备的无障碍基础设施。例如：图书馆盲道要延伸到视障阅览室；要有轮椅坡道，须设置低位电话、低位服务台、低位电梯按钮和残疾人专用卫生间，并配备安全扶手和紧急呼叫器；位于二楼以上的图书馆要装配电梯；需要提供拐杖、轮椅、残疾人翻页设备、残疾人专用书车等辅助设备；采用口嚼式电脑鼠标和视觉输入法解决手臂残疾人士的电脑输入、输出问题等；要保证图书馆阅览室和开架书库的书架间距的宽度，以保证轮椅在其间自由活动，并在图书馆阅览室内专设轮椅阅览席等。

其次，要注重阅读辅具的配置。公共图书馆要在调查研究的基础上，为各类残障读者配备种类齐全的辅助用品用具，保障其阅读需求。如：为视障读者配备带有读屏软件的电脑、读书机、点字显示器、助视器、盲文打印机等；为肢残读者配置轮椅、升降椅、残疾人翻页设备、翻转式荧光灯架、残疾人专用书车、专用电话等设施；为聋哑读者配置个人 PA 接收器、阅读机、特别警报等装置。对于阅读障碍读者，图书馆创建温馨的阅读环境，建立图画型的路标指示和地板上的彩色线条指示，在有条件的情况下，为阅读障碍读者开辟专门的阅读区域等。

（三）组建专业的服务队伍

图书馆残障读者服务是一项细致、具体的工作。专业的服务馆员须了解各类残障读者的特点，掌握与他们有效交流的方法，并能指导其在图书馆达成愿望，最终达到图书馆的各项服务都能为残障读者使用的目的。

美国图书馆协会于 2001 年颁布的《残疾人服务政策》明确提出如下建议："所有图书馆学情报学研究生培养计划都应要求学生学习残疾人专用辅助技术，了解残疾用户及残疾员工的需求，以及影响图书馆服务开展的政策、法规等。"

目前国内公共图书馆为残疾读者服务大多没有专门的服务部门和服务人员，残障服务多归属于书刊借阅部或读者服务部，工作人员也由该部门人员兼任。工作人员都有足够的爱心、耐心和细心，但在专业技能的掌握上有待加强。图书馆要对残障服务馆员培训盲文、手语、盲用电脑操作、智障、阅读障碍等与残障读者密切相关的知识，使其尽快融入服务角色。如果条件允许，建议在图书馆内设立残疾人综合服务部，对各类残疾读者提供专业服务。

（四）促进专用文献资源建设

残障读者有自己独特的阅读习惯和特点，图书馆要根据他们的需求加强专用文献资源建设。目前图书馆针对残疾读者的专用文献资源是以提供盲文点字文献为主，辅以音频资料，其他类型的资源建设较少。

对于智力障碍读者，要注重书本和视听资料的使用。书本以插图书、适合大声朗诵的书、回忆录为主。音乐以轻音乐、冥想曲和有某类主题内容的音乐为主，如季节、花朵等。有条件的图书馆也可在阅览室里播放比较舒缓的音乐，进行音乐辅助治疗。除了这些资源，图书馆还可适当提供一些电脑小游戏和可以帮助人回忆往事的小物件等。

另外，可自制残疾读者需要的文献资料，如：将印刷资料变为盲文资料、录音资料、墨字资料、大字资料和磁盘资料等；要为聋哑读者配备带字幕或手语的视频资料、文本电话和易读物等。为了帮助阅读障碍群体更好地阅读，图书馆应采用以"听"代"看"的阅读方法，即图书馆采用有声读物来为阅读障碍群体服务。同时要有意识地建立特有馆藏和利用现有馆藏，易读物、大字本、绘本、有声图书和杂志、带有易读字幕的视频等都是不错的选择。

（五）开展个性化的阅读推广服务

1. 培养残疾读者的阅读技能

图书馆可开展盲文、盲用计算机和手语培训，为文化水平不高的人培训扫盲，提高他们的文化素养。

2. 举办丰富多彩的阅读活动

举办如专题讲座、读书竞赛、有奖知识问答、讲电影、手语故事会、给智力障碍残疾人讲故事等丰富多彩的活动；同时，要走出去，主动送阅读到残疾读者比较集中的社区和学校，向聋哑读者集中的地方发放图书馆宣传册，宣传手册上加上方便他们咨询的 QQ 号码和邮箱，鼓励和欢迎他们使用图书馆。

3. 编制个性化推荐书目

如对视障读者编制图书馆点字图书目录和电子文献目录，向他们提供中医推拿方面的优秀图书；对聋哑读者可开展文字式导读，可以通过编印各种通讯、简报、板报等文字材料，进行图书知识教育、读书心得交流等；针对智障读者编制设计精美的宣传单和视频资料进行宣传。

4. 注重个性化服务

为了方便残障读者，图书馆可以增加残障读者的借阅册数、延长借阅时间；接送视障读者到图书馆附近的公交地铁站；要为残疾读者免费邮寄图书或者送书上门、提供复印或扫描资料和文献资料传递等服务；有条件的图书馆可为视障读者提供面对面朗诵服务；遵循智障读者的身心发展规律，通过多沟通、多表扬，增加他们的自信心；为聋哑读者准备好笔和纸，以便和他们交流；在图书馆的检索界面上增添汉字手写输入系统，方便聋哑读者无障碍检索馆藏。

5. 注重先进技术产品的引进和应用

DAISY 数字有声书、彩色视频放大镜、蓝色阅读障碍标示卡、屏幕扩大软件、语音合成器、音频描述性视频、文本电话等先进技术产品在国外非常流行，有条件的图书馆可加强这方面的辅助产品配置。

（六）努力推进无障碍网站建设

2008 年，由国家图书馆与中国残联信息中心、中国盲文出版社合作共同建设的中国盲人数字图书馆网站正式开通，成为国内首个国家级的为视障群体服务的网络图书馆。2011 年 4 月 23 日，由国家图书馆、中国残联信息中心共同建设的"中国残疾人数字图书馆"正式开通，这是在盲人数字图书馆的基础上，通过为音频、视频文件增加字幕等手段，帮助听觉障碍的人上网浏览、在线接受远程教育等服务，标志着为各类残疾人服务的国家级数字图书馆建立。因此，国内图书馆还没专门的服务网站。建议以盲人数字图书馆、中国残疾人数字图书馆为主导，整合国内其他为残障人士服务的网络，按照信息无障碍的标准进行网站设计，增添便于各类残障读者使用的资源，并有专业馆员答疑解惑，那么真正意义上的中国残障人士数字图书馆便产生了。

（七）建立多方合作的联动机制

残障服务是一项社会服务，需要全社会各界的共同努力。借助公共图书馆这个文化服务平台，还需要和相关爱心机构联合起来，搭建全社会的残障服务平台。合作方包括政府、图书馆之间、残联、盲协、义工联、志愿者队伍、阅读障碍研究机构、学校、家庭等，建立亲密的联系，组成完善的结构关系网。公共图书馆应利用好广播电视等宣传工具，与地方广播电视、报纸合作，对公共图书馆的公益性广告、残疾群体服务的信息做及时的宣传，使残疾群体可以便捷地通过传统媒体了解公共图书馆最新的服务内容、服务措施。同时，要注重网络的宣传作用，可在图书馆的主页上设置"残障读者服务"专栏，介绍本馆可提供的服务、联系方式、服务设施及相关服务的图书馆链接等。作为新型的网络宣传工具，微信、微博具有便捷、快速和定期推送的优势，图书馆要重视利用微平台，精心组织和策划残障专题，向全社会宣传和推送。

第六章　阅读推广实践的创新领域

　　为满足人们日益增长的文化需求，我国正大力推进公共文化服务体系建设工作。近年来，信息技术的普及应用改变了大众的阅读方式与习惯，公共图书馆须同步转变阅读推广形式和内容，增强阅读推广活动的吸引力，促使社会公众的文化需求得到满足。阅读推广的实践领域是十分广泛的。本章主要围绕此展开分析。

第一节　家庭阅读推广

　　崇尚阅读是中华文化传统，历史上，许多家庭都以勤勉读书为家训，从家庭藏书、读书内容、读书方法等方面对孩子进行熏陶和训练。"建设书香中国，核心在于建设书香家庭"，在大力推进全民阅读的当下，家庭是一个重要的起点。对孩子而言，家庭是其成长的第一沃土；对成人而言，家庭是力量的源泉，而阅读，正是赋予了成长和力量无数种可能。家庭阅读是建设书香中国的根基，是推广全民阅读的关键。

　　在"全民阅读"大背景下，家庭阅读推广在强化读书兴趣和习惯、提高民众阅读质量和水平等方面逐渐成为全民阅读活动中的重要环节，能够极大地提升国民文化素养。

一、家庭阅读的渊源

　　我国家庭阅读传统历史悠久，《尚书大传·略说》中就提到"穮锄已藏，祈乐已入，岁事已毕，余子皆入学"。这真实地反映了我国古代家庭"耕读传家久，诗书继世长"的情景，家庭阅读也从产生、发展到繁荣，形成了其独特的阅读秩序。此外，古代家庭阅读的目的性非常明确，陈氏家规指出："若家有读书之人，则礼仪有人讲究，纲纪有人扶持，忠孝节义从此而生，公卿将相由此而出，读书二字关系如此。"泾县水东《翟氏家训》则指出："各家教子者，先之'四书''五经'，以植其基；次之《通鉴纲目》，以广其蓄，参之诸子百家，以绎其趣，上下古今名物，以悉其蕴，其学亦云正矣。"可见古代家庭阅读强调循序而致精。凡所读之书，必选择精要的来阅读，以阅读书目的选择和控制来保障阅读内容的经典性，在循序渐进的阅读体验中渐次达到阅读效果。另外，从读书可以"修身养性，变换气骨""贵博亦贵精""明事理，尊经重道""学而优则仕"等阅读观念中可以看出，家庭教育的根本要务也是"修身、治国、平天下"的重要归依。因此，在当今社会全民阅读的背景下，重拾古代耕读传家思想，对家庭阅读重建、家国同构文化发展具有重要的指导意义。

二、我国家庭阅读的开展情况

　　我国公共图书馆曾开展了一系列家庭读书运动：1990年，上海卢湾区图书馆率先发起家庭读书活动，随后该活动在全市乃至全国推广，成为群众性读书活动的一个品牌，开辟了图书馆服务的新领域。1998年，中山市图书馆开展了"十佳藏书家庭"评选活动，"我爱我家"家庭读书竞赛。广东深圳市从2000

年开始在"读书月"期间，每年都举办"十佳学习型家庭"评比、"十大优秀书香家庭"评选活动，其间还配合活动进行了深圳家庭教育大调查。江阴市图书馆开展的"一二三"家庭读书成果展、家庭藏书与阅读书目推荐、书香家庭评选、阅读好望角晒书会、家庭图书漂流活动、家庭儿童绘本剧大赛都颇具特色。2008 年，淮安市图书馆倾力打造了"家庭借阅卡"这一文化品牌，实现了"一人办证、全家读书"，芬芳书香从家庭开始绽放。

随着我国素质教育目标的提出和教育改革步伐的推进，家庭阅读成为越来越受人关注的热点问题。2009 年 4 月，中宣部、新闻出版总署联合印发《关于进一步推动做好全民阅读活动的通知》，号召培养孩子的阅读习惯，组织开展"家庭读书节活动"，倡导家庭确定全家每天读书时间；启动"与孩子们一起阅读"家庭阅读活动。2013 年，包括政府、学校、企业在内的社会各界联合举行的北京家庭阅读季曾在社会中掀起了一轮"家庭阅读"新风尚。家庭阅读季曾是一种深度的、互动式的、有温度的阅读体验。主题板块覆盖不同年龄家庭成员，是一场适合家庭不同成员同时参与的阅读盛宴。与此相配套的家庭阅读指导中心在北京成立，外语教学与研究出版社和 10 多家绘本馆加盟，助力家庭阅读季，这两届大型活动把家庭阅读推向高潮，引领了阅读新风尚。

三、家庭阅读推广的功能

（一）加快全民阅读的深入发展

阅读推广是通过不同方式，提升全民的阅读率以及阅读成效。当前，我国已经进入全民阅读的推广时期，家庭阅读推广作为一个支流，在加快家庭阅读、正确引导人们的阅读习惯、提高阅读质量与能力、提高阅读效果等层面十分有效。当前社会展现出多元化的发展态势，家庭阅读越发兴盛，国与家同构越发变成一种新的趋势。所以，家庭阅读的推广与国家主流文化的体系互为表里，其不仅具有早期教育的启发性，还是重建礼仪之邦的主要方面，成为加快中华伦理体系发展与我国阅读文化纵向发展的主要渠道。

（二）在家庭阅读中，儿童的早期教育是另一项十分重要的活动，如何促进儿童的阅读教育是家庭阅读得到发展的关键

儿童是祖国的未来，肩负着继往开来的重任，如果没有做好早期教育，会对整个国家产生不利的影响。对现在的儿童教育大多数家长都以培养兴趣爱好为主，而忽略了对孩子阅读习惯的培养，这使得儿童过早地丧失了对阅读的兴趣，家长也失去了对孩子进行早期教育的绝佳时机。0～6 岁正是培养儿童阅读习惯的关键时期，如果把握好了这一关键时期，就会对孩子有一个良好的教育启蒙，从而推动整个家庭教育甚至是全民阅读的发展。

（三）有利于促进家庭和谐与社会稳定

阅读可以舒缓人们的心灵，帮助人们积累知识，提升思考能力。推广家庭阅读，可以使家庭成员沉浸在丰富多彩的阅读活动中，接受优秀文化的熏陶。书籍中的世界是多种多样的，沉浸在书的海洋中，家庭成员可以转换思维，从新的角度看待事情，从而满足精神文化需求，使家庭成员完善人格、健全心理，促进家庭和谐，进而带动整个社会的长治久安。

四、家庭阅读推广的策略

阅读推广是图书馆的核心业务，家庭阅读应该成为图书馆全民阅读推广的一个重要途径和有效形式，但由于图书馆缺乏有针对性的推广计划，因此，家庭阅读推广工作在大多数图书馆仍属空白，全社会的

家庭阅读观念仍然比较淡薄。针对这些问题，建议采取以下策略推动家庭阅读模式的推广和发展：

（一）多方合作，丰富资源

"巧妇难为无米之炊"，推广家庭阅读的基础是具备丰富的馆藏阅读资源。图书馆资源的有限性和读者需要的无限性之间的矛盾是图书馆工作面临的主要矛盾。开展家庭阅读推广需要通过多元合作，丰富阅读资源，满足各类型的阅读需求；需要通过多元合作，凝聚社会各界的力量，共同推广家庭阅读。图书馆可以与社会媒体合作，大力宣传和倡导家庭阅读；可以与出版机构合作，丰富适合家庭阅读的出版物资源；可以与社会团体（学会、协会）合作，充分发挥社会专家资源的作用，对家庭阅读进行有计划的指导；可以与政府部门合作，扩大家庭阅读推广工作的影响力，争取得到政府部门对家庭阅读推广工作的更多关注与支持。

（二）推进阅读，理念为先

深入开展家庭阅读，必须树立科学、正确的阅读理念。所有家庭都应把阅读看成每日生活的重要组成部分和家庭文化的组成成分，孩子和成年人都要为了自己而阅读。图书馆界首先要加强自身的理念建设。首先，家庭读书活动是一种社会读书活动，不论采用何种形式，图书馆员作为家庭阅读指导者，都要明确家庭读书活动的目的、特点和类型，从而有针对性地指导家庭阅读活动的开展。其次，要加强家长阅读理念建设。作为家庭阅读的主体，特别是成人阅读者，要改变应试教育、急功近利的阅读观，树立"发展终身学习能力，培养家庭阅读兴趣，提高家庭阅读能力"的科学阅读观念。最后，要加强社会阅读理念建设。积极呼吁、早日促成政府站在领跑的舞台上，使政府成为家庭阅读的领航者，组织有效的家庭阅读活动，将家庭阅读提高到国家战略的高度，上升到国家工程，广泛动员社会力量尤其是与家庭阅读活动联系密切的学校、公共图书馆等参与其中。

（三）加强规划，优化服务

为了更好地在公共图书馆中开展家庭阅读，需要建立较为长期的规划。具体要从三方面着手：①在图书馆中设立专门的机构，对参加家庭阅读模式的学生和家长进行培训，使得他们能够更好地了解家庭阅读模式的开展规则和相关制度，从而更好地指导他们进行家庭阅读，进一步发挥公共图书馆在传播知识方面的作用；②提供良好的服务，图书馆在推广家庭阅读模式的过程中，需要为广大读者提供更加优质的服务，并且能够将相关的资源进行整合，从而确保图书馆家庭阅读模式的顺利开展；③图书馆可以与相关的家庭建立长期的阅读关系，例如，可以为家庭建立专门的家庭档案，根据不同家庭的需求，提供不同的阅读计划，从而对家庭阅读起到更好的指导作用。

（四）搭建平台，促进交流

为了更好地在图书馆中开展家庭阅读模式，需要搭建图书馆与家庭交流的平台。做到：①图书馆应与家庭阅读参与者不断进行沟通，及时告知图书馆的开放时间，令其可以更好地安排自己的阅读时间，从而促进图书馆家庭阅读方式的推行。②通过图书馆与家庭的沟通平台，家庭阅读参与者可以把图书馆的相应内容，通过推荐的方法，让更多人了解，从而获得良好的推广效果。③图书馆应当通过专门人员，不断与家庭阅读的参与人员进行沟通，并且对家庭阅读中参与者提出的问题给予答复，加快图书馆家庭阅读计划的实施，体现出图书馆在加快阅读推广方面的功能。④图书馆要定期组织家庭阅读沙龙、举办读书会，为家庭互相交流提供良好的平台，使各个家庭在这些活动中各抒己见，互相学习，实现资源共享。⑤图书馆要举办征文比赛、读书比赛等活动，使家庭阅读参与者找到展示才华的舞台，这样可以激发家庭阅读参与者的成就感。⑥图书馆要开通微博、微信等新媒体渠道，广泛征集家庭对图书馆服务工作的意见，及时改进，使更多的家庭愿意走进图书馆进行阅读。

天下书香源自万家，家庭阅读就是将家长的阅读爱好、少年儿童的阅读兴趣等转化成家庭阅读习惯，进而转化成健康的家庭生活方式，因此，图书馆任重而道远。在实践中，图书馆必须最大限度发挥自身优势，大力宣传阅读，引导、指导家庭阅读，吸引更多家庭自觉参与全民阅读活动，为建设书香中国、实现中国梦奠定深厚的文化基础。

第二节　绘本阅读推广

《公共图书馆宣言》中提到"公共图书馆要帮助少年儿童从小就培养并加强阅读习惯，激发其想象力和创造力"，宣言阐述了公共图书馆对少年儿童帮助教育的责任，指出推进"全民阅读"必须从娃娃抓起。图书馆作为社会教育和终身学习的服务机构，从小培养儿童的阅读习惯是图书馆的主要使命，而绘本是引领孩子打开阅读大门的一把精美的钥匙。秉承《公共图书馆宣言》中的理念和任务，一批又一批的公共图书馆人不断地进行新的尝试和探索，绘本阅读推广就是在儿童阅读推广中探索出来的一片新的天地。

一、绘本的概念及其优势

玛丽亚·蒙台梭利是著名的幼儿早期教育学家，也是蒙台梭利教育法的创始人，她的教育理念被世界上大多数国家认同和发扬。她首先提出了儿童敏感期的概念，她认为儿童大约从4岁半开始进入阅读敏感期，这一时期的孩子会对阅读产生积极的兴趣，会痴迷于各种带文字和图画的东西，如果家长能够正确引导和指引，孩子就会积极主动地去学习、探索；反之，如果错过了这一黄金阅读期，将会给孩子的成长造成难以弥补的遗憾。世界上大部分国家，尤其是经济发达的国家，这一时期儿童的读物就是绘本。绘本是目前为止最好的、最适合孩子在阅读敏感期阅读的一类儿童读物。

"绘本"，英文称"picture book"，也译作图画书，是一种主要以丰富的图像语言来传达思想的书籍艺术形式。绘本17世纪诞生于欧洲，20世纪30年代，绘本图画书的主流传向了美国，绘本图书迎来了黄金时代。20世纪五六十年代，绘本开始在韩国、日本兴起；70年代，中国台湾地区也开始了绘本阅读，随后引起绘本阅读的热潮。优秀的绘本往往以其极具风格的图画、直观的表达、生动的题材、丰富的细节、优美的色彩，对低幼儿童形成吸引力和感染力，为填补低幼儿童因文字阅读能力不足而在早期教育中形成的阅读真空提供了有效途径。基于学龄前儿童对世界的认识具有直观性和具象性等特点，以优美图画为创作核心的绘本可以说是儿童早期阅读的最佳读物和有效工具。

有的书虽然图很多，但图与图之间像一颗颗散落的珍珠，连不成串，以单独的个体存在，前后没有连贯的关系，这样的书还称不上绘本。例如，《格林童话》《成语故事》里每一页的插图仅仅起到辅助和诠释文字的作用，去掉这些图，故事依然完整。绘本是用图画与文字共同叙述一个故事，表达特定情感和主题的读本，特别强调文与图的内在关系，文字与图画共同担当讲故事的重要角色。"文和图之间有独特的关系，它以飞跃性的、丰富的表现手法，表现只是文字或只是图画难以表达的内容。"在绘本中，图画不再是文字的点缀，而是图书的命脉，一些相当著名的绘本甚至只有图没有文字。例如，《雪人》《苹果与蝴蝶》《蛋糕哪儿去了》《疯狂星期二》等优秀的绘本，可以让不认字的孩子"读"出其中的意思。

从1999—2000年德国彩乌鸦、雅诺什绘本的引进，到几米绘本热，到以红泥巴网站、悠贝绘本馆、蒲公英童书馆等为代表的专门绘本推广机构的诞生，梅子涵、朱自强、阿甲、彭懿、方素珍等阅读推广人的不断努力，大量的引进和原创绘本出现了，绘本阅读理念逐步被更多的人接受和认可，"绘本"成为近几年出版界、教育界、评论界的热词。

绘本文献有其自身的特征和功用。综合起来，绘本文献表现出如下几个方面的优势：

（一）具体形象性

有研究表明，儿童的思维特征具有具体形象性。他们在思考问题时，总是借助具体的物，比如，儿童在听到一个事物或新词时总是需要借助具体的实物或图片来辅助，从而在头脑中产生事物的形象。当孩子们在阅读绘本时，正是因为一个个鲜活、具体、形象的图像，才吸引他们不断地读下去。

（二）色彩鲜明性

心理学家认为，人的第一感觉就是视觉，打开书本，在视觉上给人影响最大的则是色彩，它能引起人们心灵的情感和心理效应。儿童通过色彩鲜明的图画，感知书中的故事情节，潜移默化地促进了对社会的认知力、思维想象力、艺术审美能力等。

（三）空间想象性

一幅图，一句话，一个简单的提问，一个形象的拟声词……都是构成绘本的主要因素。《猜猜我有多爱你》一书中用两只可爱的兔子来比喻父子关系，通过一系列的图画情节展示父子之爱，符合儿童天真、善良的心理本质。《爷爷逃跑了》一书用形象的故事情节向儿童阐述了老人被遗弃、孤独、无助、思念家人，最后跨越阻碍与家人团聚的美好场景。在"含泪的笑"中教育、感染了孩子，阐述了道理。这样的绘本图画精美，故事情节更是生动有趣，以简洁图画阐述了深刻的道理，发挥了孩子无尽的空间想象力，达到了事半功倍的效果。

二、绘本阅读的意义

绘本是最适合幼儿与低年级学生阅读的图书，绘本阅读是幼儿和低年级学生阅读经历中不可缺少的重要一环。它对于激发孩子的阅读兴趣、开拓孩子的想象空间、提高孩子的审美能力、促进儿童全面发展有很大的促进作用。绘本的语言留白，给了孩子很大的探索与想象空间；绘本流露出来的童趣，与低龄孩子的心理发展如水乳交融一般融洽、和谐。

（一）有利于儿童养成良好的阅读习惯

叶圣陶说："教育就是培养习惯。"人一旦养成一种习惯，就会不自觉地在这个轨道上运行。儿童阶段是习惯养成的最佳时期。书会对孩子产生巨大影响，不仅能使孩子学到知识、认识世界，对他的语言能力、思维能力、理解能力、性格发展也有正面的影响。这时期的孩子如能养成良好的阅读习惯，将使他受益终身。绘本中的图画能够表现图书的内容、主题，富有艺术表现力，有丰富的细节等待孩子去发现，并能够和孩子已有的生活经验连接，为儿童的阅读增加了无限乐趣，图画让阅读不再枯燥，儿童的倾听能力、注意力会不断提高，容易养成良好的阅读习惯。

（二）有利于培养和丰富儿童的想象力、观察力

对正在认识世界的儿童来说，他们对现实世界充满好奇，有着强烈的探究欲，这一阶段儿童对外部世界的感知大部分是通过直观感觉形成的，事物的色彩、外观、大小以及声音成为儿童认知形成的主要

因素。绘本图文配合表达内容的形式与儿童的思维特点相融合，他们观察绘本中的图画世界，并不断丰富自己的想象，在增强观察能力的同时获得阅读乐趣。

（三）有助于提高儿童的审美和艺术能力

绘本是美丽的，展示了不同艺术家的风格及艺术追求。虽然简单，却堪称"完美"。作者出色地运用各种绘画技巧，通过优美的画面来营造故事情节，使得绘本既有美术中的线条、色彩等外在形式美，同时又具有故事情节等内在意蕴美。因此，以文字和图画完美结合而形成的绘本自然会激发儿童的"美感"，促进儿童审美能力的发展，使儿童在阅读中体验美术带来的快乐。在长期阅读绘本的过程中，儿童会得到潜移默化的影响，表现出极高的审美能力。他们能体会到作品中的优美、悲伤，也能品味到作品中的滑稽、幽默。如果我们有意识地让儿童多阅读这些优美的绘本，不仅能促进儿童审美能力的发展，而且能激发儿童创造美的欲望，从而帮助他们步入艺术的殿堂，让他们受益终身。

（四）有利于提升儿童的语言表达能力

绘本中的文字虽然非常少，但也是作者再三推敲出来的，正是这样简洁的语言才能使孩子更好地进行阅读，而儿童在阅读之后，语言表达能力也会有所提升，这个时候孩子如果要对绘本中的内容进行描述，更能提升儿童的语言表达能力。

（五）有利于培养儿童健康的情绪

在阅读的过程中，本就能得到一定的安宁，儿童在阅读绘本的过程中也不例外。如果绘本的故事情境以及图画内容能够吸引到儿童，儿童就会全心全意地进行阅读，就会一直保持阅读的好习惯，就会养成良好、健康的性格。

三、绘本阅读推广的策略

绘本阅读推广是指利用各种形式对绘本或其阅读行为的推广。要想提高家长们对绘本的认识，吸引儿童对绘本阅读的兴趣，取得理想的效果，图书馆必须注重采取以下策略推进绘本阅读推广：

（一）收藏绘本，丰富资源

绘本资源建设是进行绘本阅读推广活动的基础。绘本作为一种特殊的艺术载体，在绘图、用纸、设计、装帧等方面都有着较为特殊的要求，因此市面上流通的各色绘本均有着高昂的价格。如在新华书店，五味太郎经典创意绘本系列（《小牛的春天》等 6 本）售价 173.3 元；海豚绘本花园第一辑（全15 册），售价 154 元；单行本经典绘本《活了一百万次的猫》，售价 28 元。比普通书籍更高的价格，让普通家庭难以大批量地购买和收藏。图书馆作为公共文化服务体系的重要组成部分，有条件较为全面、更为科学地采购和收藏各类优秀绘本，并凭借这些丰富的绘本资源为学龄前儿童提供更为人性化的早期阅读服务。

随着外国优秀绘本的引进以及本土原创绘本的涌现，我国绘本市场越来越热，从而为图书馆建设绘本资源创造了良好的条件，绘本已成为图书出版市场中不可忽视的一支生力军。但是，大量跟风而出、风格单一的绘本图书的出现，在一定程度上使读者产生了厌烦的情绪，面对繁杂的绘本市场，图书馆的绘本资源建设要尽量做到数量多、质地优、有特色。每一本绘本都应有它的特点，就如同读它的孩子一样。绘本需要的不是整齐划一，而是不被压抑、不受拘束、彰显个性。每一个图书馆都应制定一套科学合理的绘本采购制度：①尽量选择国外经典畅销作品，比如获得美国"凯迪克奖"的作品。"凯迪克奖"是美国最具权威性的绘本奖，评选看重作品的艺术价值、特殊创意以及"寓教于乐"的功能，通常出版商会在获奖的绘本封面贴上印有凯迪克著名插画"骑马的约翰"的奖牌。获得"凯迪克奖"的作品皆是公认的好作品，因此必然成为当年最畅销的绘本。"凯特·格林威奖"是英国图书馆协会于1955年专门为儿童绘本创立的奖项，主要是为了纪念19世纪伟大的儿童图书插图画家凯特·格林威。除了专门为绘本作品设立的绘本奖以外，还有许多国家和地区在儿童文学奖和儿童图书奖评选时设置了针对绘本作品和绘本艺术家的奖项，如"德国青少年文学奖"中的绘本奖项、"国际安徒生奖"设置的插画家奖项等。这些绘本奖项的评选极大地促进了儿童绘本的创作和绘本阅读的推广，同时也为如何选择适合儿童阅读的优秀绘本提供了重要的参考和指引。②应选择国内外优秀绘本艺术家的作品，这些作家如国外的李欧·李奥尼、莫里斯·桑达克、大卫·威斯纳、松居直，国内的熊亮、熊磊等。③应选择著名出版社的作品。④应选择符合孩子心智发展需要的作品，比如小熊宝宝系列是关注日常生活教育的绘本，小兔汤姆系列、小鳄狼系列是关注心理健康教育的绘本等。⑤应优先选择口碑好的手绘本。手绘本比电脑做出来的绘本艺术价值大。

（二）阅读环境，自由轻松

儿童在阅读的过程中需要一个相对轻松的阅读氛围，能从心理上感到舒适等。良好的读书环境对孩子阅读习惯的养成大有裨益，要想让孩子喜欢读书，首先要为儿童创建适宜的阅读环境。家庭作为孩子阅读的第一课堂，学校或幼儿园作为儿童阅读的第二阵地，需要为孩子营造阅读氛围。图书馆作为儿童阅读的一个公共环境，具有资源丰富的特点，有很大的可利用空间，可以将整个绘本阅读区设计成一个较为开放的空间，利用书架的阻隔进行分区，将绘本按种类有序摆放。在装饰上应充满童趣，不宜太过呆板。装饰材料和家具的选择要充分考虑环保、安全的问题，不论是书架还是桌椅都以圆角为宜。功能区可分为儿童自由阅读区、亲子共读区、活动区，几大区域既要分区明显，也要互通交融。创建自由、轻松、开放的阅读环境，让儿童在快乐、温暖的环境中度过阅读时光。

（三）多样活动，塑造品牌

图书馆可以根据儿童的特点组织形式多样的阅读推广活动。图书馆可以通过制作精美的儿童绘本导读手册、详细的绘本阅读活动安排表，介绍具有创意的阅读方式，向儿童、家长、老师进行宣传，并邀请家长及孩子们积极参加，全方位推进儿童阅读。图书馆可以绘本中的主人公为主题举办绘画展、木偶制作展、人物模仿秀以及自己动手制作绘本并进行交流等。还可以通过绘本知识讲座、儿童故事会、角色扮演、亲子共读、绘本创作、绘本漂流、绘本治疗等一系列阅读活动让儿童爱上绘本，指导儿童开展自主阅读，养成良好的阅读习惯。同时帮助儿童加深对作品的理解，使其将阅读纳入自己的成长过程。

图书馆可以与电视台、电台等联合举办活动，请播音员与孩子们一起朗读绘本故事。图书馆还可以围绕绘本组织很多创意亲子活动，例如，读完《泰迪熊搬家记》，让孩子们画出泰迪熊搬家的路线；读完《别再亲来亲去》，由家长引导孩子们续说故事；《鳄鱼怕怕，牙医怕怕》则是一个很好的亲子情景表演剧。

利用QQ、微信等平台推广绘本阅读也是一个好做法。图书馆在进行绘本阅读推广过程中，可以利用QQ、微信平台，定时发布优秀阅读内容，推荐优秀绘本和书评，提供电子绘本，开展实时绘本阅读讲座等。各项阅读推广活动通过此平台源源不断地传送出去并及时反馈回来，能够有效影响和引导读者，让读者从被动阅览变为主动阅读。绘本阅读图书馆网站可为绘本阅读推广实践活动提供良好的网络宣传阵地。此外，图书馆还可以大胆实践，周密策划，加强与家庭、学校等各社会机构的合作，走出图书馆，联络各种媒体，组织开展各种形式的绘本阅读推广活动，逐步建立被学校、家长和孩子们所熟知和认同的绘本阅读推广品牌。如广州图书馆每周六晚举行"爱绘本，爱阅读"亲子读书会系列活动，每一期活动都邀请不同的"故事妈妈"与提前报名参与的亲子家庭共同分享绘本故事的乐趣，结合每期的主题开展富有创意的阅读延伸活动，让许多少年儿童爱上绘本，从此与阅读结下不解之缘。首都图书馆牵头举办的"讲故事种子"计划，由儿童阅读专家、儿童文学作家、教育专家等对志愿者进行讲故事培训，培训合格后，将被推荐到图书馆、社区、特殊教育学校等地，免费给孩子们讲故事。江苏江阴图书馆于2009年6月1日在全国公共图书馆中率先开办了集图画书展示、语言教育、亲子活动、儿童阅读指导、故事会于一体的儿童绘本馆，绘本馆以"幸福生活从阅读开始"为理念，开展了"幸福的种子"儿童阅读推广活动，致力于培养幼儿良好的阅读兴趣，让幼儿读者在阅读图画书的过程中受到启发和熏陶。

第三节　经典阅读推广

现代社会的生活节奏不断加快，随着新技术、新理念的进一步推广应用，越来越多的读者习惯于选择智能手持设备通过移动终端来获取大量的碎片化信息，阅读内容更加零碎。碎片化的阅读方式，能够更好适应读者的快节奏生活方式，电子阅读也使得社会大众的认知结构处于分散无序状态，读者在获取信息或者阅读内容时，常常是了解一点儿但又不能够全面了解，或者有一定印象但又说不清楚。深层次阅读和全面阅读有利于提高社会大众对一本文献内容的掌握和熟知程度。随着碎片化阅读时代的到来，读者所获取的大量信息往往只是包含了部分内容，无法对整个知识结构进行有效展现和全新的塑造。在这一背景下，图书馆的经典阅读推广工作面临着较为严苛的挑战。

一、碎片化阅读的定义及特点

（一）碎片化阅读的定义

目前，关于碎片化阅读还没有一个官方的定义，不同的文献因为研究方向不同，所提出的碎片化阅读定义也存在一定的差异性。有的研究文献认为碎片化阅读是指受众所阅读到的信息呈现碎片化形式，由于读者在同一个时间段能够接触到的媒介种类相对较多，信息图像多种多样，读者在选取或者切换过程中造成了阅读时间的碎片化特点，由此可以得出碎片化阅读主要是在时间和阅读内容方面的短小化和碎片化。还有研究文献认为碎片化阅读一个是相对原点内容的碎片化，另一个是连续阅读文献时间的碎片化。通过综合各个研究学者的研究内容，本人认为碎片化阅读主要是体现在阅读内容和阅读时间的碎片化两个方面。

（二）碎片化阅读的特点

以互联网为代表的信息技术的成熟应用和深入发展为人们带来了丰富的信息资源，社会大众获取信息资源的途径多种多样，图书馆不再是信息资源获取的唯一场所，阅读方式也呈现多样性。随着国家互联网体系的建设进程不断加快，基层地区的很多群众都能够依托互联网，在网络上查阅自己想要的信息资源，人们受到互联网的影响越来越深。诞生于互联网体系的各种阅读客户端、阅读终端，如各种智能手持设备已经成为社会大众获取信息或者阅读文献的主要载体，阅读碎片化正是在这一基础上应运而生，并且随着读者智能手持设备的应用比例不断加大，阅读碎片化会呈现出加重趋势。总体来说，碎片化阅读的特点主要包括了以下几方面：一是阅读时间的碎片化。由于近年来各种智能手持设备的应用，阅读内容受到移动终端屏幕大小以及每次阅读之后所接收信息的程度影响，读者在获取相关文献信息时，所得到的各种信息资源内容比较简练，并不能够反映整个文献信息的全部内容。移动终端和智能手持设备的这种信息接收趋势就决定了传统阅读不能够正常开展，包括大众的文献信息获取和阅读都是一种无序的碎片化态势。二是阅读媒介的碎片化。现阶段各种交互软件和新兴电子媒体的推广应用，使人们逐渐步入信息时代。从微信公众号、QQ、微博、知乎到信息交互平台，在传输信息文献方面发挥着越来越重要的作用。在具体的信息服务过程中，这些平台能够共同分解各类完整的信息，并要以读者的需求向他们推送针对性的信息内容，以此来更好服务读者，更好拓展读者群体。三是碎片化的阅读方式具有很强的互动性。现阶段读者的阅读行为正在经历着从个体阅读上的人机协作阅读、从传统阅读上的社会阅读、从独立阅读到上传共享式阅读方向转变。在各个社交平台和社交软件上的读者大多数处于隐匿状态，平台可以依据各个读者的实际需求，将共同需求的读者联合起来，基于他们的共同兴趣，为他们提供信息交流、信息分享的渠道，并对各项信息进行有效的发表和评论，各抒己见，进行有效的互动，以此来满足不同读者的个性化需求。

二、经典阅读推广存在的问题

2015 年到 2016 年，通过对手机阅读的群体进行调查能够发现，大多数读者在手机阅读过程中，仍然将文学经典阅读放在首要位置，由此可以看出国民对经典阅读的需求仍然十分旺盛。但是也应该认识到，随着互联网的进一步发展，成年人接触纸质图书的比例大大下降，利用智能手持阅读已经成为一种全新的发展趋势。经典文献著作当中往往包含着一个民族成长的历史，一个民族在长时间发展过程中的文化价值，历史浓缩以及多学科融合，在阅读推广过程中需要图书馆提高重视程度，在现阶段碎片化阅读大背景下，应该继续采取措施进行针对性的阅读推广，更好适应读者的多样化需求。当然现阶段图书馆经典阅读推广工作还面临着不少问题，与碎片化阅读时代不相适应，主要包括了以下几方面。

（一）阅读推广工作没有从读者的兴趣出发

读者对经典文献的阅读兴趣是图书馆阅读推广工作的出发点，图书馆在开展经典阅读推广之前，都应该对读者的阅读需求进行全面调查，并依据读者的阅读兴趣和阅读需求制订相应的经典阅读推广方案，只有这样才能够确保阅读推广工作的针对性和合理性。当然现阶段大部分图书馆的经典阅读推广工作主要是由上到下的推广，在推广工作开展期间，会受到各种条文规章制度的指导和影响。例如，在中小学领域开展经典阅读推广过程中，由主管部门和教育部门制定相应的阅读书目，然后分别派送给父母，由父母指导学生进行阅读，监督学生进行阅读。这种强制性不顾学生兴趣的经典阅读推广方式，势必不会引起学生的积极反应，也不利于提高学生对经典著作的阅读兴趣。由于很多学生对教育部门所制定的各种书单的阅读兴趣不大，无形中增加了学生阅读经典著作的压力。而对于广大成年人来说，图书馆的经典阅读推广工作不能够从读者的兴趣出发，对读者的实际需求不相适应，就会造成图书馆的经典阅读推广与读者的实际需求不能有效对接，最终会造成整个推广方案陷入无人问津的尴尬境地。围绕着图书馆所典藏的各种经典图书文献，如何开展针对有效的经典阅读推广工作，就成为现阶段图书馆需要重点考量的问题。

（二）对碎片化阅读的认知不足

近年来，随着互联网时代的到来，以及互联网在各个领域的深入推广应用，社会大众的阅读习惯、阅读方式已经发生了翻天覆地的变化，智能手机已经成为大众获取信息的主要方式。现阶段，不管是在图书馆还是在其他科学研究领域对碎片化阅读的态度都存在一定的争议，并且大多呈现批判态度。许多研究学者认为，各种有价值的经典著作属于阳春白雪，需要在特定的环境下开展阅读，才能够更好体会作品当中所要表达的思想情感，也才能够更好地教育社会大众，碎片化阅读模式之下只是浅尝辄止，只是对某一个片段进行欣赏，并不能够对整篇著作的内容进行深入剖析。碎片化的阅读模式，势必会损害到读者的阅读质量和阅读成效，并会造成读者的自主思考能力显著下降，不利于提高图书馆的整体阅读推广成效。当然不可否认的是：社会在进步，时代在发展，人们的工作压力越来越大，生活节奏越来越快，难以抽出更多时间到图书馆开展全面细致的经典阅读。日常上班、午间休息、等公交拿出自己的智能手持设备，进入相应的阅读终端，进行简单的阅读，已经成为多数现代人的阅读方式。碎片化阅读是当前时代发展的产物，成为一种不可阻挡的潮流。另外，在网络世界当中的各种新兴的媒介，各种智能交互软件，都能够依据读者的需求对各种信息的表现形式、表达方式、读者的参与习惯进行有效调整，但是不管怎样调整、怎样表达，阅读的本质是不会改变的。读者通过自己的智能手持设备开展经典阅读的本质目的是放松身心，更好地体会经典作品中的思想情感。所以不管是深层次的阅读还是碎片化阅读，都能够提高社会大众对经典著作的理解和认知。因此，在今后图书馆的阅读推广工作开展过程中，需要积极分析碎片化阅读的现状，而不是冷漠地拒绝碎片化阅读的发展潮流，要更好地在经典阅读推广中顺应时代发展方向，趋利避害，这样才能够正视碎片化阅读，才能够更好地顺应时代发展，使自身立于不败之地。

（三）对新媒介环境的认知不足

当前图书馆经典阅读推广工作主要停留在编制推荐书目、举办经典图书展、名家讲坛朗诵活动和在图书馆建立各种有利于经典阅读的布局空间等。这些传统的经典图书阅读推广方案，虽然能够在一定程度上吸引一部分的读者到图书馆开展经典阅读，但是并不利于扩展读者群体，也不能更好适应新时代背景下碎片化阅读的发展趋势。碎片化阅读背景下，各种新兴的网络媒体在其中扮演着越来越重要的角色，图书馆在经典阅读推广工作开展过程中，就需要正视新媒介环境阅读推广工作所产生的影响，要充分借助各种新兴的网络移动平台或者交互平台，开展有效的经典阅读推广，这样才能够取得实实在在的成效。目前很多图书馆在经典阅读推广工作开展过程中，仅仅会借助单一的社交工具，很少在各种多媒体平台上进行有效交互，不能够与读者进行有效沟通交流。大数据时代，利用大数据技术、云计算技术进行多种互助推荐信息，是图书馆经典阅读推广的一种新型尝试，它能够进一步拓展图书馆的经典阅读推广渠道，辐射更多的社会大众。

三、碎片化阅读时代背景下图书馆经典阅读推广措施分析

（一）积极应用人工智能技术，进一步掌握读者的阅读兴趣

图书馆在经典阅读推广工作开展过程中，应该始终将读者放在中心位置，要坚持以人为本的阅读推广理念，更好迎合读者的个性化阅读需求，重视读者在阅读过程中的实际体验，以此来选择内容。基于当前大数据技术、云计算技术和人工智能产业的进一步发展，图书馆可以与第三方阅读平台有效结合，在阅读推广内容、推广方式和推广渠道选择过程中，进行有效判别，构建完善的反馈机制，针对不同层次的读者实行个性化的经典阅读推广方案，以点带面，以此来带动阅读推广工作的高效开展，逐渐培养学生和社会大众的阅读兴趣。图书馆在经典阅读推广工作开展过程中可以借助各种电商平台、学习平台以及网络视听平台，充分掌握各个平台读者的实际经典阅读需求，并对不同读者进行精确划分，明确不同读者层次，这样根据不同层次读者的阅读兴趣和需求持续性地满足其经典阅读欲望。另外，利用大数据技术和云计算技术，也能够对读者的共性阅读需求进行有效的汇总和分析，从而不断对经典文献的阅读推广方案做出修改，以帮助读者从浅层次的碎片化阅读，向着深层次的系统性阅读转变。最为重要的是在阅读推广工作开展过程中，应该与当前的时事有效结合。通过对各个时期的经典文献作品进行有效推广，能够在读者心目中产生共鸣，以此来激发读者的爱国情怀。因此，在经典阅读推广工作开展过程中，除了要联合多种智能平台开展针对性的需求分析之外，还应该与现实情况有效结合，引起社会大众的情

感共鸣，以此来激发读者的阅读兴趣和阅读积极性，这样才能够达到阅读推广的目的。

（二）将深层次阅读和碎片化阅读尽量有效融合

经典的文献资源具有普适性、历史性、学科性，展现了不同方面的人文价值和思想认知，它对读者的阅读能力有更高要求。而读者要想更好了解作品，深入作者思想当中，就需要对整个作品进行全面细致的阅读和思考。互联网时代，社会大众能够利用自己的智能手持设备，随时随地获取自己想要的各种信息，获取速度较快，阅读更加碎片化，往往不需要进行深思熟虑。这种阅读方式与经典阅读的要求不相适应，因此，就需要将经典阅读的深度需求和碎片化阅读有效结合。一方面应该顺应碎片化阅读时代的到来，走进读者群体。图书馆应该正视媒介环境和信息渠道发生的改变，要主动走入读者群体当中，与读者进行深入的沟通交流。图书馆通过构建官方微信公众号、微博，利用这些软件的交互功能与读者进行深入细致的沟通交流，充分利用这些信息平台关注读者的实际需求，抓住读者的注意力，循序渐进地引导读者为经典阅读奠定坚实基础。另外，还应该利用各种和经典阅读相关的内容进行经典阅读推广。媒介环境多种多样，造成了信息一直处于被解构的状态，信息之间相互分离，同时也包含着很强的关联性。碎片化阅读的信息共享和高效互动为经典阅读的深层次开展提供了条件。图书馆可以通过网络举办艺术作品展览、名师讲坛等多种活动来不断推广自己，或者通过相关关键词来不断增加图书馆经典文献的点击率。图书馆在经典阅读推广过程中，可以利用官方微信公众号、微博，及时发布相应的经典作品，通过转发阅读交流，在短时间内能够凝聚读者。

（三）加快构建一支专业化的阅读推广团队

现阶段的经典阅读推广工作面临着较大的冲击和挑战，图书馆作为经典阅读推广的主体，就需要重视推广工作人员的专业素质培训，在短时间内培养一支专业素质过硬的经典阅读推广队伍。碎片化阅读背景之下，图书馆的服务人员应该成为读者信息需求的向导和顾问，要与读者进行有效平等的沟通和对话，并根据读者的实际需求以及专业不同，开展专业化的阅读推广和针对性的阅读服务。鉴于很多经典图书文献的学科性，图书馆在人才队伍建设过程中不能仅仅局限于图书馆领域，还应该广泛吸纳其他专业人才，扩充整个队伍的专业，以此来提升经典文献阅读推广服务的专业性。

综上所述，图书馆阅读推广服务是一种图书馆的服务形式，它对于建立、改造和重塑人的阅读行为有很大帮助，是图书馆与生俱来的使命，承担着优化社会阅读方式，提升社会大众阅读质量的重要职责和义务。碎片化阅读时代的到来，使得图书馆的经典阅读推广工作面临着极大挑战，需要更好掌握读者在碎片化阅读时代的实际需求，为读者构建针对性的阅读推广方案，确保读者能够更好开展经典阅读，利用图书文献。

第四节　数字阅读推广

阅读能够让人产生智慧，也是当前打造学习型社会的推动力。吉姆·崔利斯（美国著名阅读研究专家）多次指出：一个人的阅读习惯的养成并非短时间就可完成，它通常是终身性的。党中央高度重视全民阅读推广工作，并将其提升到了国家战略高度，"全民阅读"连续多年被列入国务院政府工作报告之中，在中共中央宣传部等多部委的共同倡导下，全民阅读活动取得了迅猛的发展，全国各地都相继成立了全民阅读推广组织机构，希望能够让更多的人民群众喜欢阅读，推崇阅读，加大阅读推广的落实力度已经

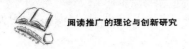

成为大势所趋。

阅读推广是高校图书馆开展各项服务的核心基础，随着当前数字资源的日益增多，高校图书馆每年用于购买数字资源的经费日渐增多，数字资源已成为其重要的馆藏资源之一。

2018 年 1 月 1 日起施行的《中华人民共和国公共图书馆法》中明文规定：各图书馆须进一步加大数字资源建设，为读者提供优质的数字阅读服务。而数字阅读推广工作是离不开媒介这个载体的，短视频是互联网时代出现的一种传播信息符号，随着互联网技术的发展而发展，凭借其信息密度大、播放时长短、内容相对完整等优点而符合当前受众"移动化""碎片化"的媒介阅读习惯，一经推出，就得到了受众的热烈追捧。

一、短视频的特点

（一）传播内容立体丰富

短视频的最大特点就在于通过视频形式来呈现出图片信息、文本信息等，融合了商业订制、广告创意、搞怪幽默、公益教育等诸多主题，让传播内容更加立体丰富，特别适合受众在闲暇之余或移动状态下进行观看。创作者既可自选主题来进行拍摄，又可对生活的点点滴滴进行录制，短视频既可单独成片，又可成为系列栏目。整体来看，短视频的包容性较强，给创作者极大的自由性，传播内容也得到了资本市场与广大受众的青睐。

（二）制作门槛低

虽然短视频的传播速度较快，但制作门槛却远低于微视频与直播。与微视频制作不同，短视频制作不需要精美的构图、专业的拍摄技巧、特定的表达形式，只需简单的现场录制及后期剪辑即可完成；与直播相比，短视频的传播价值更大。人人均可为短视频的创作者，人人均可用手机等工具来录制短视频。当然，若要在超短的制作周期内创作出优质的短视频，还是会对制作团队的策划功底与文案水平有一定的要求。

（三）符合受众碎片化的阅读需求

由于短视频具备传播速度快、制作时间短、传播内容少、传播形式形象生动等特点，在生活节奏日益加快的当下，很好地迎合了受众碎片化阅读的需求。越来越多的受众希望在闲暇之余能够愉悦地获取相应信息，而短视频就很好地满足了受众的需求。

二、我国图书馆数字阅读推广的发展历程回顾

2011 年 3 月召开的首届中国馆配高层论坛暨 2011 年度全国馆配商联盟年会报道显示：当前读者的借阅方式与图书馆的资源建设方式均出现了较大程度的变化，馆配升级换代的步伐也随之加大，图书馆对数据库、电子书等数字资源的重视程度得以增加，电子阅读在未来将会成为主要的阅读方式。2018 年 1 月 1 日起施行的《中华人民共和国公共图书馆法》中也明文规定：各图书馆须进一步加大数字资源建设，为读者提供优质的数字阅读服务。在此背景下，国家先后推出了数字图书馆推广工程、"扫码看书，百城共读"等一系列数字阅读推广活动，主要目的在于让读者能够在第一时间内接触到优秀数字阅读资源，体验到数字阅读新方式，取得了较佳的推广效果。

近年来，各大图书馆高度重视数字阅读推广工作，常见的推广模式包括以下内容：

一是活动模式：包括举办各类数字阅读推广活动、开展数字阅读培训讲座、组织书友会、读书沙龙等。

二是推荐模式：由图书馆通过新媒体、官网、地铁公交等多种方式来向读者推荐数字阅读资源，读者只须点击二维码链接，即可实现在线阅读。

三是课程模式：课程主要是指阅读行为训练课程、阅读课程等，例如：国家图书馆于 2015 年 4 月起在线开设了通识教育平台，设置有名著品读、馆员课堂、读书推荐、典籍鉴赏等专题，目前已经形成了 2312 个讲课视频。

四是出版物模式：目前有些图书馆采用出版（电子）馆刊来进行数字阅读推广，例如：电子科技大学成都学院图书馆通过微信公众号向全校师生推出了电子馆刊《学科杂志》，办刊宗旨是向读者推介优秀的数字阅读资源，读者只须扫描二维码或点击推文底部的"阅读全文"，就能够快速获得电子馆刊的全部内容。

五是广告模式：广告主要包括在线广告、校园海报、宣传单等，以图文并茂的方式来开展数字阅读推广。例如：上海图书馆曾在《上海晚报》《文汇报》等多家报纸刊登了"市民数字阅读"的大幅广告，并在广告中附上了二维码，读者扫码之后就可下载"上海数字图书馆"app，取得了较佳的推广效果。总体来看，为了能够更好地推进数字阅读推广工作，各大图书馆都结合本馆实际情况来选择多种推广模式，以推荐模式、活动模式为主，但数字阅读推广的发展空间还是极为广阔。

三、短视频应用于图书馆数字阅读推广的可行性

（一）导向可行：用户对短视频的阅读需求

短视频产业最早出现在 2012 年，而后在抖音、西瓜、快手等平台的推动下取得了快速的发展，目前其行业格局已成。基于艾媒咨询的统计数据来看，我国短视频用户规模在 2020 年达到了 7 亿人以上，2021 年上升到 8.09 亿人；我国短视频市场规模在 2020 年达到了 1408.3 亿元，预计 2021 年上升到 2000 亿元。由此可见，短视频已成为广大人民群众获取信息的主要渠道之一，也正是由于短视频用户规模庞大，体现出了用户对短视频的阅读需求强烈。

（二）平台可行：短视频平台迅速走红

只有大量读者阅读了短视频的内容，方可达到提高图书馆资源流通率、强化数字阅读推广的目的，短视频平台在其中发挥了较为重要的作用。最近几年，短视频平台处于高速发展的阶段，平台粉丝上万计。图书馆若能够借助短视频平台的影响力来开展数字阅读推广，让与数字阅读相关的短视频在短时间内得到大量播放与转发，必然能够有效开拓图书馆数字阅读的服务范围。例如："超星名师讲坛"联合华中师范大学图书馆于 2020 年 10 月在抖音平台上传了一段时长 30 秒的古典文学课堂教学视频，由该校文学教授戴建业讲授，用生动活泼的讲授方式来展示出古典文学阅读的乐趣，短短一周时间内就达到了 3500 万次的播放量，在视频下方点赞的网友人数超过了 140 万，激起一股阅读古典文学之风。

（三）制作可行：短视频技术日臻完善

随着短视频技术的迅猛发展，制作短视频也变得越来越容易。从制作设备来看，无须专业的短视频录制工具，一台智能手机即可满足需求；从制作技术来看，当前互联网上有多种功能强大的后期剪辑软件，既可剪裁视频片段，又可加入主题特效与背景音乐，很好地提高了短视频的趣味性与可读性；从制作内容来看，创作者可结合个人想法来任意创作短视频内容，只要不违反公序良俗与现有的法律法规即可。图书馆通常都具备丰富的文献资源、专业的技术人才、性能良好的设施设备，可从多个方面来确保制作出来的短视频是精良的，只要群策群力、共同讨论出适宜的创作主题之后，就能够制作出精良的数字阅读推广短视频。

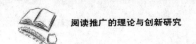

（四）内容可行：数字阅读推送内容更智慧化

高校图书馆传统的数字阅读推广工作通常都只能让读者获取到原始知识资源，包括电子版的图书、期刊、学术论文等，而新媒体则不然，它以大数据技术、人工智能技术等为载体，可对原始知识资源进行深度加工与整合，最终呈现给读者的则是深度加工与整合之后的知识精华，让读者能够更好地理解知识。与此同时，高校图书馆数字阅读推广依托新媒体，还可实现知识运用、知识整合、知识获取的"全程覆盖"，数字阅读推送内容会变得更智慧化。

四、短视频技术在图书馆数字阅读推广中的应用新形式

（一）利用短视频 app 进行推广

当前，各种短视频 app 层出不穷，用户数量取得了飞跃式增长，短视频已经成为中国人最主要的娱乐视频休闲方式，在互联网应用中的使用时长居第一，短视频正在逐渐地由原来的娱乐方式转变为生活方式。有鉴于此，图书馆可在粉丝数较多的短视频 app 注册账号，定期发布数字阅读短视频；当受众观看了数字阅读视频且觉得视频内容符合个人需求之后，就会自行关注图书馆的短视频 app 账号，以便后期能够持续观看动态更新的视频内容，这样一来，就形成了数字阅读推广的良性循环。

（二）将短视频与媒体平台进行嵌套

图书馆要正视短视频的可融合性与灵活性，将短视频与媒体平台进行嵌套，利用图书馆官网、微信公众号、官方微博等多种媒体平台共同推广数字阅读短视频，以此来拓宽数字阅读推广渠道，也能够让数字阅读短视频以"高频率""多媒介"的方式不断出现在受众的视线范围内，必然能够在受众脑海中形成极为深刻的印象。

（三）动静结合的线上线下组合形式

短视频是在数字技术、互联网技术的带动下产生的，但短视频并不是只可在线观看，也可延伸到线下观看，使之成为助力图书馆数字阅读推广的新形式。例如：图书馆可在馆内大厅的显示屏上循环轮播数字阅读短视频，既可凸显出数字阅读推广主题，又可让读者线下享受数字阅读。通过动静结合的线上线下组合形式，可将短视频的优势与特点进行深度挖掘，进而更好地为图书馆数字阅读推广服务。

五、基于短视频的图书馆数字阅读推广路径与策略

（一）强化数字资源管理

图书馆以短视频为载体来开展数字阅读推广，既可更好地为用户服务，又可缩短与用户的距离，可谓一举多得。但值得注意的是，图书馆务必不能忽视内容的构建，而过多地推崇形式的新鲜。推广内容质量在何时何地均是图书馆数字阅读推广工作的重点，只有优质的资源内容才可让用户持续关注，不然的话，图书馆数字阅读推广就会彻底沦为形式主义。有鉴于此，图书馆需要对推广的资源内容进行认真甄选，慎重抉择，力争能够为广大用户提供可读性强，且形象生动的资源内容，并且还要注意做好版权保护工作，带头在短视频产业中营造出"遵法守纪""风清气正"的良好生态环境，既要防止自身出现侵他人权之行为，又要杜绝他人侵己权之行为。整体而言，图书馆除了要推广短视频内容之外，还要做到短视频内容的管理与保护工作。

（二）优化数字阅读短视频推广管理模式

图书馆需要进一步优化数字阅读短视频推广管理模式，如图 6-1 所示。

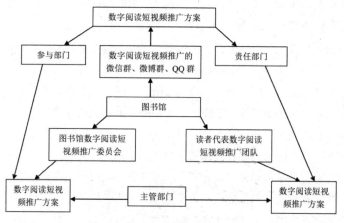

图 6-1　数字阅读短视频推广管理模式

　　首先，图书馆需要成立数字阅读短视频推广委员会，阅读推广部为责任部门，其他相关部门为参与部门，共同制订出图书馆版的推广方案。其次，图书馆要选拔热心读者代表来组建数字阅读短视频推广团队，由其来制订读者代表版的推广方案，并由阅读推广部来指导。图书馆在这两个版本推广方案的基础上进行修订，并将修订稿通过新媒体平台向广大读者发送，确保尽量多的读者都可参与其中，最终讨论修正之后的方案作为执行方案。

（三）以短视频情感营销调动用户情绪共鸣

　　短视频情感营销是指图书馆通过情感共鸣方式来让用户对短视频的品牌与内容形成需求，进而促进用户与数字阅读推广的情感联系。具体来看，可从以下两方面入手：

1. 发挥短视频情境化的表达特色

　　图书馆要以短视频内容为驱动，以短视频剪辑为载体，设计出主题明确、结构紧凑、内容生动的数字阅读短视频，在潜移默化中让用户产生情感体验。山东省临沂市图书馆在这方面就起到了较好的示范作用，值得国内图书馆界同人学习。该馆长期以来都高度重视读者的数字阅读心得体会，将其作为短视频的创作素材，在此基础上通过"长镜头＋蒙太奇"的拍摄方式来真人演绎数字阅读体验，并组织专人策划短视频台词，最后再将其上传到其抖音账号。此类短视频同时具备内容真实感与场景代入感，将用户与数字阅读之间的情感距离进行有效缩短，进而较好地发挥了短视频情境化的表达特色。

2. 引起用户情感共鸣

　　首先，通过数字阅读推广专家、数字阅读达人来为图书馆数字阅读推广造势，以此来形成特色鲜明的记忆点，提高短视频的用户黏性，引起用户情感共鸣。例如：朔州市图书馆在其抖音号推荐数字童书《瓢虫》时，就邀请张之路、高洪波等国内知名的儿童阅读家参与到数字阅读推广之中；为了能够提高短视频的内容感染力，还创新性采用了声画对位、声画平行、声画同步等多种叙事手段，进而有效加深了用户印象。其次，通过虚拟的标签化人设形象来调动用户情绪共鸣。以陕西省图书馆在抖音平台上开设的数字阅读推广抖音小号"像唐人一样生活"为例，就专门开发了一个虚拟的标签化人设形象，即可爱的"唐人"卡通形式，"唐人"背后的具体运营则是由专职馆员来完成。用户可与"唐人"进行互相点赞、私信聊天等，有效地增强了短视频的品牌效应。

（四）依托双矩阵短视频来开展数字阅读推广

　　为了能够更好地吸引潜在用户、巩固忠实用户，很多图书馆纷纷创立了母子短视频账号，主题相似，但内容差异化，以此来提高图书馆数字阅读推广力度。双矩阵短视频营销是目前最盛行的营销方式，即同时从营销媒介与营销主体两个方面来开展数字阅读推广。

一方面，将短视频号与其他新媒体平台相互对接，实现跨媒介混合营销。例如：图书馆在其官方短视频平台号可通过评价引流、头像图片引流、昵称引流等多种引流方式与其他公众号互相导流，同时开通一系列新功能，包括指纹激励、刷脸激励、扫码激励等，进而促进用户关注图书馆的数字阅读推广短视频；与此同时，图书馆还可采用"线上＋线下"数字阅读推广相结合的方式，在潜在用户流量密集的书店、学校等处开展营销，让用户通过参与到"阅读有礼""打卡体验"等互动环节来增强其参与数字阅读推广的主动性与积极性。另一方面，将图书馆短视频平台大号拆分为多个营销小号，通过"大号带小号"的方式来构建差异化数字阅读推广的短视频账号集群。例如：国家图书馆的抖音母账号就涵盖了多个子账号，包括"中华传统文化百部经典""阅览室的视听科技"等，与此同时，国家图书馆还主动与抖音平台上的数字阅读推广类大Ｖ进行合作，通过大Ｖ在情境建构、社交传播等方面的优势来强化数字阅读推广力度。

总之，随着短视频应用日益广泛，短视频技术为图书馆创新数字阅读推广提供了无限可能，若图书馆能够妥善利用短视频营销，必将为数字阅读推广起到较佳的助推作用，进而推动图书馆数字资源服务的转型。

第五节　智慧阅读推广

信息技术的飞速发展推动着人类社会进入智慧时代。随着"智慧地球""智慧城市"等概念的提出，围绕"智慧的生活"，工业、教育、交通、医疗、营销、建筑等各个方面都快速实现着智慧的服务。大数据、物联网、云服务、认知计算等多技术的融合与发展，具有智能要素的数字阅读、移动阅读、社交阅读等多平台的涌现，读者知识、行为、体验的高效建模与利用正共同催生阅读的高级形态——智慧阅读的逐步形成。

相较于传统的阅读方式，智慧阅读更关注读者的阅读需求及其满足程度，强调利用智能技术开展自主化、精准性、自适应的阅读。在这种阅读边界拓展、阅读方式突变的时代，如何顺势而为构建起与之相匹配的推广服务，促进阅读技术、资源、平台、环境的智能集成，提升读者阅读认知与情感，优化阅读的品质与体验，大力彰显阅读的价值与意义，成为阅读推广领域亟待解决的问题。开展智慧阅读推广将成为智慧阅读时代的必然要求和现实选择。

当前，有部分研究从不同的视角关注了智慧阅读推广，如 Park 等讨论了运用文本转语音的软件改善学生阅读词汇量和阅读理解的成效；Dietz 等提出了基于网络的沟通策略与 Web 技术提升失语症患者的阅读理解和书面表达能力；谢幼如等对智慧学习环境下小学语文阅读课生成性教学路径进行了探究，并论证了其有效性，此类文献多关注智能技术、方法对读者的阅读影响。还有一些文献则多关注阅读平台、门户构建研究，如严贝妮等研究了在"互联网＋"背景下，社区智慧阅读平台的构建模型，分析了平台的框架、核心能力和制约因素；路伏羽论述了数字图书馆智慧阅读平台构建的策略。此外，部分研究人员关注了智慧服务的途径，如陈远、许亮提出图书馆的智慧服务是为了提升用户自身的智慧，应根据用户信息构建用户兴趣模型，进而捕捉用户偏好和需求，为不同用户提供有区别的个性服务；王世伟提出智慧的图书馆应体现人物的全面互联互通，可以实现读者和知识与信息的对话；陈臣分析基于大数据的读者个性化阅读风险与需求，并提出构建图书馆个性化智慧服务体系。

由于智慧阅读推广的研究正处于起步阶段向发展阶段的过渡时期，相关文献明显偏少，因此，尚需要在研究数量、深度、广度上不断增强。鉴于此，本文在明确智慧阅读推广内涵本质的基础上，全面剖析构建智慧阅读推广生态服务的核心因素，重组推广服务的流程，并提出实现推广的可行性方法，为实现智慧阅读推广服务的新常态做出积极探索。

一、智慧阅读推广的本质内涵

智慧阅读推广是在对读者的阅读特征与阅读需求进行全面感知与智能识别的基础上，自动设定推广目标和方法，传递匹配的阅读资源，并通过实时的跟踪、监控记录读者阅读的过程与成果，从而提供个性化推广支持。对比传统的阅读推广服务，它具有以下内涵：

（一）强调"以读者为中心"的服务模式

传统的阅读推广模式是推广人员确定推广的时间、方式、内容等，读者则根据活动安排按部就班地参与阅读，读者处于从属的地位，很少拥有活动参与的自主权与控制权。在智慧阅读推广环境中，一方面，阅读的相关资源与工具更加透明与开放，读者能够根据自身特点和需要进行资源筛选，自主订制阅读的目标、路径和进度，实现个性化阅读；另一方面，智慧阅读推广服务能设置不同层次的阅读支持，引导读者开展更深入的阅读活动，促进读者在这种自适应、泛在化的阅读环境中，运用所获得的知识自主解决现实问题，实现最优化的发展，极致地享受到阅读的价值与乐趣。

（二）重视阅读的互融互通

智慧阅读推广环境超越了单纯的虚拟阅读空间，通过服务方式的集成，打造了一个开放的阅读平台，将线上线下的阅读活动无缝对接起来，实现了阅读活动的互融互通。伴随着开放交融的活动，读者之间的阅读交往日趋紧密，读者与读者、读者与专家、读者与推广人员在深度沟通、相互协同的过程中，构建起密集、扁平化的阅读网络，实现人际交往的互融互通。阅读交互的持续开展使不同知识领域的阅读资源不断交流、分享、整合与重构，阅读信息与思维的不断融合促进了相关知识的应用与创新，知识领域的界限日渐消融，形成了阅读知识的互融互通。活动、知识、人际关系的互融互通最终达成推广服务的深度整合，并融会贯通成一个智能推广网络，使阅读无时不在、无处不在，最大范围地促进了读者在阅读过程中实现更全、更新、更深层次的发展。

（三）展现出多视角决策的过程

智慧阅读推广通过智能地收集读者前期的阅读语音、文字、图像，捕捉读者的阅读行为与轨迹，对大量读者封闭、非结构化的数据进行分析与挖掘，精准识别出不同读者阅读的内在动力、内在规律与内在方向，从而智能地寻找出实现推广目标的所有决策方案，并能利用理性的推理规则，科学预测出每个决策方案在不同的客观条件下所能达到的效果，根据读者具体、个性化的需求偏好，选择出最优化的决策方案，实施推广服务。多视角的推广决策能在减少阅读推广的障碍、提高阅读推广相关资源匹配效率的同时，提高读者阅读满意度，提升服务质量与效果，实现数据驱动模式下的阅读创新。

二、智慧阅读推广生态构成要素

智慧阅读推广以智能信息技术为依托，构建了一个完备的阅读服务生态圈，支持读者多元智慧的生成与发展。其组成要素不仅包括智能技术与关联资源等物质因素，还包括了阅读理念、多元情景、关系维度等非物质因素（见图6-2）。

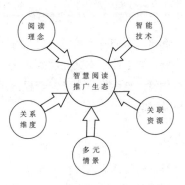

图 6-2　智慧阅读推广生态构成要素

（一）阅读理念

智能技术快速融入阅读服务的同时，也潜移默化地影响读者与推广人员的行为与思想，从而使推广人员孕育出更加全新、开放的阅读与服务理念。

智慧阅读推广服务构建的首要目标为有效支持读者自主、愉悦、高效地阅读。因此，其服务首先是通过多元、智能的方法帮助读者理解阅读是人类生存发展必备的基本能力，使读者意识到开展个体阅读对于自己的意义所在，继而形成合理的阅读期望与正确的阅读动机，增加阅读自信和愉悦，从而促进其在阅读各个环节与维度上积极、深入地参与和反馈。其次是帮助读者意识到阅读信息的获取能力、理解能力以及反思和评价能力对开展个体阅读的关键作用，从而培养正确的阅读素养，通过阅读实现终身学习、自我发展、自我完善，进而智慧地实现人生价值。

就推广人员而言，智慧阅读推广则要求其不仅具备智慧推广的理论与知识，还必须从态度、情感等各方面认同"以读者为中心，开展个性化推广"的理念，理解扩展读者群体、建立读者联系、分析读者需求等推广重心，并将其内化为推广意识，从新的角度理性地去审视智慧环境下读者阅读活动的各个环节，探索、创新出合理、有效的推广模式，从而引领读者持续性、系统性、智慧性的阅读。

（二）智能技术

在所有智慧理念的背后，都离不开智能技术的支撑。智能的支撑技术在有效地扩展推广边界、实现推广规模化的同时，兼顾了全面感知阅读情景，实现了个性化、多元化的服务支持。

读者在阅读过程中产生了数量巨大、种类繁多的阅读数据，但这些非结构化的阅读数据却存在散乱、模糊、冗余的特点。基于 Hadoop 框架的 Hive、HBase、Sqoop、Zookeeper、Mahout 等数据技术使计算机可以智能地对收集到的数据加以清洗、归类、筛选，进而通过数据挖掘技术，将阅读过程中未知的、具有潜在应用价值的信息与知识挖掘出来，建立起读者行为模型。推广人员使用该模型能够统计分析出不同需求的阅读群体，开展分类、分层推广；建立预测模型，进行科学的资源推送与阅读支持；掌握推广过程中的缺陷，为改进与完善推广工作提供参考。

利用云计算，推广人员可以构建起智慧、个性化的推广平台。借助云存储，推广人员能轻松获取海量的存储空间，将本地的推广资源上传到云平台，实现阅读资源的统一管理，这一方面为推广组织节约了大量配备与维护推广所需的硬件与软件经费；另一方面，云平台中资源的透明性与无限性使读者能随时随地根据自己的阅读需求，开展自助式的阅读资源获取，实现阅读资源的优化配置。此外，云服务还可以扩大读者交流的空间，缩短交流的路径，刺激交流的需求，从而有效提升交流的频率和效率。

利用 RFID、GPS、传感器、移动终端等设施设备，能实现高效、精准、可靠的阅读信息获取。将读者阅读的环境信息、资源信息、行为信息采集起来，把读者、资源与阅读平台连接起来，进行阅读信息交换和分享，实现智能化阅读识别、跟踪、管理与评价。

人工智能技术能更好地促进与支持个性化阅读的开展。推广人员通过虚拟现实技术，实现多元化、多维度的阅读呈现方式，从而带给读者全新、沉浸式的阅读互动体验；通过语言识别、图像识别、自然语言处理等技术，能够全面、动态地跟踪读者的日志文件、交互行为、阅读时长等。

（三）关联资源

阅读资源是智慧服务的主体，是服务价值的具体呈现。真实环境中的阅读资源往往呈现出分散性、碎片化等特点，读者很难通过阅读一本或几本图书，全面、高效地掌握所需知识。因此，面向资源的整合与重组成为智慧阅读推广的关注重点。在智慧阅读推广环境中，利用语义分析技术，计算机能对不同资源文本的意义、主题、类别进行判断，并通过自动语义提取生成智能化的标签，从而就不同的阅读主题分类开展资源筛选与聚类，对碎片化的文本进行结构化处理，以有效实现对相关信息的关联性分析与展示；同时，计算机还可以通过自动语义提取持续跟踪与采集阅读资源，不断更新与保留有价值的阅读资源，提供相似资源、相关资源、专题资源，实现同一主题阅读资源的不断丰富与完善，有效促进读者对阅读信息内涵、外延、背景等相关内容的深度理解，进而促进读者在探究、分析、思考的过程中，丰富与完善自身的知识图谱，实现资源的优化配置。

自适应的阅读内容，符合读者自我决定的心理需求，能促发读者自主动机的驱动，激发出自主性阅读行为。读者的知识素养、阅读偏好、审美情趣都存在着较大的差异，这将直接或间接地影响到读者的阅读需求。推广人员通过分析读者在选择资源过程中的轨迹，清晰读者与阅读之间隐性的关联关系，智能判定读者潜在的阅读需求，并以此为参考，利用内容推荐技术分别对读者开展精准化的资源推送，使读者实现需求与资源的有效匹配；同时，也可通过协同过滤技术，将偏好一致或相似度较高的读者聚集为群体，寻找出群体成员共同关注度较高的阅读资源，向群体中尚未发现该资源的读者进行推荐。自适应的阅读内容能够有效促进读者快速获取所需资源，从真正意义上提升个体阅读的质量与附加值。

（四）多元情景

多元化、个性化的支持服务是体现智慧阅读推广的最直观方式。智慧阅读推广能对读者的阅读过程与路径开展实时跟踪与监控，收集读者在阅读过程中的相关数据，并持续开展分析，从而快速诊断出不同读者的阅读成就、缺陷、危机等状况，进而创设多元化服务环境，支持读者的阅读。

推广人员通过智能技术能够实现阅读资源呈现、阅读知识表述、阅读任务驱动、阅读交互探讨、阅读思维引导、阅读协作沟通、阅读成果展现、阅读过程评价等服务的多样性，并根据读者不同的需求，以多元的组合方式，将支持内容、工具、活动等组合起来，搭建起理论与实践相结合、虚拟和现实相结合、远程和本地相结合的服务场景，促进不同阅读特征的读者获取最优化的阅读服务。

（五）关系维度

网络时代的知识习得不再是源自个人的建构、积累，而是通过联系、连接自身与外界（网络、朋友、老师等），在点与点之间筑起学习通道、桥梁，进而建构自己的知识、经验。智能技术的快速发展促使读者在阅读的过程中，可以突破现实世界的社会关系，按照自己的阅读需求与偏好，通过数字化的途径，自由、快速建立起不同的阅读链接，构建起个性化的阅读社交网络，自由地开展阅读信息的传播与扩散、共享与应用。

在不断的阅读关注、交流、点赞、评论等行为中，读者间增进了相互了解、理解、信任与认同，不仅扩展了个体读者交际的广度，志趣相投的读者也因为共同的阅读爱好聚集在一起，成为知己、朋友，就共同喜欢的内容开展高频率的交往与互动，形成了更加密切的关系维度。一方面，读者通过这种凝聚的阅读联系，实现由"推广组织的单向传播"转向"多元主体互动传播"。多元的推广主体更有利于读者在相互了解思想与情感、相互沟通交流中分享各自的隐性知识，深化对阅读价值的认知，使植根于个体间的隐性知识得到快速流动与传播，在多向互动的关联中循环往复，不断开展多渠道的合作与创新，并最终生成集体智慧。另一方面，读者间在相互分享阅读观点、观察彼此阅读行为、感知彼此阅读情感的过程中，体会到交互式阅读带来的极致感受，获得更强的阅读成就感与认同感，从而实现更深刻、更美好的阅读体验，有效降低阅读的孤独感，激发积极的阅读倾向，促使其以饱满、快乐的情绪参与阅读。凝聚关系维度所提供的实时阅读支持、愉快阅读经历、良好人际关系、阅读自我价值的实现，都将促进读者感受到阅读带来的满足，持续性开展愉悦的阅读。

三、智慧阅读推广的服务流程

智慧阅读推广应贯穿阅读活动的整个环节，其实现流程如图 6-3 所示。

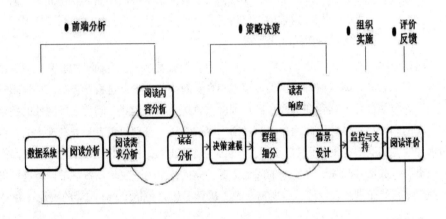

图6-3　智慧阅读推广的服务流程

（一）推广前端分析

有效的数据系统是一切智慧分析的前提。推广人员利用智能技术汇集不同的阅读数据，通过多源异构数据的接入、处理、存储、查询、可视化等步骤，实现阅读数据的高效整合，为深层次的挖掘利用提供有力的数据支撑。全面、完整的数据汇聚对数据系统而言十分重要，因此，推广人员还应通过客户端、服务器日志、历史数据、第三方平台采集多种阅读数据，并对多信息源、多平台和多用户系统的数据信息进行传输、过滤、处理和协调，剔除可能破坏或歪曲数据结果的异常值，以保证数据系统各单元的连通性；利用认知计算的相关算法进行文本识别、特征提取以及文本分类，正确实现特征采样和数据分类，以实现有效的存储与查询；通过实时数据和历史数据的直接展示和可视化表达，将阅读推广中需要改进与忽视的问题进行直观、有效的展现。

数据系统建立后，推广人员应使用其实时开展阅读分析，包括读者特征分析、阅读需求分析及阅读内容分析。对读者的阅读偏好、文化背景、动机情感等数据开展分析，了解读者阅读的认知倾向与接受能力，识别读者的阅读特征与行为，有利于搭建多维度、多指标的用户分析模型，进而全面支撑推广的智慧决策，找寻出最优的推广渠道。阅读需求分析则通过对读者的阅读期望与阅读推广现状进行对比，找出两者之间存在的差距，分析差距的性质及论证差距解决的必要性与可行性，从而实现对读者阅读需求的验证、过滤与重要性排序。阅读内容分析是确定阅读内容广度与深度的依据，能够为读者揭示阅读内容各组成部分的规律与联系。对阅读内容分类、分层、重组与管理，可为读者实现所需阅读内容的智能匹配。

通过智能获取、数据驱动的前端分析，推广人员能最大限度地洞察到推广环境的真实状况，为开展智慧阅读推广服务提供科学依据。

（二）推广策略决策

在完成前端分析，实现了相关信息萃取与分析后，推广人员应借助回归、聚类、关系规则、神经网络等方法构建阅读相关模型，对读者未来的阅读趋势进行科学预测，有的放矢地找寻最佳推广内容与最优解决方案，搭建支持读者自主、差异化阅读的智能阅读环境。

智慧阅读推广决策应从三个维度展开考虑：建立读者群组、预测读者响应、确定推广情景设计。读者与阅读内容的智能匹配，能实现有效的阅读群组细分。读者阅读需求的多样性与异质性，决定了推广活动应根据读者认知需求、心理需求、行为需求的属性与指标建立起读者特征模型，通过模型开展条件过滤，将读者分成不同的子集，实现有意义的读者群组分类，使同一群组的读者具有共同的需求，进而对具有不同阅读需求的群体开展差异化的目标定位，提供具有针对性的资源呈现与推送。根据读者与阅读服务的匹配状况，推广人员能预测读者响应。推广人员对同一群组读者的历史阅读数据进行分析，探索阅读数据各变量之间的关联关系，并按照读者过往的阅读规律，预测群组成员在未来推广活动中对不同推广资源、方式的响应状况，同时提供有效的预测模型，为最终确定推广目标及任务的轻重缓急等提供客观支持。根据阅读内容与服务的匹配状况，推广人员能确定推广的情景设计。根据关联算法、文本摘要抽取、情感分析等智能分析算法，推广人员可以建立推广管理模型，有针对性地自动挑选出最优化的推广服务情景，包括确定最佳推广内容、内容的难易层次、呈现方式与序列；制定推广活动的组织形式、方法与平台；确定需要创造的特定阅读氛围；等等。

（三）推广组织实施

在推广过程中，推广人员应利用阅读过程智能化的记录与统计功能跟踪读者的查询、下载、阅读、反思等个体阅读行为；利用舆情监测技术自动分析出阅读交互传播的路径、读者参与交互的热度、信息扩散的层级等阅读群体互动行为；利用对交互内容的识别与过滤技术全面掌握读者阅读的认知与情感状况，从而实时洞察读者阅读参与度、热烈度、专注度，判别读者存在的阅读困难与薄弱环节，优化读者阅读体验。在此基础上，根据推广决策，重点围绕推广的目标、内容、方式与步骤，做出具体明确的实施方案，这包括：资源的呈现方式、阅读交流的时间与内容、阅读任务的制定、阅读成果的展示途径等实施细节。通过精心的组织规划，引导读者在阅读过程中，有序进入阅读情景，顺利完成阅读目标，实现推广实施方案科学化、具体化的贯彻落实。

（四）评估反馈

推广评价的意义在于了解对推广前瞻性的预测与决策是否有效，还存在哪些被忽视或尚待解决的问题，从而反馈回前端分析，修正推广决策。推广活动结束后，推广人员应对参与的读者开展测评，运用多种在线测评工具，大规模开展读者访谈与问卷调查，从读者的想法、感知、感受了解其在活动中的参与程度、获取程度、信任程度、有用程度、满意程度与再次参与意愿等自我阅读体验，形成自我参与报告；此外，还可以结合对读者参与阅读的过程数据及阅读成果文本的分析，对阅读完成率、完成时间、参与深度、情绪卷入等阅读行为与认知开展度量，对海量异构数据进行处理分析，得出阅读绩效度量报告。

推广人员将不同类型的度量进行融合，通过多维的评价指标，以全面的视角，科学、客观评估推广的成效，并提供可视化的评估结果，将其与推广的预期效果展开对比，以验证决策的合理性，找出存在的差距，进而不断完善阅读数据系统，不断修正推广策略，形成服务于智慧阅读的循环实践。

在智慧阅读的环境中，读者往往希望得到自己的阅读状态反馈，如阅读综合成效、参与活动排名等，也希望自己发出的意见与建议能受到重视与认可。因此，在推广活动评价结束后，推广人员还应向读者反馈其个人阅读分析报告及根据测评结论应修正的阅读环节，使读者对阅读状况有一个清晰的认识，这有利于获取读者的认同与青睐，并在下一阶段的推广活动中深度投入，完善自身的阅读。

四、智慧阅读推广的实现途径

（一）开放思维，提倡推广服务的跨界合作

智慧阅读推广需要大量智能技术、统计建模、管理科学等专业知识与技能予以支撑，然而，推广人员却无法实现对所有相关知识与技能的有效掌握，难以跨越的知识边界将使传统以推广人员为主或全盘包揽的服务垄断局面不复存在。在智慧阅读推广活动中开展跨界合作，必然成为一种新的趋势。

跨界合作既是智慧阅读推广的现实选择，也是突破传统阅读推广困境的创新模式。它强调"全民参与"的意识，提倡开放思维，注重跨区域、跨行业、跨集群地寻求有推广意愿的合作者，通过多种专业人才的聚集，在智慧阅读推广活动的资源、系统、环境、模式、管理等多维服务实践中开展共建、共享，从而使智慧阅读推广受益于集体的智慧与努力，实现推广格局的创新重构。推广人员应跳出狭隘的专业服务层面，具备跨界合作的意识，主动寻求合作。合作对象包括：网站论坛的管理者，他们的加入有利于打破信息壁垒，使推广人员获取大量相关的数据信息；专业信息技术人员，他们的参与能更快速、更专业地提高推广服务效率，最优化地满足读者的个性化阅读需求；社会各行业中的杰出人物，他们的加入能丰富推广的资源，扩大推广的视野，进而建立起更为开放的环境，拓展读者寻求适合阅读资源的空间。

跨界合作应强调共同参与设计、集体行动、相互协调、合作管理的决策机制，力求聚众创新，在智慧阅读推广的分析、设计、组织、评估等一系列的活动中有所突破。首先，推广人员应促进相关推广信息的共享，使参与合作者明确推广的目标、待解决的任务、应整合的资源、需要提供的服务等细节，在拥有对称的推广信息基础上，感受到被尊重、被信任，从而开诚布公地分享自己的推广资源，贡献自身的价值，打破信息孤岛，实现多元阅读资源的有效整合与优化配置。其次，注重合作者参与推广的主体地位，在不同的推广环节中，使其贡献自己的技能、经验、观点与思想，深度参与活动设计与决策，共同制订最优化推广方案，营造起"人人参与"的扁平化推广生态结构。最后，根据不同领域合作者的学科优势，动态组合成员，多个环节配合默契，最大限度发挥合力，从不同层面、不同视角开展服务支持，满足读者多元的阅读需求。

跨界合作的新型互动推广服务，将使智慧阅读推广逐步实现从过去单一主体结构向多元主体的转变，从封闭推广模式向开放共治转变，增强服务协同性，为智慧阅读推广提供最有力的支撑。

（二）开展读者关系管理，优化多样阅读数据

在智慧阅读推广过程中，推广决策是根据阅读需求数据、行为数据的分析而做出的相应选择。然而，阅读数据的残缺及动态变化往往导致决策的延误与失效。开展读者关系管理，能实时、精准掌握读者的阅读数据，为科学开展推广服务的研判与决策提供有力支撑。

读者关系管理能够消融推广人员与读者之间的隔阂，在读者友好信任的心理情感上，建立起动态、长效的阅读联系，从而使推广人员能对显性与隐性的读者阅读数据进行全面、详尽的收集，并做到可观、可测、可用。建立读者关系管理，能记录读者在阅读准备、分享、交流、反思等多个阅读阶段的数据，

使阅读数据具备连贯性；能实时反映读者的参与状态、需求变化、存在的困难，不断地修正读者的动态需求，使阅读数据具有及时性；能不断地调整、剔除陈旧或已改变的读者资料，及时补充新的信息，以确保阅读数据的准确性。

智慧分析需要更多的是读者阅读数据类型，而非数据本身，将数据从多个来源中分离比简单地增加数据量更有价值，因此，应注重从以下四个维度对阅读数据开展多角度、多样性收集。

一是读者个人属性，即读者的静态属性，包括读者的性别、年龄、家庭背景、职业、收入、教育水平、专业、人格特质、阅读偏好等。描述与记录读者的个人属性，有利于准确查找并触及读者，建立关系管理。

二是读者行为特征。推广人员通过与读者交互，能够了解读者线下图书的借阅历史、参与阅读活动的相关记录，也可以对读者利用手机、电脑等设备在线上开展的阅读发布、查询、浏览、下载、收藏等行为进行统计与分析，掌握读者阅读的动态行为数据。

三是读者社交信息。推广人员借助内容分析、语义分析等方法，可以深度剖析读者之间的阅读关注、交流、讨论、评价等社交互动频率，从而揭示读者之间的相互影响关联与阅读信息传播规律。

四是读者心理体验。本维度注重测评读者参与活动的心理预期、感知效果、感知价值、读者满意度、读者忠诚度等变量数据，进而掌握读者真实、潜在的阅读需求及其满足状况。

推广人员对四个维度的多样数据进行采集后，应进行数据优化，即对数据开展重组，将多样数据进行转化，并保存到对应的数据表中，从而构建起高质量的阅读数据库，为下一步开展高信息含量的阅读分析提供支持。

（三）架构个人阅读空间，聚焦深度阅读

利用大数据、物联网、云计算、移动通信等信息技术构架起在线个人阅读空间，将阅读资源、工具、服务汇集在空间中进行统一的组织与管理，提供高集成、高效率、智能化的网络空间，能够促进读者进行智慧阅读。

推广人员利用阅读空间的查询、检索功能，能使读者详尽地了解到不同阅读活动的目标定位、阅读资源分布、可用阅读工具、阅读交流方法、群体或他人的阅读状况等，并能在纵览全局的基础上，降低阅读信息的不对称，从而积极做出个体阅读选择。这种全景信息的透明化极大地增强了读者自主阅读管理的权限，促进读者最大限度地参与阅读，使个人阅读空间呈现了开放、自组织的复杂特征。

在个人阅读空间中，推广人员可通过对读者历史阅读状态的分析，迅速地了解读者的个性化需求，分层次地推送读者迫切需要的阅读资源，从而帮助读者构建起个性化、层次化的阅读资源库，并促进读者对库中的资源循序渐进地开展深度阅读。读者在了解阅读资源知识点的基础上，能够通晓知识点之间的关联程度及层级关系，通过阅读融会贯通地实现知识的重构与创新。

在个人阅读空间中，读者还能实现对自身阅读状况的有效管理，包括个人阅读资源的存储，阅读网站链接的收藏，个人阅读时间管理，个人阅读工具的收藏，个人知识体系的构建，阅读批注、感悟、总结、质疑等的记录。除此之外，个人阅读空间中的管理还应具备情境感知功能，根据读者当前阅读的认知、行为、情感等数据，自动识别读者所处的阅读状态，进而智能化地开展阅读支持管理，不断引导读者就阅读知识开展归纳与反思，就阅读情感开展讨论与分享，为读者创建持久的阅读体验。

（四）促进深度阅读协作，构建智慧阅读共同体

推广人员利用智能技术跟踪读者的阅读状况，并通过应用模型与算法，将具有相同阅读倾向、行为、目的的读者聚集起来，鼓励读者之间借助虚拟化的工具和手段，围绕某个阅读主题或阅读任务建立深度

阅读协作关系，并通过互补式协同阅读，建立起更加开放、更加和谐的阅读共同体，在贡献个体价值的同时，利用群体智慧，获取知识，扩展思维，规范阅读行为，真正实现智慧阅读的价值。

在资源收集整理阶段，读者之间可以彼此配合，尽可能从各自不同的视角综合收集阅读资源，从而对阅读主题或任务建立起系统的知识图谱，促进彼此全面、综合地掌握相关知识，实现阅读知识的快速传播与扩散。在阅读过程中，推广人员应激励读者发挥内在价值，在将自身的经验与阅读知识融会贯通的基础上，就不同的信息知识点开展交流、反思，从而扩展阅读思维，就不同的角度、层面、路线、立场观察思考，最终共同发现有价值的阅读问题，并共同解构问题，寻求解决方案，在更深层次的阅读知识探索中，打破思维壁垒，汇集群体智慧，为创新思想、知识转化提供无限可能。在阅读结束后，推广人员还应强调读者间彼此嵌入、支持、协作完成阅读成果的汇总、展示及评论，使个体与阅读任务、成果休戚相关，在密集的参与、交互过程中，不断提高人际沟通、团队协作及问题解决的能力，提升对环境的适应能力和掌握能力，具备运用阅读所得知识应对现实中的问题及对未来的事件做出可靠预见。

人与人之间的信息交流和传播会影响到人的社会行为。强烈、积极的阅读协作对于构建读者间可依赖的关系至关重要。阅读协作中的相互交流与关心、互动与合作，能够增进彼此的情感，不断形成阅读凝聚力，进而形成一个非线性的、去中心化的阅读共同体。在此阅读共同体中，读者能够感受到阅读的归属感，体会到群体协作阅读的影响力，继而激发参与阅读的动机，维持阅读行为，实现信息共享和阅读合作，并不断地修正自身的阅读行为，自觉遵循群体的阅读规则与纪律，使自身良好的阅读习惯得到养成与持续。

智慧阅读推广将成为阅读推广服务的新常态，它需要刻不容缓地开展，全面布局与统筹，构建起科学、创新的推广环境和模式，发挥推广引导的优势，引领全面升级的阅读新阶段。目前，我国的阅读推广与智慧阅读推广这一服务愿景还存在较大的差距，还需要在全面、合理采集读者阅读数据，科学构建匹配模型，完善服务的标准体系，培养推广人才队伍等方面进行研究补充与延伸，以促进智慧阅读推广理论的进一步积累，进而推动智慧阅读的爆发式增长与日趋完善。

参考文献

[1]黎云.图书馆阅读推广理论与实践研究[M].南昌：百花洲文艺出版社,2020.

[2]吴佳丽.高校图书馆阅读推广理论与实践研究[M].延吉：延边大学出版社,2019.

[3]李明.高校图书馆阅读推广研究[M].北京：朝华出版社,2019.

[4]刘纪刚.高校图书馆阅读推广理论与实践[M].北京：九州出版社,2019.

[5]李俊国,汪茜,王玮.图书馆儿童阅读推广[M].北京：朝华出版社,2015.

[6]王波,等.中外图书馆阅读推广活动研究[M].北京：海洋出版社,2017.

[7]李西宁,张岩,王丽丽.图书馆经典阅读推广[M].北京：朝华出版社,2015.

[8]阮莉萍,朱春艳,等.阅读推广理论与实践[M].武汉：武汉大学出版社,2018.

[9]司新丽.全民阅读推广路径研究[M].北京：首都经济贸易大学出版社,2018.

[10]徐同亮,罗娟.全民阅读视野下公共阅读服务体系建设研究[M].南京：江苏人民出版社,2018.

[11]王登佐.新时代县域阅读推广路径研究[M].苏州：苏州大学出版社,2019.

[12]王家莲,等.新时代阅读推广研究[M].沈阳：东北财经大学出版社,2018.

[13]缪建新.志愿者与图书馆阅读推广[M].北京：朝华出版社,2020.

[14]徐益波.社区与乡村阅读推广[M].北京：朝华出版社,2020.

[15]李西宁.中国书院与阅读推广[M].北京：朝华出版社,2020.

[16]王余光,霍瑞娟,李东来.读书方法与图书馆阅读推广[M].北京：朝华出版社,2020.

[17]《图书情报工作》杂志社.阅读推广的进展与创新[M].北京：海洋出版社,2018.

[18]杨峥,杨静,李灵杰.中国阅读推广专题研究[M].北京：中国商务出版社,2019.

[19]张泸月.智慧阅读推广：智慧阅读时代的新常态[J].图书馆建设,2018 (7) .

[20]朱岩.新时代图书馆电子阅读推广途径[J].长江丛刊,2020 (2) .

[21]王瑜.面向老年群体的公共图书馆数字阅读推广工作探讨[J].江苏科技信息,2019 (10) .

[22]刘东方.碎片化阅读时代下的经典阅读推广探析[J].兰台内外,2021 (34) .

[23]杨蓉蓉.短视频的图书馆数字阅读推广[J].晋图学刊,2022 (1) .

[24]田雅静.阅读推广与文化传承[J].文渊 (小学版),2021 (9) .

[25]张雨露.阅读推广理论与实践[J].海风,2021 (6) .

[26]文瑛.面向老年人的公共图书馆读者服务工作优化策略探索 [J] .产业与科技论坛,2019 (2) .

[27]金燕,李菲菲.基于不同群体的公共图书馆阅读推广研究——以山西省图书馆为例 [J] .河南图书馆学刊,2018 (7) .

[28]韩春艳.试析基于真人图书馆的公共图书馆老年读者服务新模式［J］.图书馆工作与研究,2017（S1）.

[29]黄丹珠.公共图书馆面向老年人开展数字阅读推广工作的探讨［J］.科技风,2017（18）.

[30]刘露.公共图书馆面向弱势群体服务的建议——以老年人为例［J］.内蒙古科技与经济,2017（4）.

[31]李传颖.英国图书馆特殊群体服务及其对我国的启示［J］.情报理论与实践,2016（10）.

[32]张利娟.公共图书馆弱势群体阅读推广服务研究［D］.合肥：安徽大学,2015.

[33]张强,金涛,曲哲,等.图书馆在关注老年群体网络信息素养中的作用与作为［J］.图书馆理论与实践,2013（12）.

[34]许晔.公共图书馆数字阅读推广模式研究［J］.图书馆研究,2014（2）.

[35]何成竹.我国公共图书馆老年读者服务研究文献计量分析［J］.科技情报开发与经济,2015（1）.